加油站安全知识问答

郭建新　编

中国石化出版社

内 容 提 要

本书结合加油站经营的实际与加油站安全与设备管理要求，采用问答的形式讲述了包括法律法规及制度管理、防火防爆、工艺与设备、施工作业安全许可、加油站日常作业安全、加油站应急处置等相关知识。内容上以满足员工具体安全作业、设备维护与检修、应急处置为主。

本书是一本加油站员工学习安全知识的读本和培训教材，适用于加油站员工学习和培训，也可为安全与设备管理和技术人员工作提供参考。

图书在版编目(CIP)数据

加油站安全知识问答 / 郭建新编. —北京 ：中国石化出版社，2019.8(2021.8 重印)
ISBN 978-7-5114-4432-5

Ⅰ. ①加… Ⅱ. ①郭… Ⅲ. ①加油站-安全管理-问题解答 Ⅳ. ①U491.8-44

中国版本图书馆 CIP 数据核字(2019)第 175245 号

中国石化出版社出版发行

地址：北京市东城区安定门外大街 58 号
邮编：100011 电话：(010)57512500
发行部电话：(010)57512575
http://www.sinopec-press.com
E-mail：press@sinopec.com
北京柏力行彩印有限公司印刷
全国各地新华书店经销

*

710×1000 毫米 16 开本 17.5 印张 357 千字
2019 年 8 月第 1 版 2021 年 8 月第 3 次印刷
定价：59.00 元

前言

PREFACE

安全寓于经营之中，安全工作随着生产经营而产生，随着生产经营发展而发展。安全是我们永恒的主题。

加油站是为机动车辆充装汽油、柴油等燃料的专门场所，是油品销售的最前沿。由于加油站所经营的油品具有易燃、易爆等危险特性，一旦发生事故，不易控制，影响较大；随着加油站的不断发展，新工艺、新设备不断增加，设备的使用、维护和检修给我们提出新的要求。因此，安全和设备管理工作显得尤为重要。为了提高广大加油员工和管理技术人员的安全意识和设备使用维护知识，建立健全安全设备管理制度，强化加油站安全保障，做好加油站生产经营工作，我们编写了这本《加油站安全知识问答》。

本书从提高加油站工作人员的安全和设备管理业务素质出发，贴近员工的知识需求，针对性和实用性较强。采用一问一答的编写方式，通俗易懂，观点明确，对加油站员工自觉执行各项安全法规和规章制度、掌握加油机等设备的正确操作和维护工作，有着积极和现实的意义。

本书在策划、编写、审定过程中除融入了编者多年来在教学、培训和加油站工作实践外，还参考了大量的有关图书和资料，同时得到了中国石化销售股份公司山西石油分公司等的大力支持，在此一并致以最诚挚的谢意！

当然，这本书虽经作者多方努力，也难免有不足之处。新的尝试能否得到读者的认可，还需要经过实践的检验，并在实践中逐步改进和完善。

目录 CONTENTS

第一章　法律法规及制度管理……………………………………………………（ 1 ）
第一节　法律法规 ……………………………………………………………（ 1 ）
第二节　安全管理 ……………………………………………………………（ 8 ）
第三节　制度管理 ……………………………………………………………（ 14 ）
第四节　安全教育与培训 ……………………………………………………（ 21 ）
第五节　事故管理 ……………………………………………………………（ 23 ）
第六节　环境保护 ……………………………………………………………（ 27 ）
第七节　职业健康与个体防护…………………………………………………（ 31 ）
第八节　HSSE 管理体系 ……………………………………………………（ 43 ）
第二章　加油站防火防爆 ……………………………………………………（ 45 ）
第一节　油品的危险特性 ……………………………………………………（ 45 ）
第二节　燃烧与爆炸 …………………………………………………………（ 51 ）
第三节　防火防爆 ……………………………………………………………（ 57 ）
第四节　防爆电气 ……………………………………………………………（ 63 ）
第五节　防雷、防静电 ………………………………………………………（ 71 ）
第三章　工艺与设备 …………………………………………………………（ 81 ）
第一节　加油站工艺 …………………………………………………………（ 81 ）
第二节　加油机 ………………………………………………………………（ 95 ）
第三节　储罐 …………………………………………………………………（150）
第四节　电气 …………………………………………………………………（159）
第五节　加油 IC 卡 …………………………………………………………（161）
第六节　液位仪 ………………………………………………………………（175）

第七节　电视监控 …………………………………………………（182）
第四章　施工作业安全许可 ……………………………………（184）
第一节　动火作业 …………………………………………………（184）
第二节　受限空间作业 ……………………………………………（188）
第三节　临时用电 …………………………………………………（191）
第四节　高处作业 …………………………………………………（193）
第五节　动土作业 …………………………………………………（196）
第六节　起重作业 …………………………………………………（199）
第七节　盲板抽堵作业 ……………………………………………（200）
第五章　加油站日常作业安全 …………………………………（202）
第一节　油品应用知识 ……………………………………………（202）
第二节　油品储运 …………………………………………………（213）
第三节　卸油作业 …………………………………………………（219）
第四节　加油作业 …………………………………………………（222）
第五节　计量作业 …………………………………………………（225）
第六节　发电作业 …………………………………………………（227）
第七节　巡检作业 …………………………………………………（228）
第八节　油站管理系统操作 ………………………………………（230）
第六章　加油站应急处置 ………………………………………（237）
第一节　灭火器材 …………………………………………………（237）
第二节　应急预案与演练 …………………………………………（253）
第三节　火灾扑救 …………………………………………………（259）
第四节　公共安全 …………………………………………………（262）
第五节　应急处置 …………………………………………………（267）
第六节　现场急救 …………………………………………………（272）
参考文献 …………………………………………………………（274）

第一章 法律法规及制度管理

第一节 法律法规

1.《安全生产法》的立法目的和生产方针是什么？

（1）《安全生产法》的立法目的：为了加强安全生产工作，防止和减少生产安全事故，保障人民群众生命和财产安全，促进经济社会持续健康发展。

（2）安全生产工作的方针：安全生产工作应当以人为本，坚持安全发展，坚持安全第一、预防为主、综合治理的方针，强化和落实生产经营单位的主体责任，建立生产经营单位负责、职工参与、政府监管、行业自律和社会监督的机制。

2.《安全生产法》的适用范围是什么？

《安全生产法》修订发布后，自 2014 年 12 月 1 日起施行。在中华人民共和国领域内从事生产经营活动的单位的安全生产，适用本法；有关法律、行政法规对消防安全和道路交通安全、铁路交通安全、水上交通安全、民用航空安全以及核与辐射安全、特种设备安全另有规定的，适用其规定。

3.《安全生产法》对生产经营单位的安全要求是什么？

《安全生产法》要求，生产经营单位必须遵守本法和其他有关安全生产的法律、法规，加强安全生产管理，建立、健全安全生产责任制和安全生产规章制度，改善安全生产条件，推进安全生产标准化建设，提高安全生产水平，确保安全生产。

4.《安全生产法》规定生产经营单位主要负责人的职责要求是什么？

生产经营单位的主要负责人对本单位的安全生产工作全面负责。

5. 生产经营单位的从业人员有什么权利和义务？

生产经营单位的从业人员有依法获得安全生产保障的权利，并应当依法履行安全生产方面的义务。

6.《安全生产法》对生产经营单位的安全生产条件有什么规定?

生产经营单位应当具备本法和有关法律、行政法规和国家标准或者行业标准规定的安全生产条件；不具备安全生产条件的，不得从事生产经营活动。

7.《安全生产法》规定的生产经营单位主要负责人有什么职责?

生产经营单位的主要负责人对本单位安全生产工作负有下列职责：

(1) 建立、健全本单位安全生产责任制；

(2) 组织制定本单位安全生产规章制度和操作规程；

(3) 组织制定并实施本单位安全生产教育和培训计划；

(4) 保证本单位安全生产投入的有效实施；

(5) 督促、检查本单位的安全生产工作，及时消除生产安全事故隐患；

(6) 组织制定并实施本单位的生产安全事故应急救援预案；

(7) 及时、如实报告生产安全事故。

8.《安全生产法》规定生产经营单位应当建立什么安全制度?

生产经营单位的安全生产责任制应当明确各岗位的责任人员、责任范围和考核标准等内容。应当建立相应的机制，加强对安全生产责任制落实情况的监督考核，保证安全生产责任制的落实。

9.《安全生产法》规定的生产经营单位应具备怎样的安全生产条件?

生产经营单位应当具备安全生产条件所必需的资金投入，由生产经营单位的决策机构、主要负责人或者个体经营的投资人予以保证，并对由于安全生产所必需的资金投入不足导致的后果承担责任。

有关生产经营单位应当按照规定提取和使用安全生产费用，专门用于改善安全生产条件。安全生产费用在成本中据实列支。安全生产费用提取、使用和监督管理的具体办法由国务院财政部门会同国务院安全生产监督管理部门征求国务院有关部门意见后制定。

10.《安全生产法》规定危险物品的生产、经营、储存单位应如何设置安全组织机构?

危险物品的生产、经营、储存单位，应当设置安全生产管理机构或者配备专职安全生产管理人员。

前款规定以外的其他生产经营单位，从业人员超过一百人的，应当设置安全生产管理机构或者配备专职安全生产管理人员；从业人员在一百人以下的，应当配备专职或者兼职的安全生产管理人员。

11. 生产经营单位的安全生产管理机构以及安全生产管理人员应履行什么职责？

生产经营单位的安全生产管理机构以及安全生产管理人员履行下列职责：

（1）组织或者参与拟订本单位安全生产规章制度、操作规程和生产安全事故应急救援预案；

（2）组织或者参与拟订本单位安全生产教育和培训，如实记录安全生产教育和培训情况；

（3）督促落实本单位重大危险源的安全管理措施；

（4）组织或者参与本单位应急救援演练；

（5）检查本单位的安全生产状况，及时排查生产安全事故隐患，提出改进安全生产管理的建议；

（6）制止和纠正违章指挥、强令冒险作业、违反操作规程的行为；

（7）督促落实本单位安全生产整改措施。

生产经营单位作出涉及安全生产的经营决策，应当听取安全生产管理机构以及安全生产管理人员的意见。生产经营单位不得因安全生产管理人员依法履行职责而降低其工资、福利等待遇或者解除与其订立的劳动合同。危险物品的生产、储存单位的安全生产管理人员的任免，应当告知主管的负有安全生产监督管理职责的部门。

12.《安全生产法》对生产经营单位的主要负责人和安全生产管理人员有什么要求？

生产经营单位的主要负责人和安全生产管理人员必须具备与本单位所从事的生产经营活动相应的安全生产知识和管理能力。危险物品的生产、经营、储存单位的主要负责人和安全生产管理人员，应当由主管的负有安全生产监督管理职责的部门对其安全生产知识和管理能力考核合格，考核不得收费。

危险物品的生产、储存单位应当有注册安全工程师从事安全生产管理工作。

13.《安全生产法》规定生产经营单位应采取哪些措施来保障安全生产？

生产经营单位应当对从业人员进行安全生产教育和培训，保证从业人员具备必要的安全生产知识，熟悉有关的安全生产规章制度和安全操作规程，掌握本岗位的安全操作技能，了解事故应急处置措施，知悉自身在安全生产方面的权利和义务。未经安全生产教育和培训合格的从业人员，不得上岗作业。

生产经营单位使用被派遣劳动者的，应当将被派遣劳动者纳入本单位从业人员统一管理，对被派遣劳动者进行岗位安全操作规程和安全操作技能的教育和培训。劳务派遣单位应当对被派遣劳动者进行必要的安全生产教育和培训。

生产经营单位接收中等职业学校、高等学校学生实习的，应当对实习学生进行相应的安全生产教育和培训，提供必要的劳动防护用品。学校应当协助生产经营单位对实习学生进行安全生产教育和培训。

生产经营单位应当建立安全生产教育和培训档案，如实记录安全生产教育和培训的时间、内容、参加人员以及考核结果等情况。

14.《安全生产法》对生产经营单位更换新设备有何规定？

生产经营单位采用新工艺、新技术、新材料或者使用新设备，必须了解、掌握其安全技术特性，采取有效的安全防护措施，并对从业人员进行专门的安全生产教育和培训。

15.《安全生产法》对特种作业人员有何规定？

生产经营单位的特种作业人员必须按照国家有关规定经专门的安全作业培训，取得相应资格，方可上岗作业。特种作业人员的范围由国务院安全生产监督管理部门会同国务院有关部门确定。

16. 安全“三同时”是指什么？

生产经营单位新建、改建、扩建工程项目（以下统称建设项目）的安全设施，必须与主体工程同时设计、同时施工、同时投入生产和使用。安全设施投资应当纳入建设项目概算。

建设项目安全设施的设计人、设计单位应当对安全设施设计负责。用于生产、储存危险物品的建设项目的安全设施设计应当按照国家有关规定报经有关部门审查，审查部门及其负责审查的人员对审查结果负责。

用于生产、储存、装卸危险物品的建设项目的施工单位必须按照批准的安全设施设计施工，并对安全设施的工程质量负责。建设项目竣工投入生产或者使用前，应当由建设单位负责组织对安全设施进行验收；验收合格后，方可投入生产和使用。安全生产监督管理部门应当加强对建设单位验收活动和验收结果的监督核查。

17.《安全生产法》中规定从业人员有什么安全生产的权利？

从业人员的权利：

（1）生产经营单位与从业人员订立的劳动合同，应当载明有关保障从业人员劳动安全、防止职业危害的事项，以及依法为从业人员办理工伤保险的事项。生产经营单位不得以任何形式与从业人员订立协议，免除或者减轻其对从业人员因生产安全事故伤亡依法应承担的责任。

（2）生产经营单位的从业人员有权了解其作业场所和工作岗位存在的危险因素、防范措施及事故应急措施，有权对本单位的安全生产工作提出建议。

（3）因生产安全事故受到损害的从业人员，除依法享有工伤保险外，依照有关民事法律尚有获得赔偿的权利的，有权向本单位提出赔偿要求。

（4）从业人员有权对本单位安全生产工作中存在的问题提出批评、检举、控告；有权拒绝违章指挥和强令冒险作业。

（5）从业人员发现直接危及人身安全的紧急情况时，有权停止作业或者在采取可能的应急措施后撤离作业场所。

18.《安全生产法》中规定从业人员有什么安全生产的义务？

从业人员的义务：

（1）从业人员在作业过程中，应当严格遵守本单位的安全生产规章制度和操作规程，服从管理，正确佩戴和使用劳动防护用品；

（2）从业人员应当接受安全生产教育和培训，掌握本职工作所需的安全生产知识，提高安全生产技能，增强事故预防和应急处理能力；

（3）从业人员发现事故隐患或者其他不安全因素，应当立即向现场安全生产管理人员或者本单位负责人报告，接到报告的人员应当及时予以处理。

19. 生产经营单位的工会有什么责任和权利？

生产经营单位的工会依法对生产经营单位的安全生产工作进行监督。依法组织职工参加本单位安全生产工作的民主管理和民主监督，维护职工在安全生产方面的合法权益。生产经营单位制定或者修改有关安全生产的规章制度，应当听取工会的意见。

20.《安全生产法》中规定工会有哪些职责？

依照安全生产法和工会法、劳动法等法律的规定，工会在维护职工安全生产方面权益的主要职责包括：

（1）工会有权就安全设施是否与主体工程同时设计、同时施工、同时投入生产使用进行监督，提出意见；

（2）工会作为从业人员的群众组织，对生产经营单位违反安全生产法律、法规，侵犯从业人员合法权益的行为，有权要求纠正；

（3）发现生产经营单位违章指挥、强令工人冒险作业或生产过程中发现重大事故隐患，有权提出解决的建议；

（4）发现危及从业人员生命安全的情况时，有权向生产经营单位建议组织从业人员撤离危险场所；

（5）参加对生产安全事故的调查处理，向有关部门提出处理意见。

21. 加油站安全生产有什么基本要求？

（1）站址安全要求。区域环境、安全间距、地质情况、水电供应等条件首先应满足。

（2）平面布置要求。根据油品业务要求，合理确定各项设施的相对位置，以保证油品的安全储存和收发作业。

（3）工艺安全要求。工艺是根据作业要求、安全要求、环境要求，通过输油管线把加油机与油罐联系起来，构成一个生产体系。所以采用安全合理的工艺更加重要。

（4）设备安全要求。加油站主要设备是储油罐、管道、管件及电气设备等。设备的选型、安装、使用、维护有着特殊要求，不同作业条件、不同环境要求不同的设备选用和维护标准，避免由于设备选型不合理、质量不可靠、安全等级不够、使用不正确、维护不符合要求等而造成事故或事故隐患。

（5）经营管理安全要求。加油站经营管理包括储存管理、收发作业管理、数质量管理、设备管理、财务管理等各项工作，涉及面广，各种因素错综复杂，只有各环节、各岗位都重视，才能整体安全。

22. 经营、运输和储存危险化学品的单位有哪些安全责任？

经营单位经营的危险化学品应有标识。经营的危险化学品必须具有安全标签和安全技术说明书。

运输单位必须执行《危险货物运输包装通用技术条件》和《危险货物包装标

志》等国家标准和有关规定，有权要求托运方提供危险化学品安全技术说明书。

危险化学品的储存必须符合《常用危险化学品危险贮存通则》国家标准和有关规定。

23. 储存危险化学品有什么安全要求？

危险化学品必须储存在专用仓库、专用场地或专用储存室（柜）内，并设专人管理。

危险化学品的生产车间、经销商店，可根据需要设立周转性的危险化学品仓库，其储存限量由当地主管部门与公安部门规定。

危险化学品专用仓库，应当符合有关安全、防火规定，并根据物品的种类、性质，设置相应的通风、防爆、泄压、防火、防雷、报警、灭火、防晒、调温、消除静电、防护围堤等安全设施。

储存危险化学品，应当符合下列要求：

（1）危险化学品应当分类分项存放，堆垛之间的主要通道应当有安全距离，不得超量储存；

（2）遇火、遇潮容易燃烧、爆炸或产生有毒气体的危险化学品，不得在露天、潮湿、漏雨和低洼容易积水的地点存放；

（3）受阳光照射容易燃烧、爆炸或产生有毒气体的危险化学品和桶装、罐装等易燃液体、气体应当在阴凉通风地点存放；

（4）化学性质或防护、灭火方法相抵触的危险化学品，不得在同一仓库或同一储存室内存放。

危险化学品入库前，必须进行检查登记，入库后应当定期检查。

储存危险化学品的仓库内严禁吸烟和使用明火。对进入仓库区内的机动车辆必须采取防火措施。

储存危险化学品的仓库，应当根据消防条例，配备消防力量和灭火设施以及通信、报警装置。

24. 处理安全与生产之间关系的重要原则是什么？

处理安全与生产之间关系的重要原则是：当生产与安全发生矛盾时，生产必须服从安全。

25. “四全”监督管理原则是什么？

“四全”监督管理原则是“全员、全过程、全方位、全天候”的安全管理和监督。

26. “五同时”的原则是指什么？

“五同时”是指企业的生产组织及领导者在计划、布置、检查、总结、评比生产的时候，同时计划、布置、检查、总结、评比安全工作。

27. “四定”的内容是什么？

巡回检查四定指：定时间、定地点、定路线、定内容和要求。

隐患治理四定指：定整改方案，定资金来源，定项目负责人，定整改期限。

消防器材管理四定指：定点放置、定人管理、定时检查保养、定期换药。

28. “四懂四会”的含义是什么？

四懂、四会：懂本岗位生产经营过程中的火灾危险性、懂本岗位生产经营过程中的防火措施、懂本岗位生产经营过程中的灭火方法、懂组织疏散、逃生方法；会报火警、会使用消防器材、会扑救初期火灾、会自救逃生。

第二节　安全管理

1. 什么是安全？

安全就是预知生产过程中的各种危险，以及为消除这些危险所采取的各种手段、方法和行为的总称。安全有两个方面的含义：一是预知危险；二是消除危险。两者缺一不可。生产中的安全所表征的是一种不发生导致死亡、伤害、职业病、设备或财产损失的状况。安全包括两个方面：一是人身安全；二是生产设备和财产安全。在一定意义上讲，安全就是防止灾害，消除最终导致死亡、伤害、职业病及环境污染等各种损失发生的条件。

2. 什么是本质安全？

通过设计等手段使生产设备或生产系统本身具有安全性，即使在误操作或发生故障的情况下也不会造成事故。

3. 什么是职业安全？

以防止职工在职业活动过程中发生各种伤亡事故为目的的工作领域及

在法律、技术、设备、组织制度和教育等方面所采取的相应措施。

4. 什么是系统安全？

所谓系统安全，是指在系统使用期限内，应用安全科学的原理和方法，分析并排除系统要素的缺陷及可能导致灾害的潜在危险，使系统在整个寿命周期内保持最佳安全状态。

5. 什么是不安全行为？

职工在职业活动过程中，违反劳动纪律、操作程序和方法等具有危险性的做法。

6. 什么是危险？

危险是指造成事故的一种现实的或潜在的条件。

7. 什么是“四不放过”原则？

事故处理“四不放过”原则是指：事故原因没有查清不放过；事故责任者没有严肃处理不放过；广大职工没有受到教育不放过；防范措施没有落实不放过。

8. “三违”是指什么？

违章作业、违章指挥、违反劳动纪律。

9. 什么是“三不伤害”？

不伤害自己、不伤害他人、不被他人伤害。

10. 安全管理的概念是什么？

安全管理是管理科学的一个分支，也是安全工程的一个重要组成部分。安全工程学包括安全技术、工业卫生工程和安全管理，其中安全技术和工业卫生是安全工程的技术手段，安全管理是保障安全生产的一种管理措施。

安全管理是研究人、物、环境三者之间的协调性，对企业安全工作进行决策、计划、组织、控制和协调，在法律制度、组织管理、技术和教育等方面采取综合措施，控制人、物、环境的不安全因素，以实现安全生产为目的的一门综合性学科。其中“人”是指企业职工，“物”是指与生产活动有关的设备、设施和工具等，“环境”是指生产过程中的作业环境，包括设备布置、照明、噪声、振动、温度、信号、标志和色彩等。安全管理实质上就是对人、物、环境的管理。

安全管理的目的是保护劳动者在生产过程中的安全和健康，保护国家财产和资源，稳定职工队伍，增强职工的凝聚力，维护职工的合法权益，从而保障生产顺利进行，不断提高效率，促进生产发展，其最终目的和根本任务就是提高效率，促进生产发展。

安全管理的主要任务是在国家安全生产方针的指导下，依照有关政策、法规及各项安全生产制度，运用现代安全管理原理、方法和手段，分析和研究生产过程中存在的各种不安全因素，从技术上、组织上和管理上采取有力措施，解决和消除各种不安全因素，防止事故的发生，保证生产经营的顺利进行。

安全管理的内容包括以下几个方面：一是安全生产方针与安全生产责任制的贯彻实施和安全生产法规、制度的建立与执行；二是事故与职业病的预防与管理；三是安全教育、训练与安全检查；四是安全目标管理。

11. 加油站安全管理及其研究内容包括哪些方面？

加油站安全管理就是将加油站作为一个系统，为实现加油站安全目标而进行的有关决策、计划、组织、控制等方面的活动。加油站安全管理涉及面广，它既是顺利进行各项管理工作和经营活动的前提，又是实现目标管理的重要内容和约束条件。在加油站经营活动中，由于导致发生事故的原因较多，包括人、设备设施和环境等因素。因此加油站安全管理研究对象应包括人、物、环境三要素以及三者之间的相互联系的各个环节。

加油站安全管理研究的主要内容是从加油站安全管理体制、管理技术、管理方法等着手，对涉及加油站安全的各个环节进行有效的控制，从而保证生产经营的顺利进行。因此，加油站安全管理的主要研究内容包括以下几个方面：

（1）加油站安全管理组织体制。主要研究安全管理组织机构的形式、任务、目标等方面的内容。

（2）加油站安全生产责任制的贯彻实施和安全生产法规、制度的建立与执行。

（3）加油站经营作业安全管理。主要是油品接卸、加注和储存作业的安全管理。

（4）加油站设施、设备的安全管理。

（5）加油站员工的安全教育、培训。

（6）加油站安全检查和事故管理。

12. 加油站作业现场的安全管理包括哪些方面?

作业现场的安全管理可以概括为对人的安全管理和对物的安全管理两个方面。

对人的安全管理：制定安全操作规程及作业标准，规范人的行为，让人员安全而高效地进行操作；为了使人员自觉遵守安全操作规程及作业标准，必须经常不断地对人员进行教育和训练。

对物的安全管理：生产经营设施、设备和工艺的设计、制造、安装等应该符合有关的技术规范和安全规程的要求，必要的安全防护装置应该齐全、可靠；经常进行检查和维修保养，使设备处于完好状态，防止由于磨损、老化、疲劳、腐蚀等原因降低设备的安全性；消除生产作业场所中的不安全因素，创造安全的生产作业条件。

（1）作业标准化。作业标准化与安全操作规程不同，安全操作规程只是规定了人们应该做什么和不应该做什么；作业标准则具体规定了应该怎么做，怎样做得更好。按照作业标准操作，就能保证安全、省力、高效、优质的完成生产任务。

（2）安全合理布置作业现场。在生产经营作业现场，除了设备、工艺的不安全状态外，生产经营设施之间、建构筑物与建构筑物之间、建构筑物与设备之间、设备与设备之间等应保持一定的安全距离。如果布置不合理，也会构成物的不安全状态。

（3）安全点检。安全点检是安全检查的一种，其检查的重点对象是作业现场中的物的因素，其目的在于发现物的不安全状态，以便及早采取措施消除物的不安全状态。

13. 安全技术的概念是什么?

安全技术是为了控制和消除各种潜在的不安全因素，针对生产环境、生产设施设备、工艺过程及生产员工等方面存在的问题，而采取的一系列技术措施，以促进生产率不断提高的综合性技术。

14. 加油站安全技术及其研究内容包括哪些方面?

加油站安全技术是为了控制和消除站内各种潜在的不安全因素，针对生产经营作业环境、设施设备、工艺流程以及作业人员等方面存在的问题，而采取的一系列技术措施。加油站安全技术的研究内容从横向看，应包括对加油站的人、物、环境等诸多对象采取的安全技术措施；从纵向看，涉及到加油站设计、施工、验收、操作、维修、储存及经营管理等诸多环节中的安全技术问题。具体来讲主要有以下几个方面的内容：

（1）加油站安全设计。主要包括站址选择的安全要求；平面布置的安全要求；工艺及设备设施的安全设计、选型；建筑防火防爆设计；消防灭火设施的设计等内容。

（2）加油站设施设备的安全技术管理。主要包括储油设备、加油机（储气设备、加气机、卸气设施）、电气设备等的安全操作、安全检查、设备检修和维护以及事故的防范措施等内容。

（3）加油站设备设施的防静电、防雷技术，建构筑物的防雷技术及作业人员的防静电、防雷电安全操作技术。

（4）安全检测和监控系统运用，加油站灭火器材和设施的配置以及火灾的预防和扑救。

（5）加油站环境保护技术。

15. 加油站安全防范中必须侧重防范的是什么？

加油站安全防范中，必须侧重防范的是“四防”：即防明火、防跑冒、防盗抢、防雷击。

16. 什么是工作条件？

职工在工作中的设施条件、工作环境、劳动强度和工作时间的总和。

17. 什么是工作环境？

工作场所及周围空间的安全卫生状态和条件。

18. 什么是工作场所？

职工从事职业活动的地点和空间。

19. 什么是特种设备？

由国家认定的，因设备本身和外在因素的影响容易发生事故，并且一旦发生事故会造成人身伤亡及重大经济损失的危险性较大的设备。

20. 什么是安全设施？

安全设施是指为保障安全生产，预防与控制事故，减少与消除事故影响，抢险救灾而设置的设备设施、器材及安全附件等。

安全设施分为预防事故设施、控制事故设施、减少与消除事故影响设施三类。

21. 安全文化的概念是什么？

安全文化常被人们定义为：人类在生产生活的实践过程中，为保障身心健康安全而创造的一切安全物质财富和安全精神财富的总和。

22. 企业安全文化的概念是什么？

企业安全文化是企业在长期生产经营活动中形成的被员工普遍信奉，并付诸实践的，同企业目标一致的安全理念与价值取向及其实践的总和。它由安全精神文化、安全制度文化和安全物质文化组成。

23. 企业安全文化的结构是什么？三者之间的关系怎样？

企业安全文化从结构上应分为三个层面，即：精神层、制度层、物质层。三者之间的关系是：

(1) 企业安全文化的精神层、制度层和物质层是互为表里不可分割的整体；

(2) 精神层是制度层和物质层的思想内涵，是企业安全文化的核心和灵魂；

(3) 制度层制约和规范着物质层和精神层的建设，是企业安全文化的骨架，没有严格的规章制度，企业安全文化建设就无从谈起；

(4) 物质层是企业安全文化的外在表现，是精神层和制度层的物质载体，他所表现的是企业安全文化的程度。

24. 安全管理与企业文化两者之间是什么样的关系？

企业安全管理是企业安全文化的一种表现形式，企业安全管理理念是企业安全文化建设的基础；企业安全文化的氛围和环境形成或造就企业特殊的安全管理模式；安全的意识、态度、认知、价值观、安全知识和操作技能是企业安全管理的基础；企业安全文化直接影响或造就与文化发展相协调的企业安全管理的机制和方法。

第三节　制度管理

1. 加油站安全组织包括哪些？

加油站安全管理的目的就是要通过安全组织、规章制度和行之有效的安全措施的执行，实现安全控制，排除各种安全隐患的干扰，保证加油站的正常经营和效益的实现。其中加油站安全组织包括安全领导小组、班组安全员、群众性义务消防组织和联防组织四种。

2. 加油站安全领导小组的主要职责是什么？

为确保加油站的业务经营正常进行，加油站应成立以站长为第一责任人、有关人员参加的安全小组。安全小组的主要职责是：

（1）定期召开安全会议，分析安全隐患，总结安全工作经验，解决工作中存在的实际问题。

（2）制定消防预案，定期开展安全教育，组织学习加油站规章制度。同时开展形式多样的安全活动，如消防模拟演练、事故分析、安全知识竞赛等。

（3）定期组织安全检查，查找站内安全的薄弱环节，制定防范措施。

3. 站长的安全职责是什么？

（1）站长对本站安全生产全面负责。

（2）认真贯彻执行国家和企业的安全生产法令、规定、指示和有关规章制度，把职业安全卫生列入工作重要议事日程，做到"五同时"。即企业单位的各级领导人在管理生产的同时，必须负责管理安全工作，认真贯彻执行国家有关劳动保护的法令和制度，在计划、布置、检查、总结、评比安全生产的时候，同时计划、布置、检查、总结、评比安全工作。

（3）树立"安全第一"的思想，落实加油站的各项管理制度。

（4）抓好只懂得劳动纪律、安全知识的教育。

（5）每周组织一次全站安全检查，落实隐患整改，确保加油站的安全生产无事故。

（6）掌握加油站的主要设备，熟悉其性能，了解工艺流程，做到正确指挥。

（7）掌握加油站的经营情况，负责协调处理工作中出现的各种问题。

（8）对加油站发生的事故及时报告和处理，坚持“四不放过”原则。

4. 班组长的安全职责是什么？

（1）在站长的领导下，负责组织和领导全班员工开展各项经营、管理和服务工作。

（2）认真落实各项安全制度，协助站长对本班员工及顾客进行安全教育，检查、监督各项安全措施的落实。

（3）熟悉本班组防火要求及措施，加强对消防器材的管理，严防丢失和损坏。做到“四懂四会”，即懂本岗位生产过程的火灾危险性，懂预防火灾的措施，懂扑救方法，懂疏散方法。会报警，会使用灭火器材，会扑救初期火灾，会组织人员逃生。

（4）负责对本班人员进行班前后教育，对作业中出现的违章现象及时纠正和处理。

（5）负责对作业场所进行全面清理，做好作业记录及交接班工作。

5. 班组安全员的安全职责是什么？

加油站一般实行两班或三班工作制，作业现场每班均应有安全员或兼职安全员，负责检查督促安全管理措施的落实。班组安全员是搞好安全生产最基层的人员，其岗位职责是：

（1）认真学习和贯彻企业安全管理制度，协助站长对员工和顾客进行安全教育；

（2）负责当班的安全管理工作，监督员工严格执行安全生产规章制度，检查出入站人员和车辆，制止影响安全的行为；

（3）定期检查站内设备设施的安全状况，保持良好的工作状态，定期维护保养消防器材，保证其有效性；

（4）做好当班安全检查记录和隐患整改记录，与前后班安全员做好交接班工作；

（5）熟悉本岗位防火要求及措施，做到“四懂四会”。

6. 加油员的安全职责是什么？

（1）在站长的领导下，做好当班加油加气工作；

（2）加油工作中严格执行操作规程，严禁违章作业；

（3）掌握加油加气机的性能特点和操作技能，并能判断和排除一般故障；

（4）负责加油场所的安全监督管理，发现不安全因素和危及加油站安全的行为及时阻止和汇报；

（5）熟悉本岗位防火要求及措施，做到“四懂四会”；

（6）作业完毕清理现场，做好当班作业记录及交接班工作。

7. 计量员的安全职责是什么？

（1）计量人员必须持证上岗，严格执行各项安全制度和操作规程，保证加油站的安全经营；

（2）卸油作业时必须坚守岗位，防止跑冒油事故的发生；

（3）遇雷雨大风天气，应停止计量及卸油作业；

（4）卸油作业中，严禁用量油尺计量油罐；

（5）作业时严格遵守防爆防静电规定，上岗须按规定着装，爆炸危险区域严禁使用非防爆器具；

（6）熟悉本岗位防火要求及措施，做到“四懂四会”；

（7）严格执行交接班记录，做好现场交接和书面记录。

8. 记账员的安全职责是什么？

（1）熟悉上级规定的油罐财务制度和财经纪律及加油站账务管理制度，规范操作，按章办事。

（2）现金、票证的结算工作做到日清月结，及时填报各种报表，及时解缴现金。正确反映商品流转情况，做到账账、账物相符。

（3）熟悉本岗位安全防范知识，妥善保管本站现金、账册、凭证、单据及有关印章。

（4）熟悉站内消防器材使用性能，并能进行操作扑救。

9. 加油卡充值员的安全职责是什么？

（1）遵守加油站规章制度，了解油品的主要性能和应用知识；

（2）负责岗位范围内的安全监督管理，对危及加油站的安全行为及时阻止，发现安全隐患及时上报；

（3）妥善保管本站现金、账册、凭证、单据及有关印章；

（4）及时解缴当日营业款及索取银行回单，保管好各类票据；

（5）熟悉站内消防器材使用性能，做到“四懂四会”；

（6）发生突发事件时，妥善处理，保护现场，并及时向上级报告。

10. 便利店售货员的安全职责是什么？

（1）遵守加油站规章制度，了解非油品相关知识；

（2）负责岗位范围内的安全监督管理，对危及加油站的安全行为及时阻止，发现安全隐患及时上报；

（3）熟悉站内消防器材使用性能，做到“四懂四会”；

（4）及时解缴当日营业款及索取银行回单，保管好各类票据；

（5）发生突发事件时，妥善处理，保护现场，并及时向上级报告。

11. 油罐汽车驾驶员的安全职责是什么？

（1）认真执行国家和上级主管部门的有关法规、制度和规程，服从指挥与分配，热爱工作岗位，圆满完成工作任务。

（2）严格遵守交通法规，自觉维护交通秩序，行驶证等证件齐全有效。

（3）保持良好驾驶作风，文明驾驶、礼貌行车，切实做到“三先、五慢、七不超”。

三先：会车时先慢、先让、先停。

五慢：通过繁华街道慢；过窄桥、隧道慢；转弯、下坡慢；过窄路、交叉路口慢；下雪、结冰、雨雾视线不清慢。

七不超：过桥梁、涵洞不超；前车不让不超；前车正在超越其他车辆时不超；对面来车不超；下雪、结冰、雨雾视线不清不超；转弯不超。

（4）掌握油料防火、防爆基本知识，熟悉油料装卸、运输操作要领，装卸油料时不远离车辆。

（5）熟悉本岗位防火要求及措施，做到“四懂四会”。

（6）严禁酒后开车、私自出车、私自将车交给他人驾驶。严禁超员和同时装运其他易燃、易爆物品。

（7）切实执行出车前、行车中、回车后的车辆技术状况和安全检查工作，能够排除一般故障。

（8）保证行车安全，如发生事故应保护现场，并积极抢救受伤人员和物资。

12. 群众性义务消防组织的主要任务是什么？

建立群众性义务消防组织是全面提高和加强加油站防护能力的重要手段，义务消防队是以加油站员工为基础组建起来的，他们既是生产者，又是消防员，所以称为义务消防员。由于加油员工的岗位是生产第一线，既懂工艺，又懂设备，用火、管火是他们的职责，开展防火、灭火工作最为有利。加油站一旦发生火灾，他们首当其冲，最先发现、最先报警、最先到场、最先扑救。所以，义务消防队不但是加油站生产的主力军，更是消防工作的先锋。

实践证明，早期火灾扑救，大多数是生产一线的义务消防员完成的，动用专业消防扑救的较少。所以，义务消防是加油站消防工作绝对不可忽视的重要力量。他们的主要任务是：

（1）要做到组织、任务、防火责任制三落实，建立起一支以站长为核心的义务消防组织。

（2）每年要有组织、有计划地开展消防业务和技术训练，结合本岗位实际进行消防演习，掌握防火、灭火基本知识和技能，提高消防意识和灭火战术水平。

（3）对加油站配置的消防器材应勤维护、勤保养，做到“四定”管理。

（4）学习灭火技术知识，学会加油站初期火灾的扑救方法，做到不延误时间、不扩大事故、不失掉灭火良机。

（5）牢记“119”火警电话号码。会用火警电话或其他报警工具报警。报警时，态度要冷静，能迅速、准确地将着火地点、燃烧物、自己姓名、联系电话等向对方讲清楚。在特殊情况下，还应将火势发展情况、有无危险物爆炸情况、人员伤亡情况等向对方讲明，以便掌握情况，正确判断、决策，及时调集力量，部署指挥灭火战斗。

（6）在火场上，应按分工，积极主动配合专业消防员进行灭火工作。

13. 建立联防组织的作用是什么？

加油站应与毗邻单位建立联防组织，定期开展活动。建立联防组织对做好防火、防盗、防破坏工作有着重要的作用。加油站人员相对较少，一旦发生事故、出现问题能与联防组织齐心协力，把事故控制在损失最小的程度内，以真正达到群防群治的效果。

14. 加油员人身安全主要指什么？

人身安全包括两方面：一是作业安全，即要严格遵守操作规程；二是自身安全防卫，一方面要具有良好的素质，把顾客当成上帝，另一方面要有高度的警惕性，尤其在晚上加油时，要有必要的防卫意识。

15. 什么是安全检查制度？

安全检查制度是指对加油站的安全检查内容、目的、方法、要求和评比等而制定的规定。安全检查制度能保证安全检查能正常有效地进行，为安全工作提供约束力。

16. 加油站安全检查的主要内容是什么？

检查主要内容包括安全责任制落实情况、作业现场安全管理、设备技术状况、灭火作战预案以及隐患整改情况等。

17. 加油站安全检查有什么规定？

(1) 加油站安全检查采取定期、日常的自检自查，认真落实安全工作。

(2) 加油站每周组织一次安全检查。

(3) 加油站主管公司每月和重大节日前要对加油站进行安全检查。

(4) 岗位人员执行交接班检查和班中自查；安全员对现场进行监督，发现违章行为和不安全现象，应立即制止和采取措施。

(5)节假日前对加油站进行安全检查。

(6)对各级安全检查发现的问题和隐患，加油站要立即整改；加油站无力解决的，应书面向上级报告，同时采取有效的防范措施。

18. 加油员劳动纪律的要求是什么？

(1) 按时上下班，不迟到、不早退、不旷工，严格执行请销假制度；

(2) 坚守岗位，上班时间不得无故离岗、串岗、脱岗、睡岗；

(3) 工作时间不准做与工作无关的事，不得私自会客；

(4) 严禁吸烟、严禁酒后上岗；

(5) 严格遵守服务规范、操作规程，不违章作业；

(6) 服从领导，听从指挥，按章办事，不得擅作主张；

(7) 正确对待批评和投诉，不与顾客争吵。

19. 违章指挥有哪些具体表现？

凡强迫员工违反安全生产方针、政策、法规、规章制度的有关规定进行作业的行为，即为违章指挥。其主要表现有：

(1) 不认真按照安全生产责任制有关本职工作规定履行职责，不按“五同时”规定执行。对安全生产不负责任，官僚主义，玩忽职守，瞎指挥。

(2) 不按安全教育制度对新员工、换岗员工进行教育；对从事特种作业的员工不进行专业培训和考核发证；在采用新工艺、新技术、新设备生产经营时，操作者未经教育等。

(3) 不按要求及时批转、传达、贯彻上级有关安全生产方面的文件、规定、通知等，或借故拖延、积压、拒不执行等。

（4）新建、扩建、改建等项目不执行“三同时”规定，不履行审批手续，不按有关规定要求设计施工，乱改乱建，不经竣工验收擅自决定投入使用。

（5）对安全监察部门和安全技术部门已发出停止使用通知单的设施设备，未消除隐患擅自安排使用。

（6）对劳动纪律松弛、生产管理混乱、作业现场脏、乱、差，放任自流，不积极治理，影响安全生产。生产作业场所不制定安全措施，不执行危险作业审批制度和不执行安全措施。强令员工违反安全操作规程（规定）进行作业，受到员工抵制，仍坚持一意孤行。

（7）对已发现的事故隐患，既不认真贯彻“四定”的原则及时整改，又不做出整改规划。

（8）发生事故，不按“四不放过”的原则认真接受教训和采取必要的防范措施，仍继续冒险作业。

20. 违章作业有哪些具体表现？

凡在生产过程中违反安全规章制度，冒险进行操作的行为属违章作业。主要包括有：

（1）工作不负责任，擅自离岗，玩忽职守，违反劳动纪律，在工作时间内从事与本职工作无关的活动。

（2）不按安全操作规程进行作业。

（3）不按规定穿戴和使用劳动防护用品。

（4）特种作业工种无证单独操作，不认真登记和交接班。

（5）不执行作业许可证所规定的安全措施。

（6）发现加油机等设备或安全防护装置缺损，不向站长反映，继续操作；自作主张，擅自将设备进行拆卸；无防爆电工合格证进行防爆电器的修理等。

（7）按量计酬时不讲安全，拼设备、拼体力。

（8）不按规定及时清理作业现场。

21. 什么是隐患？

通常在安全生产中称为事故苗子，安全系统工程学称之为危险因素或不安全因素，即生产中存在的可能导致事故和损失的不安全条件。

22. 隐患整改应注意哪些方面？

加油站整改是检查的目的。对在检查中查出来的隐患和问题，尽快解决，做到边查边改。加油站自己能整改，应积极进行整改处理；限于技术条件和资金困难，一时不能整改的，除采取可靠的防范措施外，应报上级主管部门，提出整改计划。整改要做到“四定”，即定整改措施，定整改完成时间，定整改资金来源，定整改项目负责人。主管部门督促整改情况作为下一次安全检查的内容。

第四节　安全教育与培训

1. 什么是安全教育制度？

安全教育制度是指加油站对全体员工进行安全教育的要求、范围、内容、形式及考核等制定的一系列规定。通过安全教育，不仅能提高广大员工的责任感和自觉性，还能使加油站员工提高安全技术操作水平，增强自我保护意识，有利于安全生产的开展和劳动生产率的提高。

2. 加油站安全教育的主要内容是什么？

加油站安全教育的主要内容包括安全法制观念教育、安全技术和安全技能教育、安全态度教育、日常安全教育和岗位技能训练。

（1）安全法制观念教育是通过安全生产方针、安全生产法、危险化学品管理办法等国家法律法规的教育，提高全体员工安全生产重要性的认识，增强以人为本的安全理念，使员工懂得法律法规的强制性，增强严格执行安全操作规程，遵守劳动纪律的自觉性。

（2）安全技术知识教育内容包括生产技术知识、一般安全生产技术知识和专业安全技术知识三方面。生产技术知识主要包括：企业生产经营的基本概况，经营商品的性质、性能，生产经营的技术过程、工艺流程，生产经营设备的原理、构造等。一般安全技术知识主要包括企业生产经营产品的危险性、生产经营过程的危险因素、防火防爆的基本知识、消防知识、应急措施内容、个人劳动防护用品的使用等，是企业所有员工都必须具备的基本安全技术知识。专业安全技术知识是指从事某一作业的员工所必须具备的专业安全生产技术知识的内容，主要是根据某一行业或某一岗位的安全生产技术、职业卫生技术所确定。具体到加油站，内容涉及防火防爆措施、防爆电气、设备使用维护、操作规程、直接作业环节安全措施、危害辨识、职业健康等有关内容。

（3）安全技能是指人们安全完成作业的技巧和能力，安全技能教育主要包括作业技能、熟练掌握装置和设备操作的技能以及应急情况下进行处置的能力。这种能力与知识不同，知识主要用头脑理解，而技能要通过人体感官和操作来实现和完成。

（4）安全态度教育是安全教育的一项重要内容，目的是使操作者自觉自愿的规范操作，实现“要我安全”到“我要安全”的转变，避免“三违”，实现“三不伤害”。

（5）日常安全教育主要包括：国家及上级安全生产法律法规、制度标准，有关事故情况，总结分析安全生产工作情况，学习新技术新工艺，布置工作注意事项，进行应急演练，发生事故时对责任者和相关员工进行安全教育。

（6）岗位技能训练即岗位练兵，方式方法很多，如安全知识竞赛、安全技能比武等。

3. 加油站安全教育的规定是什么？

（1）加油站主管单位必须认真地对新职工进行安全生产的三级教育，并且经过考试合格后，才能进入操作岗位；

（2）对于从事特种作业的工人必须进行专门的安全操作技术训练，经过考试合格后，才能持证上岗操作；

（3）加油站主管单位必须建立安全教育制度，对职工进行经常性的安全教育，并且注重结合职工文化生活，进行各种安全生产的宣传活动；

（4）在采用新的生产方法、添加新的技术设备或调换工人工作时，必须对工人进行操作方法和工作岗位的安全教育；

（5）进站施工人员在施工前，主管公司或加油站应与施工队签订安全合同，明确双方责任，落实安全措施，对施工人员进行安全防火教育。

4. 什么是三级安全教育？

所有新入厂职工（包括学徒、外单位调入职工、合同工、代培人员和大中专院校实习生等）上岗前必须进行厂级、车间级、班组级三级安全教育。三级安全教育时间不得少于72学时。其中公司级安全教育时间不得少于24学时，车间级安全教育时间不得少于32学时，班组级安全教育时间不得少于16学时。

5. 加油站日常安全教育的频次为多少？

加油站必须开展以班组为单位的安全教育活动，班组安全教育活动每月不得少于 2 次，每次不少于 1h。加油站全站安全活动每月 1 次，每次不少于 2h。安全活动时间不得挪作他用。

第五节　事故管理

1. 什么是事故？

事故是指造成死亡、职业病、伤害、财产损失或环境破坏的事件；也可说是导致生命或财产达到特定损伤水平的不希望出现的事件；还可以说事故是人们实现有目的的行动过程中，突然发生的、迫使其有目的的行动暂时或永远终止的一种意外事件。这个定义有三重意思：一是事故的背景，存在某种实现目的的行动过程；二是突然发生了意想不到的事件，即事故是随机事件；三是事故的后果迫使行动暂时或永远终止。事故是不正常事件的总称，是事故隐患转化的结果。它并不是人们的愿望，而是意外的事件，随着生产过程而存在，随着生产过程的延续而发生和发展。任何事故的发生都是一个动态过程，要想不发生事故，根本措施就是消除潜在的危险因素。危险因素是造成事故的直接原因，主要来自人的不安全行为、物的不安全状态、环境的不安全条件和管理的缺陷，这四项称之为“4M”因素。

2. 事故分为哪几类？

（1）火灾事故：在生产过程中，由于各种原因引起的火灾，并造成人员伤亡或财产损失的事故。

（2）爆炸事故：在生产过程中，由于各种原因引起的爆炸，并造成人员伤亡或财产损失的事故。

（3）设备事故：由于设计、安装、施工、使用、检维修、管理等原因造成机械、动力、电讯、仪器（表）、容器、运输设备、管道等设备及建（构）筑物等损坏造成损失或影响生产的事故。

（4）生产事故：由于指挥错误，或者违反工艺操作规程和劳动纪律，造成停产以及跑油、混油的事故。

（5）交通事故：车辆、船舶在行驶、航运过程中，由于违反交通、航运规则或因机械故障等造成车辆、船舶损坏、财产损失或人身伤亡的事故。

（6）人身事故：除上述五类事故外，职工在劳动过程中发生的与工作有关的人身伤亡和急性中毒事故。

3. 什么是直接原因？什么是间接原因？

直接原因是指直接导致事故发生的原因，包括人的不安全行为和物的不安全状态两个方面。

间接原因是指直接原因赖以产生和存在的原因。可以分为以下 7 种。

（1）技术原因。包括主要设施、设备、建构筑物等设计，以及建构筑物竣工后的检查、保养等技术方面不完善；照明及通风设计和保养、危险场所的防护设备及报警装置、防护用具的维护和配置等方面存在的技术缺陷。

（2）教育原因。包括与安全有关的知识和经验不足，对作业过程中的危险性不重视及其安全操作方法缺乏，训练不充分等。

（3）身体原因。包括身体有缺陷、睡眠不足、疲劳等。

（4）精神原因。包括怠慢、不满等不良态度，焦躁、紧张、心不在焉等精神状态及性格缺陷。

（5）管理原因。包括领导者对安全工作的责任心不强，作业标准不明确，制度不健全，人员配备不完善等。

（6）学校教育原因。包括在小学、中学、大学的基础教育中所受的安全教育不够。

（7）社会原因。包括相关法规或行政机构不健全等。

4. 事故的起因物和致害物是指什么？

事故的起因物是指直接导致事故发生的物体和物质。事故的致害物是指直接引起伤害及中毒的物质。事故的起因物和致害物是互相关联的，所以，在事故统计分类中，必须严格区分起因物和致害物。

5. 事故有哪些基本特征？

任何事故的发生和发展都有以下基本特征。

（1）危害性。任何事故都会给企业和个人带来经济和身体方面的损失和危害，乃至夺去人的生命，威胁企业的生存和影响社会的安定。加油站事故的大小可用事故频率、千人负伤率、严重率和损失率等指标来判断。这四个指标都同事故的危害程度成正比关系。

（2）意外性。从主观愿望上来说，人们都不愿意发生事故，而事故往往发生在人们意想不到的地点和时刻。不少事故的发生具有随机性，尽管人们努力去探索其发生概率，但无法揭示出何时何地会发生何种事故。这往往是由于人缺乏专业知识，存在侥幸心理，工作马虎等造成的。

（3）紧急性。不少事故从发生到结束的速度很快，允许组织和个人作出反应的时间很短，这就要求人们平时积累对策，届时作出正确的决策，尽量减少事故的危害。

（4）阶段性。任何事故发生都存在着三个阶段，即前兆阶段、爆发阶段和持续阶段，不可能跳跃式进行。安全工作的首要任务之一是尽早地发现灾害和事故的前兆。这是因为，处于前兆阶段的灾害和事故最容易控制甚至予以消灭，而且只有在前兆阶段为处理事故做好准备，才能在其爆发时控制住事故，最大限度地减少损失。

（5）因果性。任何事故都有事故隐患的存在，而事故隐患是事故发生的原因所在。事故隐患是物质危险因素和生产管理缺陷两者的集合。危险因素是指生产过程中物质条件所固有的危险性质及其潜在破坏能量。管理缺陷是指人在生产过程中的错误指令和错误操作。危险因素是发生事故的物质基础，只是存在发生事故的可能性。管理缺陷的事故发生的激发条件，它作用于危险因素，便导致事故发生，若在事故中仍有管理缺陷继续起作用，则会进一步导致事故的发展和扩大。

6. 导致发生火灾爆炸事故的一般原因有哪些？

生产经营中发生的火灾和爆炸事故主要是由于人的不安全行为，如操作失误；物质的不安全状态，如设备的缺陷和物料的不安全状态；环境的不安全条件，管理的缺陷引起的。因此，火灾和爆炸事故的主要原因基本上可以从人、设备、物料、环境和管理等方面加以分析。

（1）人的因素。对大量火灾与爆炸事故的调查和分析表明，80%以上的事故是由于操作者缺乏油品、设备等有关的知识，在火灾与爆炸险情面前思想麻痹、存在侥幸心理、不负责任、违章作业等引起的。在事故发生之前漫不经心，事故发生时则惊慌失措，应急处置不当，导致事故扩大或发生次生灾害。

（2）设备的原因。由于设备的设计、选型、安装等错误，不符合防火防爆要求，如：储油罐、管线、加油机接地不符合接地要求，储油罐和管线渗漏、电气设备不符合防爆要求等。

（3）物料的原因。如可燃物自燃、体积膨胀等，在运输或输送过程中产生静电、受到撞击等。

（4）环境的原因。如高温、通风不良、静电、雷电等。

（5）管理的原因。规章制度不健全，没有合理的安全操作规程，没有设备的计划检修制度；虽有制度但未能贯彻落实；生产经营管理人员不重视安全，不重视宣传教育和安全培训等。

7. 加油站事故等级是怎样划分的？

根据事故造成的人员伤亡、直接经济损失，以及事故造成的社会影响，划分如下等级：

（1）特别重大事故：指造成30人以上死亡，或者100人以上重伤(包括急性工业中毒)，或者1亿元以上直接经济损失的事故。

（2）重大事故：指造成10人以上30人以下死亡，或者10人以上50人以下重伤，或者5000万元以上1亿元以下直接经济损失的事故。

（3）较大事故：指造成3人以上10人以下死亡，或者50人以上100人以下重伤，或者1000万元以上5000万元以下直接经济损失的事故。发生火灾、爆炸或危险化学品泄漏等事故，并造成重大社会影响的，视同较大事故管理。

（4）一般A级事故：指造成1~2人死亡，或者3人以上10人以下重伤，或者10人以上轻伤，或者100万元以上1000万元以下直接经济损失的事故。

具备下列情况之一的，视同一般A级事故管理：

① 导致生产装置(单元)停产、管道停输的爆炸事故。

② 储罐、库区(房)发生的爆炸事故。

③ 发生持续燃烧20min以上火灾。

④ 未造成火灾、爆炸、人员伤亡的井喷事故。

⑤ 因人为或管理原因，造成3套及以上生产装置或全厂停产，影响全厂日产量50%及以上的非计划停车；油田企业影响日产量10%及以上的停产。

（5）一般B级事故：指造成1~2人重伤，或者3人以上10人以下轻伤，100万元以下直接经济损失的事故。

具备下列情况之一的，视同一般B级事故管理：

① 持续燃烧20min以下的所有火灾。

② 生产装置区、库区等发生的严重泄漏(T1)。

③ 油气长输管道途径人员密集场所高后果区发生一般泄漏(T2)。

④ 因各种原因，单套生产装置非计划停车停产、长输管道故障停输24h以上。

8. 加油站发生事故时怎样报告？

（1）发生事故后，事故当事人或发现人首先应进行初期扑救，在扑救无果的情况下，立即报告站长和主管公司的有关领导，紧急情况要报警；伤亡、中毒事故应保护现场并迅速组织抢救人员及财产；重大火灾、爆炸、跑油事故，应组成现场指挥部，防止事故蔓延扩大。

（2）凡属一般B级以上事故，加油站应立即报告上级主管公司，主管公司在事故发生后15min内将事故发生的时间、地点、起因、经过、造成的后果、初步分析、已采取措施等情况报省(区、市)公司，省(区、市)公司应在事故发生后半小时内电话报集团公司销售管理部，涉及到人员伤亡及重大事故应立即按事故性质，相应报告企业所在地的应急部门。

第六节　环境保护

1. 油品销售企业的产品有哪些涉及环境保护的范畴？

油品销售企业储存有极易挥发的汽油、煤油等油品，油品挥发形成挥发性有机物进入大气不仅对大气产生污染，同时对作业环境带来安全生产隐患，对现场作业人员的职业健康也会带来一定的影响。

油品销售企业有不少沿海、沿江油库，每年都要产生大量的含油污水，其来源有压舱水和洗舱水、油罐底水和清洗水、罐区含油初期雨水、其他清洗用水等，油品检测环节也会产生少量有害污水。该污水具有排放不连续，水量变化幅度大，变化规律性差，难以控制等特点。

油品销售企业固废主要来自于油品储存过程中沉积在储油罐底部的油泥等胶状物，以柴油、润滑油、燃料油等油品产生的胶状物为甚。油污水处理系统隔油沉淀池也会产生大量的含油固体沉积物。

2. 国家对石化销售企业环保工作有什么要求？

我国《大气污染防治法》规定，企业在运输、装卸、储存能够散发有毒有害气体或者粉尘物质的，必须采取密闭容器或者措施。《储油库大气污染物标准》《加油站大气污染物标准》《汽油运输大气污染物标准》三个国家标准，对油品储存、销售和运输企业油气回收处理及排放提出了明确的要求。

我国《水污染防治法》要求造成水污染的企业进行技术改造，采取综合防治措施，提高水的重复利用率，减少污水和污染物排放量。排放工业污水的企业，应当对其所排放的工业污水进行监测，并保存原始监测记录。《海洋环境保护法》第三十二条规定，“排放陆源污染物的单位，必须向环境保护行政主管部门申报拥有的陆源污染物排放设施、处理设施和在正常作业条件下排放陆源污染物的种类、数量和浓度，并提供防治海洋环境污染方面的有关技术和资料。”

我国《固体废物污染环境防治法》规定，产生固体废物的单位和个人，应当采取措施，防止或者减少固体废物对环境的污染。产生危险废物的单位，必须按照国家有关规定处置危险废物，不得擅自倾倒、堆放。转移危险废物的，必须有危险废物转移记录。《危险废物填埋污染控制标准》《危险废物贮存污染控制标准》《危险废物焚烧污染控制标准》《国家危险废物名录》对固体废物处理作出了具体的要求。

石化销售企业加油站需要对油品装卸、加油作业过程中挥发的油气进行回收；对储存过程中产生的含油污水进行处理达标后方可排放；对储存过程中产生的固废实行控制处理。

3. 加油站含油污水来源有哪些？有什么危害？

加油站污水有生产污水、生活污水及雨水形成的地面污水。生产污水有被油污染的含油污水和未被油污染的生产用水。后者污染不大，可以不进行处理直接排入水体或者在生产上重复利用。而含油污水则不能直接排放，需进行处理，使排放水中污染物浓度小于国家规定的最高允许浓度，否则容易造成环境污染。

油类物质可在水中形成油膜，阻碍大气中的氧溶于水中，妨碍鱼类和其他水生物的生长。鱼虾等长期在受油污染的水中生活，将会使肉内有石油味，严重时油黏在鱼腮上，影响呼吸使鱼类窒息死亡。在污油污染的水中孵化出的幼鱼，大部是畸形，鱼体扭曲，生命力弱。用含油污水灌溉农田，石油会黏结在土壤内并黏在植物根部，危害农作物生长，严重时甚至会导致死亡。

含油污水中其他化学物质，如酸、硫化物、氰化物等都有毒和腐蚀作用，如不作处理让其排入江河湖海，对人、畜、家禽、鱼虾等水生动物产生危害，严重时可引起中毒甚至大量死亡。用化学物质含量高的污水灌溉农田，会使农作物烂根黑根，枯萎死亡、会使土壤板结。有些化学物质，在土壤中会逐渐积累，转入植物的果实中或蔬菜的叶子里而不能食用。

4. 含油污水有哪些特性指标？

含油污水水质的特性可以用一些物理及化学指标来表示。主要包括水色、pH 值、生化需氧量、化学耗氧量、悬浮物及石油类含量等。通过这些指标的分析化验，就可以对污水的性质有较全面的评价，以便制定合理的处理方案。

（1）色度

清洁的水是透明无色的，遇有污染常常改变颜色，色素虽不一定有害，但带有颜色的水使人厌恶。如碱洗水呈乳白色，汽油罐清洗水呈棕色，重柴油罐清洗水呈偏黑的深色。

（2）pH 值

pH 值范围从 0~14，表示溶液的酸碱性。由于 pH 值有效地表示出溶液的化学及生物特性，因此排放水的 pH 值有一定的范围，一般为6~9。生物有机体只能在接近中性的条件下生存，超出一定范围将引起毒害。pH 值越低的污水，酸性较强，对设备有较大的腐蚀作用。

（3）5 天生化需氧量

生化需氧量，即 BOD_5，是表示利用微生物的作用氧化污水中有机物所需的氧量，其量纲常用单位体积污水所消耗的氧量来表示。生物需氧量越高，表示污水中有机物越多。但由于有机物在培养下氧化作用相当迟缓，促使有机物全部氧化需要很长时间，这在实用上是很困难，一般规定以培养 5 天的结果作为测定生化需氧量的标准时间，通称为 5 天生化需氧量。

（4）化学耗氧量

化学耗氧量，即 COD，是表示污水中利用化学氧化剂氧化有机物所需的氧量，量纲也是以单位体积污水所耗的氧量来表示，通常采用重铬酸钾或高锰酸钾作氧化剂，污水的耗氧量越多，表示所含有机物越多。

化学耗氧量不能反映被微生物氧化分解的有机物量，而生化需氧量基本上能反映出有机物进入水体后，微生物氧化分解的有机物量，比较符合实际。在污水处理中，采用生化需氧量作为有机的指标较为合适。但生化需氧量的测定时间较长，实际应用中，常用化学耗氧量来代替。

（5）石油类

油类排入水体后，将浮飘在水面，形成一层薄膜，阻止大气中的氧气溶于水中，从而影响水体的自净作用，造成水体污染。

（6）悬浮物

污水中的物质，根据它的物理情况，分为可沉物和浮漂物，胶体物和溶解物等几类。在水质分析中，通常用过滤的方法将杂质分为悬浮物和溶解物。截留在滤纸上的为悬浮物，能通过滤纸的为溶解物。悬浮物会阻塞土壤的孔隙，形成河底淤泥，悬浮物可用沉淀设备去除，去除率是衡量沉淀效果的重要指标。沉淀设备中沉淀下来的物质，如果主要是有机物，常称污泥，如果主要是无机物质，则称为沉渣，油罐污水经沉淀后，有大量的污泥。污泥的成分复杂，一般含油在 12%~15%，含泥 15%~22%，含水在 70%左右，密度在 1.2~1.8，并且不易沉淀也不易上浮。含油污泥之所以稳定不易沉淀，原因在于其表面带有负电荷，胶体悬浮物颗粒之间相互产生排斥作用，阻碍互相凝聚沉淀。

5. 加油站油气回收的任务是什么？

加油站油气回收的任务：一是油罐车向埋地储油罐卸油过程中，油罐内有与卸进油品等体积的油气被置换出来需要进行回收；二是加油机加油时，通过油气回收真空泵做动力，把汽车油箱内的油气收集到地下储油罐内；三是埋地油罐内气相压力高于呼吸阀控制压力时，会有部分油气呼出排放到大气中，这部分油气也需要进行处理和回收。

6. 加油站含油污水的来源主要是什么？有什么危害？

加油站的含油污水主要有以下几个来源：

(1) 加油时加油枪滴洒在地面上的油品，一般轻油很快在空气中挥发散逸，残留的油品按操作规程用拖布擦干净，用水洗净，但形成了含油污水；

(2) 加油站地下储油罐在进行清洗、检修时，排出的含油废水；

(3) 加油站内的管线、阀门、加油机等设备的“跑、冒、滴、漏”及进行检修时，滴漏清洗的废水；

(4) 加油站在卸油时可能产生的“跑、冒、滴、漏”及进行检修时，滴漏清洗的废水。

用含油污水灌溉农田，油类物质会黏附于土壤内并黏在植物根部，危害植物生长，严重时导致植物死亡；油类物质可在水中形成油膜，阻碍大气中的氧气溶于水中，妨碍鱼类及其他生物的生长、生存；含油污水中的其他化学物质，如酸、硫化物等不仅有毒而且有腐蚀性，如不作处理任其排入江河湖海，对人、畜、家禽等动植物产生危害，并使土壤板结；加油站含油污水不仅造成城市和公路两侧的环境污染，而且还会形成安全隐患。

7. 加油站内的含油污水如何进行处理？其排放标准是什么？

加油站内的地面雨水可流散排出站外，但如雨水有明沟排到站外时，在排出围墙之前，必须设置水封装置。水封井的水封高度不应小于 0.25m，水封井应设沉泥段，沉泥段高度不应小于 0.25m。

加油站在正常经营情况下，含油污水并不多，含油污水的处理一般仅限于用水封井进行油水分离，也可用简易式三节隔油池，收集后加以处理。但如果进行清洗油罐或由于跑冒油品清洗地面，则含油污水量很大。在这种情况下，则应采用活动式回收桶集中收集处理，严禁直接排入地下管道。

加油站设置的水封油水分离装置应经常进行检查，以保证其去污功能。

为了保证水体清洁，排入水体的污水，应控制其排放的数量和质量。一般加油站的污水数量不大，但在油罐清洗、跑冒油品、加油站有洗车业务、车辆维修和更换润滑油品等情况下应特别注意。

第七节　职业健康与个体防护

1. 企业的职业卫生工作包括哪些内容？

职业卫生工作包括职业病危害前期预防、劳动用工及职业健康检查管理、作业场所管理、职业病诊断与管理、职业危害因素检测与评价、职业健康教育与培训、基础资料及管理等内容。

2. 职业卫生的定义是什么？

《职业安全卫生术语》(GB/T 15236)中，职业卫生被定义为：以职工的健康在职业活动中免受有害因素侵害为目的的工作领域及法律、技术、设备、组织制度和教育等方面采取的相应措施。

《职业卫生名词术语》(GBZ/T 224)中，职业卫生是指对工作场所内产生或存在的职业性有害因素及其健康损害进行识别、评估、以预测和控制的一门科学，其目的是预防和保护劳动者免受职业性有害因素所致的健康影响和危害，使工作适应劳动者，促进和保障劳动者在职业活动中的身心健康和社会福利。

3. 职业危害因素有哪些种类？

职业危害因素是引发职业病的原因，造成职业病损，还有一定的作用条件和接触者的特殊个体特征。分为：

(1) 生产工艺过程中的危害因素

生产工艺过程中的危害因素主要分为有毒物质(如苯、氯、硫化氢、一氧化碳等)，生产性粉尘(如有机粉尘、煤尘、石棉尘、矽尘等)，生物(白僵蚕孢子、枯草杆菌蛋白酶)，物理条件(异常天气条件包括高温、高湿、低温；异常气压，如高、低气压；噪声；振动；电离辐射；非电离辐射，包括紫、红外线、激光)。

(2) 工作过程中的有害因素

包括工作组织和制度不合理，工作作息制度不合理；精神心理性职业紧张；工作强度过大或生产定额不当，长时间处于不良体位或者使用不合理工具等。

（3）工作环境中的有害因素

包括自然环境因素，如炎热季节的太阳辐射，寒冷季节的低温；厂房建筑或布局不合理，有毒与无毒作业未分区。

① 作业条件。人员接触有害因素的机会或频率，经常接触，受危害的可能性就大。同时与接触方式、接触时间长短、接触强度等相关。

② 个体特征。不同个体发生职业病机会和程度有所差异。遗传因素、年龄与性别差异、其他疾病、防护意识、营养不良、心理和行为因素等。

4. 石化销售企业存在的主要职业危害因素有什么？

石化销售企业存在的主要职业危害因素有化学因素和物理因素。化学因素有汽油、柴油、煤油等；物理因素有噪声、高温。其中苯、酸、碱以及其他少量化学试剂，主要在化验室使用。

5. 职业病危害前期预防应做哪些工作？

（1）建设项目职业卫生"三同时"管理

① 对新建及改、扩建工程建设项目，必须做好职业卫生"三同时"管理工作，建立相应的建设项目职业危害评价档案。

② 建设项目在可行性论证阶段，应开展职业危害预评价。建设项目在初步设计阶段，设计单位应充分考虑和落实职业危害预评价报告中提出的有关建议和措施，并编制职业危害防治专篇。职业卫生管理部门应参加建设项目的设计审查，按有关规定做好报批工作。

③ 建设项目在竣工验收前，应进行职业危害控制效果评价工作，并按国家有关规定办理职业危害防护设施竣工验收手续。取得职业危害防护设施验收批复文件后，方可投入生产和使用。

④ 不得将产生职业危害的作业转移给不具备职业危害防护条件的单位和个人。不具备职业危害防护条件的单位和个人也不得接受产生职业危害的作业。

（2）建立相应的职业病危害评价档案

按照国家有关法规的要求，建设项目在可行性论证阶段，要开展职业病危害预评价的有关工作，并按有关规定报批。建设项目在设计阶段，设计单位应充分考虑和落实职业病危害预评价报告中提出的有关建议和措施，企业应同时建立相应的职业病危害评价等档案。

（3）做好职业病危害控制效果评价工作

建设项目在竣工验收前，应进行职业病危害控制效果评价工作，并按国家有关规定办理职业卫生验收手续，对不符合职业安全卫生标准和职业病防护要求的职业卫生防护设施，必须整改直至达标，否则不得投入生产。

（4）做好职业病危害事故应急救援预案

建立健全企业职业病危害事故应急救援预案，每年至少进行一次应急救援模拟演练，同时进行讲评并持续改进。

（5）建立职业病危害事故报告制度

建立职业病危害事故报告制度。发生严重职业病危害情况和中毒事故时，应及时报告集团公司和地方主管部门，准确提供有关情况，并配合做好救援救护及调查工作。

（6）做好个人防护用品管理工作

做好设备管理和操作规程训练，防止在作业过程中出现“跑、冒、滴、漏”，做好防噪、防油气外泄设施的管理、使用、维护和检查，确保其处于完好状态，未经主管部门允许，不得擅自拆除或停止使用；各单位要根据作业人员接触职业病危害因素的具体情况，为职工提供有效的个体职业卫生防护用品。各单位要建立职业卫生防护设施及个体防护用品管理台账。

（7）做好职业卫生隐患管理

对可能造成职业病或职业中毒的作业环境、导致职业病危害事故发生或扩大的职业卫生隐患，应纳入企业安全隐患治理计划。

6. 作业场所应如何进行职业卫生管理？

（1）定期监测作业场所职业病危害

加油站要建立作业场所职业病危害因素监测与评价考核制度。定期将生产作业场所职业病危害因素进行检测与评价，并将检测评价结果存入单位职业卫生档案，定期向所在地卫生行政部门汇报，并向员工公布。

（2）加强工艺设备管理，杜绝或减少跑、冒、滴、漏

企业应加强对工艺设备的管理，对易产生泄漏的设备、管线、阀门等应定期进行检修和维护，杜绝或减少跑、冒、滴、漏。不得使用国家明令禁止、或可能产生严重职业病危害的设备和材料。

（3）不符合职业卫生标准的作业场所立即采取控制措施

加油站对不符合国家职业卫生标准和卫生要求的作业场所要立即采取措施，加强现场作业防护，提出整改方案，积极进行治理。对严重超标且危害

严重又不能及时整改的生产场所，必须停止生产运行，采取补救措施，控制和减少职业病危害。

（4）在可能产生职业病危害岗位设置警示标识

在可能产生严重职业病危害作业岗位的醒目位置，设置警示标识和说明，阐明产生职业病危害的种类、后果、预防及应急救治措施。

（5）在卸、发油区设报警、冲洗应急设施

加油站冲淋装置借用洗手间自来水或给车辆加水装置。在关键要害部位要设置警示标识、报警设施。设防护急救器具专柜，设置应急撤离通道。所有应急设施做好定期检查和记录。

（6）严禁使用不明性能的物料和试剂

生产岗位职工必须按规定正确使用防护用品，严禁使用不明性能的物料、试剂和仪器设备，严禁用有毒有害溶剂洗手和冲洗作业场所。

（7）加强对检维修场所的职业卫生管理

对存在严重职业危害的生产装置，在制定停车检修方案时，应有职防人员参与，提出对尘、毒、噪声、射线等的防护措施，确定检维修现场的职业卫生监护范围和要点。对存在严重职业危害的装置检维修现场应严格设置防护标志，应有相关人员做好现场的职业卫生监护工作。加强检维修作业人员的职业卫生防护用品的配备和现场冲洗设施完好情况的检查。

（8）加强外来检修人员职业卫生管理

对承担检维修的特殊工种(放射、电焊、高空作业等)人员，必要时需组织检维修前体检，发现健康状况不适者，应立即通知不得从事该项工作，避免职业伤害。

（9）加强对劳动防护用品使用情况的检查监督

要加强对劳动防护用品使用情况的检查监督，凡不按规定使用劳动防护用品者不得上岗作业。

7. 加油站的环境危害因素监测内容有什么？

空气油气浓度的监测、噪声分贝监测、物理因素的监测。

8. 加油站的环境危害因素监测有哪些类别？

日常监测：工作场所定时、定位监测油气浓度和噪声；

评价监测：建设项目职业病危害预评价、建设项目职业病危害控制效果评价和职业病危害现状评价的监测；

监督监测：职业卫生主管部门对工作场所监督时进行的职业病危害因素监测；

事故性监测：用于对工作场所发生职业病危害事故时进行的紧急监测。

9. 监测点设置数目有何规定？

应按产品的工艺过程、不同岗位和工序，凡有油气逸散的工作地点，至少分别设置 1 个监测点；

同一工作场所、同一工种或岗位、同类设备或相同操作、同一职业病危害因素，至少设 1 个监测点；

有多台同类设备时，3 台以下设 1 个监测点，4~10 台设 2 个监测点，10 台以上至少设 3 个监测点；

移动式产生化学有害因素的作业，应按移动范围的长度，每 50m 设 1 个监测点；

声级在 80dB(A)以上的噪声工作场所应设监测点。

10. 监测采样时机如何选择？

采样监测必须在正常工作状态和环境下进行，避免人为因素对采样监测时的工作状态和环境的影响。油气浓度的采样应选择油气浓度最高的时段。

11. 样品采集有何规定？

(1) 日常监测。每个点至少采集 2 个样品。

最高容许浓度(简称 MAC)：监测采样时间不超过 15min，每个监测点至少采集 2 个样品。

短时间接触浓度(简称 STEL)：监测采样时间为 15min，每次每个监测点至少采集 2 个样品。

时间加权平均浓度(简称 TWA)：采样仪器能够满足个体采样时，应以岗位为单位，选择有代表性的作业者，佩戴个体采样器，进行整个工作日的采样监测。不能进行个体采样时，应在空气中有害物质不同浓度的时段分别进行采样；并记录每个时段职工的工作时间，计算时间加权平均浓度。

(2) 评价监测。应在满负荷运行条件下进行，连续采样三天，每次同一点不同时间内测定，采集样品不得少于 3 个。

(3) 监督监测。应在同一点不同时间内检测(采样间隔不得少于 1h)，采集样品不得少于 3 个。

(4) 事故性监测。每个监测点采集样品不得少于 3 个。

12. 个体防护的概念是什么？

个体防护是通过作业人员穿戴针对具体作业场所的专用防护用品达到对作业人员的职业健康保护。从事有毒有害岗位作业，必须佩戴个人防护用品，如安全帽、安全带、绝缘护品、防毒面具或防尘口罩等。

13. 个体劳动防护用品是指什么东西？

个体劳动防护用品，是指由企业为员工配备的，使其在劳动过程中免遭或者减轻事故伤害及职业危害的个人防护装备，是员工在生产过程中安全与健康的一种辅助性措施，包括普通劳动防护用品和特殊劳动防护用品。

14. 普通劳动防护用品包括什么东西？

指从事普通劳动所需穿戴和配备的防护用品，包括工作服、工作鞋、雨衣、雨鞋(雨靴)及毛巾、香皂、肥皂、洗衣粉、洗发水等。

15. 特殊劳动防护用品包括什么东西？

指从事接触有毒有害危险作业等劳动必须穿戴和配备的劳动防护用品，包括安全帽、安全带、绝缘护品、防毒面具(包括空气呼吸器等)、防尘口罩、护目镜、耳塞(罩)、耐油手套等。

16. 劳动防护用品是如何分类的？

（1）头部防护用品，主要用于防御物体对头部造成冲击、刺穿、挤压、脏污、擦伤、头发被绞等伤害。如安全帽、工作帽、防寒帽。

（2）呼吸器官防护用品，如防尘口罩(防颗粒物呼吸器)、防毒面具、空气呼吸器等。

（3）眼(面部)防护用品，用于保护作业人员的眼(面)部，防止异物、紫外线、电磁辐射、酸碱溶液等的伤害。如防冲击护目镜、防强光、紫外线、红外线护目镜或面罩、焊接面罩、防腐蚀液护目镜等。

（4）听觉器官防护用品，用于暴露在强噪声环境中的工作人员，保护听觉，避免噪声过度刺激。如耳塞、耳罩。

（5）手部防护用品，主要用于保护手和臂，如防寒手套、耐酸碱手套、防静电手套等。

（6）足部防护用品，用于保护劳动者足部免受各种伤害。如耐油鞋、防砸鞋、绝缘鞋等。

（7）躯干防护用品，主要用于保护生产者免受作业环境的物理、化学和生物因素的伤害。如一般防护服、焊接防护服、阻燃防护服等。

（8）护肤用品，用于对劳动者裸露皮肤的保护。这类产品分为护肤膏和洗涤剂，前者在整个劳动过程中使用，后者在皮肤受到污染后使用。

（9）防坠落及其他防护用品，主要用于保护高处作业人员，防止坠落事故的发生，这类护具分为安全带和安全网两类。

17. 安全帽使用时有什么要求？

（1）帽内缓冲衬垫的带子要结实，人的头顶与帽内顶部的间隔不能小于32mm。

（2）不能把安全帽当坐垫用，以防变形，降低防护作用。

（3）发现帽子有龟裂、下凹和磨损等情况，要立即更换。

18. 安全带使用时有什么要求？

（1）在基准面2m以上作业须系安全带。

（2）使用时应将安全带系在腰部，挂钩要扣在不低于作业者所处水平位置的可靠处，不能扣在作业者的下方位置，以防坠落时加大冲击力，使人受伤。

（3）要经常检查安全带缝制部分和挂钩部分，发现断裂或磨损，要及时修理或更换。如果保护套丢失，要加上后再用。

19. 对加油站员工的职业卫生管理包括哪些方面？

（1）告知可能产生的职业病危害和后果

企业在与员工签订劳动合同时，应将工作过程中或工作内容变更时可能产生的职业病危害、后果、职业卫生防护条件等内容如实告知职工，并在劳动合同中写明，不得隐瞒。职工在上岗前要做好JHA分析，要让岗位员工知晓岗位风险和防范措施。JHA可以按工种几人合并同做，但必须由当事人签名认可，并存档备案。

（2）维护职业卫生防护设施和个人防护用品的责任和义务

所有员工都有维护本单位职业卫生防护设施和个人职业卫生防护用品的责任和义务，发现职业病危害事故隐患及可疑情况，应及时向有关单位和部门报告，对违反职业卫生和职业病防治法律法规以及危害身体健康的行为应提出批评、制止和检举，并有权提出整改意见和建议。

（3）加油站员工要定期进行健康检查

应对从事解除职业危害因素的作业人员和特种作业人员进行上岗前、

在岗期间、离岗前和退休前职业健康检查。加油站员工在上岗前、在岗期间每年要进行一次与职业病有关项目的检查(必检项目有：血常规、尿常规、肝功能、肝脾B超、心电图、胸部X射线检查)。企业不得安排未进行职业性健康检查的人员从事油品作业，不得安排有职业禁忌证者从事禁忌的工作。

对职业健康检查中查出的职业禁忌证以及疑似职业病者，患者所在企业应根据职防机构提出的处理意见，安排其调离原有害作业岗位、治疗、诊断等，并进行观察。

(4) 建立健全职工职业健康监护档案

各单位职业卫生管理部门应按规定建立健全职工职业健康监护档案，并按照国家规定的保存期限妥善保存。档案内容应包括员工的职业史、既往史、职业病危害接触史、职业健康检查结果和职业病诊疗等个人健康资料、相应作业场所职业病危害因素检测结果。

对在生产作业过程中遭受或者可能遭受急性职业病危害的职工应及时组织救治或医学观察，并记入个人健康监护档案。

企业要严格执行国家有关女工劳动保护的相关要求，安排工作时应充分考虑和照顾女工生理特点，不得安排女工从事特别繁重或有害妇女生理机能的工作，不得安排孕期、哺乳期(婴儿一周岁内)女工从事对本人和胎儿、婴儿有危害的作业；不得安排生育期女工从事可能引起不孕症或妇女生殖机能障碍的有毒作业。

20. 对患有职业病的员工应如何管理?

企业要加强对职业病病人的管理，职业病病人实行登记报告管理制度。确诊是职业病病人时，要按有关规定向地方政府卫生行政部门和上级主管部门报告。

企业要安排职业病患者进行医疗和疗养。对在医疗后被确认为不宜继续在原岗位作业或工作的，由安全管理部门提出调整岗位意见后，由有关部门和单位按有关规定办理。

职业病患者的诊疗、康复和复查等费用以及伤残后有关待遇和社会保障，应依照国家《职业病诊断与鉴定管理办法》《劳动能力鉴定 职工工伤与职业病致残等级》(GB/T 16180—2006)等规定执行。

对疑似职业病的职工应及时进行诊断，在其诊断或者医学观察期间的费用按职业病待遇办理，同时在此期间不得解除或者终止与其订立的劳动合同。

21. 职业病基础资料包括哪些内容?

职业病基础资料包括职业卫生档案、职业健康监护档案、职业卫生教育培训档案、个体防护用品发放登记档案等。

22. 职业健康监护档案有哪些内容?

职业健康监护档案包括职工职业健康监护档案和单位职业健康监护管理档案。

职工职业健康监护档案包括职业健康检查表、职业健康检查结果及处理情况、职业病诊疗相关资料。

单位职业健康监护管理档案包括职业健康检查年度计划、职业健康监护委托书、职业健康检查机构资质证书、职业健康检查结果报告和评价报告、职业病报告卡、职业病患者和职业禁忌证者的处理记录、在职业健康监护中提供的其他资料和职业健康检查机构记录整理的相关资料、卫生行政部门要求的其他资料。

23. 职业卫生教育培训档案包括哪些内容?

职业卫生教育培训档案包括教育培训计划、教育培训组织部门、时间、地点、内容、授课教师、考核成绩、学员签字等。

24. 个体防护用品发放登记档案包括哪些内容?

个体防护用品发放登记档案包括个体防护用品年度配备计划、发放的个体防护用品名称、规格型号、有效期、领用人签字等。

25. 什么是噪声污染?其危害是什么?

环境噪声是指在工业生产、建筑施工、交通运输和社会生活中所产生的影响周围环境的声音。环境噪声污染是指排放的环境噪声妨碍人们工作、学习、生活和其他正常活动的现象。噪声的危害主要在于影响人们休息，损伤听觉器官，引起心血管系统病症，导致神经衰弱和降低人们的劳动效率。

加油站的加油机、发电间，都存在着噪声污染。噪声污染固然有害，但只要降到一定程度即可，完全消除是不可能的，也没有必要，否则会造成浪费。

26. 加油站应怎样控制噪声？

噪声污染是不可避免的。控制噪声污染应从声源、传递和接受者三方面来考虑。一般来说，加油站发出的噪声并不突出和强烈，但地处城区或居民生活区的加油站在夜间作业时产生的各种声响还是比较明显的，特别是卡车的启动声。

声源的控制是解决噪声污染最根本的方法，合理配置噪声源，尽可能采用无声或低噪声的工艺和设备替代高噪声的工艺和设备，从根本上解决噪声问题。在布局方面，把高噪声机械和低噪声机械分开，把生活区与厂区分开；从时间上，把白天与夜间相区别，加强机械运动部件的润滑，加固连接部件等。

在许多情况下，由于技术和经济上的原因，直接从声源上控制噪声往往是不可能的，因此，还需要采取吸声、消声、隔振等技术措施来配合。

对于现有设备的噪声问题，常见解决方法是在传递路径上采取防护措施，比如在机器设备上采用隔声罩；在进出排气管或管路中加消声器；对车间、厂房的天花板或墙壁进行吸声处理；在车间、厂房的适合位置设立隔声屏障；对机组进行隔振处理等。尽可能减少或避免对周围人们的休息和工作造成的影响。

27. 预防噪声危害有哪些技术措施？

（1）消声。控制和消除噪声是预防噪声危害的根本措施。改革工艺过程和生产设备，以低声或无声工艺及设备代替产生噪声的工艺和设备，将噪声源远离员工作业区均是噪声控制的有效手段。

（2）控制噪声的传播。用吸声材料、吸声结构和吸声装置将噪声源封闭，吸收辐射和反射的声能，防止噪声传播。常用的隔声材料有隔声墙、隔声罩、隔声地板。常用的吸声材料有玻璃棉、矿渣棉、毛毡、泡沫塑料、棉絮等。

（3）采取合理的防护措施。佩戴护耳器，包括耳塞与耳罩；合理安排劳动时间，限制噪声作业时间。

（4）定期体检。接触噪声的人员应定期体检。对于出现听力下降者，应加以治疗和观察，重者应调离噪声作业。就业前体检或定期体检中发现明显的听觉器官疾病、心血管病、神经系统器质性病变者不得参加接触强烈噪声的工作。

28. 加油站员工的劳动保护应从哪几个方面着手？

加油站员工由于长期接触油品和油蒸气，会产生与此相关的一些疾病，如皮炎、油粉刺、呼吸道疾病、肠胃疾病、妇女病、中枢神经系统衰弱等。这些都是慢性病，不易发觉，多半表现为皮肤暗黑、食欲不好、容易疲劳、记忆力差等，随着年龄增大而出现疾病症状，因此要特别注意，加强防范。

引起加油站的环境污染和员工职业病的主要原因是加油站的油品外溢、油气蒸发，使油气浓度超过卫生规定值，以及加油的各种车辆排出的尾气等。因此，为了加油站员工的身体健康，应从以下几个方面做起。

(1) 应加强防止油品的“跑、冒、滴、漏”，减少油品蒸发。油气污染的防护措施主要有技术上和管理两个方面：技术上采取接卸油气回收、加油油气回收，即全工艺系统采取油气回收系统；管理上严格执行《加油站管理规范》有关要求。

(2) 对加油站的有害气体的浓度检测。从目前大部分加油站的情况看，在正常情况下，加油站各类建筑物内的有害物的散发均不会超过卫生允许浓度，建筑物本身就有良好的自然通风条件。只有在油品跑冒事故情况下，油气浓度才超标。加气站在设计时必须充分考虑液化石油气或天然气扩散，防止气体积聚，当加气站建构筑物内自然通风不能满足要求时，必须采用强制通风措施。

(3) 根据劳动保护规定，加强员工劳动保护措施，制定劳动保护条例，改进工作操作条件。加强个人防护意识，养成良好的工作、生活习惯。

(4) 加强防毒管理和检查监督工作，对员工要加强防毒安全教育，定期检测工作场地空气中有害气体的含量。同时员工之间也应相互提醒、监督，提高防范意识，保证人身健康。

(5) 加油站应按劳动保护条例发放劳动保护用品，定期对员工进行身体检查。

29. 使用危险化学品过程中保持个人卫生有哪些原则？

为防止化学品对人体的危害，遵守个人卫生规则十分重要。

(1) 遵守安全操作规程，使用适当的防护用品。

(2) 工作结束后、饭前、饮水前、吸烟前，要充分洗净身体的暴露部分。

(3) 定期检查身体。

(4) 皮肤受伤时，要完好地包扎。

(5) 时刻注意防止自我污染，尤其在清洗或更换工作服时更要注意。

（6）在衣服口袋里不装被污染的东西，如抹布、工具等。

（7）防护用品要分放、分洗。

（8）勤剪指甲并保持指甲洁净。

（9）不直接接触能引起过敏的化学品。

（10）下班后，换下工作服，洗头洗澡。

30. 劳动防护用品有什么作用？

使用劳动防护用品，通过采取阻隔、封闭、吸收、分散、悬浮等手段，能起到保护机体的局部或全身免受外来侵害的作用。在一定条件下，使用个人防护用品是主要的防护措施，防护用品必须严格保证质量，安全可靠，而且穿戴要舒适方便，经济耐用。

31. 劳动防护用品的发放和使用有什么规定？

（1）使用劳动防护用品的单位应为劳动者免费提供符合国家规定的劳动防护用品。

（2）使用单位不得以货币或其他物品替代应当配备的劳动防护用品。

（3）使用单位应教育本单位劳动者按照劳动防护用品使用规定和防护要求正确使用劳动防护用品。

（4）使用单位应建立健全劳动防护用品的购买、验收、保管、发放、使用、更换、报废等管理制度，并应按照劳动防护用品的使用要求，在使用前对其防护功能进行必要的检查。

（5）使用单位应到定点经营单位或生产企业购买特种劳动防护用品。购买的劳动防护用品须经本单位的安全技术部门验收。

32. 防静电工作服的质量和穿用有什么要求？

防静电工作服是为了防止衣服的静电积聚，用防静电织物为面料缝制的工作服。

防静电工作服的质量要求：

（1）外观要求无破损、斑点、污物以及其他影响工作服使用性能上的缺陷。

（2）防静电性能。每件防静电服的带电电荷量、耐洗涤性能，必须符合表 1-1 的要求。

表 1-1　防静电工作服防静电性能指标

项目	A 级	B 级	试验方法
带电电荷量	0.6μC/件	0.6μC/件	按规定方法测试
耐洗涤时间	≥33.0h	≥16.5h	按规定方法洗涤

防静电工作服的穿用要求：

（1）气体爆炸危险场所的区域等级属 0 区、1 区且可燃物的最小点燃能量在 0.25mJ 以下者，应穿用防静电服。

（2）禁止在易燃易爆场所穿脱防静电服。

（3）禁止在防静电服上附加或佩戴任何金属物件。

（4）穿用防静电服时，必须与《防静电鞋、导电鞋技术要求》（GB 4385）中规定的防静电鞋配套穿用。

第八节　HSSE 管理体系

1. 什么是 HSSE 管理体系？

HSSE 管理体系是安全、环境、健康、公共安全管理体系（Health，Safety，Security and Environment，缩写为 HSSE）的简称，指实施安全、环境、公共安全、健康管理的组织机构、职责、做法、程序、过程和资源等而构成的整体。HSSE 管理体系是一种事前进行风险分析，确定其自身活动可能发生的危害和后果，从而采取有效的防范手段和控制措施防止其发生，以便减少可能引起的人员伤害、财产损失和环境污染的有效管理方法。

健康（Health）是指人身上没有疾病，在心理上（精神上）保持一种完好的状态。安全（Safety）是指在劳动生产过程中，努力改善劳动条件、克服不安全因素，使劳动生产在保证劳动者安全、健康、企业财产不受损失的前提下顺利进行，安全生产是企业一切经营活动的根本保证。公共安全（Security）是指社会和公民个人从事和进行正常的生活、工作、学习、娱乐和交往所需要的稳定的外部环境和秩序，公共安全管理是指为了维护社会的公共安全秩序，保障公民的合法权益，以及社会各项活动的正常进行而做出的各种行政活动的总和。环境（Environment）是指与人类密切相关的、影响人类和生产活动的各种自然力量或作用的总和，它不仅包括各种自然因素的组合，还包括人类与自然因素间相互形成的生态关系的组合。

2. 推行 HSSE 管理体系的作用是什么？

HSSE 管理体系是石化企业强化 HSSE 管理，实现安全发展、绿色发展，建设世界一流能源化工公司的重要保障。HSSE 管理体系也是石化企业各级管理者和全体员工在生产活动中必须遵循的准则。

3. HSSE 管理体系的目标、方针和理念是什么？

HSSE 目标是：零伤害、零污染、零事故。

HSSE 方针是：组织引领、全员尽责、管控风险、夯实基础。

HSSE 理念是：安全第一、环保优先、身心健康、严细实恒。

4. HSSE 管理体系有哪些要素？

（1）组织引领，全员尽责。包括领导引领力、HSSE 组织、HSSE 责任、HSSE 投入、社会责任等 5 部分。

（2）评估风险，治理隐患。包括依法合规、风险识别与评估、重大危险源、隐患排查治理等 4 部分。

（3）管控过程，强化执行。包括培训管理、建设项目管理、生产运行管理、危险化学品储运管理、设备设施管理、施工作业管理、承包商管理、变更管理、员工健康管理、公共安全管理、污染防治与生态保护、应急管理、HSSE 信息管理等 13 部分。

（4）聚焦基层，夯实基础。包括基层 HSSE 组织建设、纪律和行为、现场 HSSE 管理、基层安全活动等 4 部分。

（5）总结创新，持续改进。包括检查与审核、事故事件管理、绩效考核、持续改进等 4 部分。

5. 危险源识别、风险评价及风险控制策划的步骤是什么？

危险源识别、风险评价及风险控制策划的基本步骤：（1）业务活动分类；（2）危险源辨识；（3）风险评价；（4）判定风险是否可容忍；（5）编制风险控制措施计划；（6）评审措施计划的充分性。

6. 安全评价的分类及一般程序是什么？

安全评价分为安全预评价、安全验收评价、安全现状综合评价、专项安全评价四种。

安全评价的一般程序主要包括：准备阶段，危险有害因素辨识与分析，定性定量评价，提出安全对策措施，形成安全评价结论及建议，编制安全评价报告。

第二章　加油站防火防爆

第一节　油品的危险特性

1. 什么是闪点、燃点和自燃点？

石油产品在规定条件下，加热到它的蒸气与空气所形成的混合气体接触火焰发生闪火时的最低温度称为闪点。

石油产品在规定条件下，加热到它的蒸气能被接触的火焰引燃并燃烧不少于5s时的最低温度称为燃点。

油品受热至一定程度时，没有与火源接触能自行发生持续燃烧的最低温度称自燃点。

2. 什么是易燃液体？

易燃液体是指常温下以液态存在，遇火、受热或与氧化剂接触能够燃烧爆炸的液体。

3. 什么是易燃油品？什么是可燃油品？

凡闪点不大于45℃的油品为易燃油品，如汽油、煤油。

凡闪点大于45℃的油品为可燃油品，如柴油、润滑脂。

4. 易燃液体有哪些危险性？

（1）燃烧爆炸性。液体的燃烧实际上就是液体蒸气的燃烧。其燃爆特性及火灾危险性主要取决于以下几方面的因素：

① 最低点火能量。易燃液体的最低点火能量越低，火灾危险性越大。如汽油的最低点火能量是0.15MJ(一枚大头针从1m高处自由落下，撞击地面的能量大约为1MJ)。

② 闪点。闪点是评价易燃液体火灾危险性的主要依据。闪点越低，火灾危险性越大。

③ 爆炸极限。在低于爆炸下限和高于爆炸上限浓度时，既不爆炸，也不着火。这是由于前者的可燃物浓度不够，过量空气的冷却作用阻止了火焰的蔓延；而后者则是空气不足，火焰不能蔓延的缘故。

④ 密度。易燃液体的密度都小于1000kg/m^3，所以易燃液体都比水轻(二氧化硫除外)。密度小的液体，其闪点、沸点也低，液体的挥发速度及挥发量较大。所以密度小的易燃液体火灾危险性大。易燃液体的蒸气密度一般都比空气大，不易扩散。蒸气的聚集更易造成爆炸性混合气体的形成，从而增大火灾爆炸的危险性。油品蒸气的密度一般是纯空气的1.1~5.9倍，所以油蒸气同空气混合后，混合气体有集中于低洼处的趋势。

⑤ 自燃点。一般易燃液体的自燃点在250~650℃之间，自燃点越低，火灾危险性越大。

(2) 流动性。流动性是任何液体的通性，由于易燃液体易着火，其流动性的存在就增加了火灾危险性。

(3) 蒸发性。易燃液体在常温下都能蒸发，蒸发性越强，其蒸气越易与空气形成爆炸性混合气体，火灾危险性越大。易燃液体蒸发性的难易程度常用沸点表示，沸点越低，蒸发性越强。

(4) 受热膨胀性。易燃液体受热后，本身体积膨胀，同时蒸气压力增加。若储存在密封容器中，就会造成容器膨胀以致爆裂，引起火灾爆炸事故。所以，盛装易燃液体或可燃液体的容器，应留有不少于5%~7%的空间，不同季节规定不同的安全容量，防止太阳光直晒产生高温。

(5) 易积聚静电荷性。油品在输送、装卸和加油作业时会产生大量静电，而且油品静电的产生速度远大于流散速度，很容易引起静电荷积聚，静电电位往往可达几万伏。静电积聚的场所(部位)常有大量的油蒸气存在，很容易造成静电火灾爆炸事故。

(6) 毒性。绝大多数易燃液体及蒸气都具有一定的毒性，会通过与皮肤的接触或呼吸吸入人体，致使人昏迷或窒息死亡。

5. 油品有哪些危险特性？

(1) 易燃性。燃烧是一种同时有光和热产生的快速氧化反应。油品组分主要是碳氢化合物及其衍生物，是可燃性有机物质。其中许多油品的闪点较低，同燃点很接近，不需要很高温度，甚至在常温下蒸发速度也很快。由于油品在收发储存作业中，不可能是全封闭的，导致油蒸气大量积聚和漂移，存在于有大量助燃物的空气中，只要有足够的点火能量，很容易发生燃烧。油品的燃烧速度很快，尤其是轻质油品，汽油的燃烧线速度最大可达5mm/min，质量速度最大可达 221kg/($m^2 \cdot h$)，水平传播速度也很大，即使在封闭的储油罐内，火焰水平传播速度可达 2~4m/s，因此，油品一旦发生燃烧，氧气供给难以控制，很容易造成更大的危险。

(2) 易爆性。物质从一种状态迅速地转变成另一种状态，并在瞬间放出巨大能量同时产生巨大声响的现象称为爆炸。爆炸是一种破坏性极大的物理化学现象。油品蒸气中存在一定数量的氢分子，含有氢分子的油蒸气与空气组成混合气体达到爆炸极限时，遇到引爆源，即能发生爆炸。

油品的爆炸极限很低，尤其是轻质油品，浓度在爆炸极限范围的可能性大，引爆能量仅为 0.2MJ，而加油站中绝大多数引爆源都具有足够的能量来引爆油气混合物。油品的易爆性还表现在爆炸温度极限越接近于环境温度，越容易发生爆炸。冬天室外储存汽油，发生爆炸的危险性比夏天还大。夏天在室外储存汽油，因气温高，在一定时间内，汽油蒸气的浓度容易处于饱和状态，遇火源往往发生燃烧，而不是爆炸。

(3) 易积聚静电荷性。两种不同的物体，包括固体、液体、气体和粉尘，通过摩擦、接触、分离等相对运动而产生的没有定向移动的电荷称为静电。静电的产生和积聚同物体的导电性有关。油品的电阻率在 $10^{10}\Omega \cdot m$ 以上，是静电非导体。当油品在运输、装卸和加油作业时产生大量的静电，并且油品静电的产生速度远大于流散速度，很容易引起静电荷积聚，静电电位往往可达几万伏。而静电积聚的场所，常有大量的油蒸气存在，很容易造成静电事故。油品静电积聚不仅能引起静电火灾爆炸事故，还限制油品的作业条件。

(4) 易受热膨胀性。油品受热后，温度升高，体积膨胀。比如汽油，温度变化 1℃，其体积变化 0.12%。所以储存汽油的密闭油桶如靠近高热或日光曝晒，受热膨胀，桶内压力增加，容易造成容器胀破。故各种规格的油桶，不同季节都应规定不同的安全容量。一般来说，油桶装油后应保持 5%~7% 的气体空间，以备油品受热膨胀。

(5) 易蒸发、流淌和扩散性。石油产品主要由烷烃和环烷烃组成，大致是碳原子数 4 以下为气体，5~12 为汽油，9~16 为煤油，15~25 为柴油，20~27为润滑油。碳原子数 16 以下为轻质馏分，烃类分子很容易离开液体，挥发到气体中。1kg 的汽油大约能蒸发 0.4m^3 的汽油蒸气。煤油和柴油虽然蒸发较慢，但比水蒸发快得多。

油气同空气混合后的混合气体密度同空气很接近，尤其是轻质油品蒸气同空气的混合物，受风影响扩散范围广，并沿地面漂移，积聚在坑洼地带，所以加油站内建构筑物之间一定要有安全距离，以防火灾险情扩大。

液体都具有流动扩散的特性，油品的流动扩散能力取决于油品的黏度。

低黏度的轻质油品，密度小于水，其流动扩散性很强。所以储存油品的设备由于穿孔、破损，常发生漏油事故。

(6) 毒性。油品及其蒸气都具有一定的毒性，一般属于刺激性、麻醉性的低毒物质。加油站作业中人体防护不可能全封闭，不可避免地接触到油品，吸入油蒸气。因此，加油站应加强防毒劳动保护措施。

6. 什么叫汽油？汽油有哪些外观特征？

应用于点燃式发动机即汽油发动机的专用燃料为汽油。汽油的颜色一般为水白透明色，比水轻，密度一般在0.71~0.75g/cm^{3}之间，有特殊的汽油芳香味，摇动时产生气泡并随即消失，挥发性快，手摸有凉爽感觉、发涩。

7. 柴油有哪些外观特征？

柴油的颜色为茶黄色或棕褐色，表面发蓝，有柴油味，摇动气泡小，消失快，手感光滑，手沾后有油感，挥发慢。

8. 油品的火灾危险特性是怎样划分的？

以闪点作为油品危险特性分类的依据，将油品分为甲、乙、丙三类。其中，甲类油品的闪点小于28℃；乙$_A$类油品的闪点为28~45℃（含28℃、45℃），乙$_B$类油品的闪点为45~60℃（不含60℃）；丙$_A$类油品的闪点为60~120℃，丙$_B$类油品的闪点为大于120℃。闪点越低表明危险性越大。

9. 油品火灾有什么特点？

(1) 突发性强。油品具有很高的挥发性能，所挥发的油蒸气密度为空气的1.59~4倍，不容易在大气中飘散。其中轻质油品的闪点一般接近常温，遇有明火容易着火。如汽油在燃烧时，火焰沿液面传播的速度达0.5~2m/s。因此，油品尤其是轻质油品着火，需要的浓度低，点火能量小，具有突发性，容易成灾。

(2) 燃烧猛烈，燃烧速度快，产生高温辐射。实验表明：每升油品含热能30~46MJ（兆焦耳），大约为煤的2倍。燃烧时能迅速释放出大量的热。一般油品的火焰温度为900~1200℃，汽油可达1100~1180℃。高热能不但加快了油品的蒸发和燃烧速度，还容易危及邻近物，扩大燃烧范围。

(3) 燃爆转化。油品火灾燃爆转化快。油品蒸气与空气混合成一定比例时，遇火容易产生爆炸，同时火灾极易蔓延。由于燃烧过程中可燃气体的浓度不断变化，所以燃烧和爆炸往往是交替发生，燃烧引起爆炸，爆炸扩大燃烧，加大火情。

（4）火灾扩散快。火灾发生后，随着油品的流淌，着火面积加大。

10. 什么是爆炸浓度极限和爆炸温度极限？

可燃气体、可燃液体蒸气与空气构成的混合物，并不是在任何混合比例之下都有着火和爆炸的危险，而必须是在一定的比例范围内混合才能燃爆。混合的比例不同，其爆炸的危险程度亦不相同。

可燃气体或可燃液体蒸气与空气或氧气混合后，在某一浓度范围内，遇到火源将引起爆炸，此浓度范围称为混合气体的爆炸浓度极限，简称爆炸极限，通常用体积百分数表示。其中遇火源发生爆炸的最低浓度称为爆炸下限，而能够发生爆炸的最高浓度称为爆炸上限。在低于爆炸下限和高于爆炸上限浓度时，既不爆炸，也不着火。这时由于前者的可燃物浓度不够，过量空气的冷却作用阻止了火焰的蔓延；而后者则是空气不足，火焰不能蔓延的缘故。

可燃性混合物的爆炸极限范围越宽，其爆炸危险性越大，这是因为爆炸极限越宽，则出现爆炸条件的机会就越多。

所谓油品的爆炸温度极限是指形成与爆炸浓度极限相对应的温度范围。详见表 2-1。

表 2-1　油品爆炸温度极限

油品	爆炸温度极限/℃	
	下限	上限
汽油	-34	-4
煤油	40	86

从表 2-1 中可以看出：汽油罐在冬天比夏天爆炸的危险性大，因为汽油的爆炸温度范围在北方冬天是很普遍的温度。

11. 油品和油蒸气的毒性对人体有什么危害？

油品及油蒸气具有一定的毒性，一般属于低毒性物质，但由于中毒的途径不同，使人体器官能产生不同程度的急性或慢性中毒。

油品蒸气慢性中毒的结果会使人患慢性病，产生头昏、疲倦、瞌睡等症状。若皮肤经常与油品接触，会产生脱脂、干燥、裂口、皮炎和局部神经麻木。油品落入口腔、眼睛时，会使黏膜枯萎，有时会出血。

轻质油品的毒性比重质油品的毒性小些，但是轻质油品蒸发性能好，蒸发量比较大，往往使空气中的油品蒸气浓度大于重质油品产生的浓度，因此危害性更大。如果空气中油品蒸气含量为0.28%，经过12~24min，人便会感到头昏；如果含量达到1.13%~2.22%时，便会发生急性中毒，人感到难以支持。当油品蒸气含量更高时，会使人立即昏倒，丧失知觉。

汽油为麻醉性毒物，急性吸入后，好像有毛发沉在舌头上的感觉，大部分可由呼吸道排出，小部分在肝脏被氧化经肾脏排出。汽油吸入后主要使中枢神经系统机能紊乱，低浓度可引起条件反射改变，高浓度能造成呼吸中枢麻痹。另外，汽油对脂肪代谢有特殊影响作用，引起神经细胞内类脂质平衡失调，血中脂肪含量波动，胆固醇和磷脂的改变。汽油的毒性，随着其中饱和烃、硫化物和芳烃含量的增高而增强。

虽然柴油及润滑油的毒性没有汽油严重，但它们能产生硫化氢气体。硫化氢为无色具有臭鸡蛋味的气体，比空气重，密度为1.19g/m^3，在空间易积聚，不易飘散，易溶于水和醇类。硫化氢是一种毒性很强的气体，空气中含量达到0.035mg/m^{3}时，人即可嗅到气味。开始，这种强烈的臭鸡蛋味与其浓度成正比，当浓度超过10mg/m^{3}时，臭鸡蛋味反而减弱，甚至不能觉察，这正是最危险的时刻，往往出现“闪电式”中毒死亡。

12. 油品和油蒸气的毒性是如何侵入人体的?

油品及其蒸气侵入人体的途径主要有3种，即皮肤接触、呼吸道吸入和通过食物进入消化道。有时可单独通过呼吸道或皮肤侵入人体，有时可从2条或3条途径同时侵入人体。

（1）呼吸道吸入。气体毒物和易挥发性液体的毒物，主要是从呼吸道进入人体，自鼻、咽至肺整个呼吸道的黏膜都不同程度的吸收有害气体，尤其以肺泡为主。有害物质能很快地吸收并经过毛细血管进入血管循环系统，从而分布到全身。由于这一过程不经过肝脏解毒，因而具有较大的危险性。

（2）皮肤接触。有些毒物像一把利箭一样，可以穿透完整的人体皮肤，经毛囊空间到达皮脂腺及腺体细胞而吸收，一小部分则通过汗腺进入人体。毒物进入人体的这一途径也不经肝脏转化，直接进入血液系统而散布全身，危险性较大。

（3）进入消化道。毒物有时可能被误食，或者由呼吸道侵入人体的毒物一部分沾附在其分泌物中，无意中被吞入。毒物进入消化道后，主要在小肠内被吸收，大部分进入肝脏，经解毒转化被排出，只有一部分直接进入血液循环系统。毒物在消化道被吸收的程度，主要取决于毒物在胃液中的溶解度。由于经过肝脏的解毒作用，使进入人体的一些毒物变成了毒性较小或无毒的物质。所以，从消化道侵入的毒物，一般不及从呼吸道和皮肤黏膜吸收的毒物后果严重。

13. 防止油品中毒应采取哪些防护措施？

（1）应从控制油品及其蒸气的污染着手，努力保证加油站的储油设备、输转管道、阀门、加油机等性能良好，不产生滴漏；

（2）改进储油技术，减少油品蒸发，降低油品损耗，改善卸油、加油条件，采用密闭卸油和加油油气回收装置等；

（3）员工在加油时严格按操作规程作业，以防油品冒出；

（4）防止人体吸入中毒，不论轻油或重油，都不得用嘴吸油，以防食入或吸入；

（5）在检修加油机、管道、容器或其他设备后，必须将手、脸等清洗干净后才能进行其他工作或进食；

（6）改善加油站的通风条件，加强油气浓度检测，采用隔离式作业等。

14. 油品蒸发有哪些危害？

（1）造成油品数量上的减少，引起油品质量下降；

（2）蒸发到大气中的油蒸气，遇到明火可引起燃烧和爆炸；

（3）油品蒸发对空气污染严重，通过呼吸道、食道和皮肤侵入人体，造成人身中毒。

第二节　燃烧与爆炸

1. 什么是燃烧？

燃烧是一种同时有光和热剧烈产生的快速氧化反应。

2. 燃烧的必要条件是什么？

燃烧条件是可燃物质、助燃物质、着火热源同时存在且相互作用。也就是说，发生燃烧的条件必须是可燃物和氧化剂共同存在，并构成一个燃烧系统；同时，要有导致着火的着火源。

（1）可燃物。物质分为可燃物质、难燃物质和不可燃物质三类。可燃物质是指在火源作用下能被点燃，并且当火源移去后能继续燃烧，直到燃尽的物质。凡是能与空气、氧气和其他氧化剂发生剧烈氧化反应的物质，都称为可燃物质。如汽油、木材、纸张等。可燃物的种类很多，按其状态不同可分为气态、液态和固态三类，一般是气体较易燃烧，其次是液体，再次是固体。难燃物质是在火源作用下能被点燃并阴燃(不冒出火焰的燃烧为阴燃)，当火源移去后不能继续燃烧的物质。如聚氯乙烯、酚醛、塑料等。不可燃物质是在正常情况下不会被点燃的物质，如钢筋、水泥、砖、沙石等。可燃物质是防爆与防火的主要对象。

(2) 氧化剂(又称助燃物)。凡具有较强的氧化性能，能与可燃物发生氧化反应的物质称为氧化剂。氧气是一种最常见的氧化剂。由于空气中含有约21%的氧气，因此人们生产和生活的空间，普遍被这种氧化剂所包围。多数可燃物能在空气中燃烧。即燃烧的氧化剂这个条件是广泛存在着，并且在采取防火措施时，在人们工作和生活的场所，它又不便于被消除。

(3) 着火源。具有一定温度和热量的能源，或者说能引起可燃物着火的能源称为着火源。生产和生活中，常用的多种能源都有可能转化为着火源。例如，化学能转化为化合热、分解热、聚合热、着火热、自然热；电能转化为电阻热、电火花、电弧、静电放电火花发热、雷击放电火花发热；机械能转化为摩擦热、压缩热、撞击热；光能转化为热能等。

3. 燃烧的充分条件是什么?

在研究燃烧的条件时还应注意到，燃烧三个基本条件在数量上的变化，也会直接影响燃烧能否发生或持续进行。例如，氧在空气中的浓度降低到14.4%以下时，汽油的燃烧即停止。又如，着火源如果不具备一定的温度和足够的热量，燃烧也不会发生。例如，没有熄灭的烟头可以点燃汽油，但如果落在大块木材上，则很难引燃木材，因为燃烧的烟头虽然有超过木材燃点的温度，但却缺乏足够的热量。实际上，燃烧反应在可燃物、助燃物和着火源三方面都存在着极限值。因此，燃烧的充分条件有以下几方面：

(1) 一定的可燃物浓度。可燃气体或易燃液体的蒸气只有达到一定的浓度才会发生燃烧。例如，氢气的浓度低于4%便不能点燃；煤油在20℃时，接触明火也不会燃烧，这是因为在此温度下，煤油蒸气的数量还没有达到燃烧所需的浓度。

(2) 一定的含氧量。如汽油燃烧所需最低含氧量为14.4%，煤油燃烧所需的最低含氧量为15%，氢气燃烧所需的最低含氧量为5.9%。

(3) 一定的着火源能量。即能引起可燃物质燃烧的最小点火能量，汽油最小点火能量为0.15~0.2MJ。

(4) 相互作用。燃烧的三个基本条件必须相互作用，燃烧才能持续进行。如：加油站生活区食堂在点火做饭，其着火源能量足够引燃油蒸气，但其远离火灾爆炸危险区，没有和可燃物作用，所以不能引起燃烧。

4. 什么是火灾？什么是火警？

广义地说，凡是超出有效范围的燃烧称为火灾。在消防工作中有火灾和火警之分，两者都是超出有效范围的燃烧，当人员和财产损失较小时登记为火警，即不足一般火灾标准的起火事故。由公安部、原劳动部、国家统计局制定颁布的《火灾统计管理规定》中，火灾的定义是“凡失去控制并对财产和人身造成损害的燃烧现象都为火灾”。

5. 火灾是如何分类的？

灭火器配置场所的火灾种类按照《建筑灭火器配置设计规范》（GB 50140—2005），根据物质及其燃烧特性划分为以下几类：

（1）A类火灾。指固体物质火灾，如木材、棉、麻、毛、纸张等燃烧的火灾。

（2）B类火灾。指液体火灾或可溶化固体物质火灾，如汽油、煤油、柴油、甲醇、乙醚、丙酮等燃烧的火灾。

（3）C类火灾。指气体火灾，如煤气、天然气、甲烷、丙烷、乙炔、氢气等燃烧的火灾。

（4）D类火灾。指金属火灾，如钾、钠、镁、钛、锂、铝镁合金等燃烧的火灾。

（5）E类火灾（带电火灾）。指物体带电燃烧的火灾。

加油站主要是B类火灾、C类火灾和带电火灾，一般不存在D类火灾。

6. 灭火的基本方法有哪几种？

灭火的基本方法有：冷却法、窒息法、隔离法和负催化抑制法四种。各种灭火方法都有其特点，它们的效能是相辅相成的，在实际灭火中，应根据火灾的性质特点，具体分析，采取相应的灭火方法。一般是两种或三种方法结合进行。冷却法是最常用的灭火方法。

7. 什么是窒息灭火法？

窒息灭火法就是阻止空气流入燃烧区，或用不燃物质冲淡空气，使燃烧物质断绝氧气的助燃而熄灭。减少空气中氧气含量的灭火方法，适用于扑救密闭的房间或生产装置设备内发生的火灾。这些部位发生火灾的初期，空气充足，燃烧发展比较迅速。随着燃烧时间的延长，由于封闭在这些部位内部的空气或氧气越来越少，烟雾及其他燃烧的产物逐渐充满空间，因此，燃烧的不完全性加强，燃烧强度降低。当空气中氧的含量低于9%~18%时，燃烧即将停止。

在火场上运用窒息的方法扑灭火灾时，可采用灭火毯、浸湿的棉被、帆布等不燃或难燃材料，覆盖燃烧物或封闭空洞；用水蒸气、高倍数泡沫充入燃烧区域；利用建筑物上原有的门窗以及生产设备上的部件，封闭燃烧区。采用窒息法扑灭火灾，只有燃烧部位空间较小，容易堵塞封闭，并在燃烧区域内没有氧化剂存在的条件下，才能采取这种方法。在灭火时，必须在确认火已熄灭时，方可打开孔洞进行检查。严防因过早地打开封闭的孔洞而使新鲜空气流入燃烧区，引起复燃。

8. 什么是冷却灭火法？

冷却灭火法就是将灭火剂直接喷洒在燃烧物质的物体上，将可燃物质的温度降低到燃点以下，终止燃烧，是扑救火灾的常用方法。在火场上，除用冷却法扑灭火灾外，在必要的情况下，可用冷却剂冷却建构筑物构件、生产装置、设备容器，减少遭受火焰辐射，防止结构变形和火灾蔓延扩大。

9. 什么是隔离灭火法？

隔离灭火法就是将燃烧物体与附近的可燃物质隔离或疏散开，使燃烧停止。这种方法适用于扑救各种固体、液体、气体火灾。采用隔离灭火法的具体措施有：将火焰附近的可燃、易燃、易爆和助燃物质，从燃烧区内转移到安全地点；关闭阀门，阻止气体、液体流入燃烧区；排除生产装置、设备容器内的可燃气体或液体；设法阻拦流散的易燃、可燃液体或扩散的可燃气体；拆除与火源相毗邻的易燃建构筑物，形成防止火势蔓延的空间地带；以及用水流封闭等方法扑救稳定性火炬型火灾。

10. 什么是负催化抑制灭火法？

负催化抑制灭火法是使灭火剂参加到燃烧反应过程中去，使燃烧过程产生的游离基消失，而形成稳定分子或低活性的游离基，使燃烧反应终止。干粉灭火剂属于参与燃烧过程中断燃烧连锁反应的灭火剂。故使用这类灭火剂时必须将灭火剂准确地喷射在燃烧区内，使灭火剂参与燃烧反应，否则，将起不到抑制燃烧反应的作用，达不到灭火目的。负催化抑制灭火法的灭火速度较快，但也容易复燃，因燃烧区内的可燃物温度短时间降低幅度不大，一旦新鲜空气得到补充，活性基团增多，若不采用其他灭火剂覆盖冷却极易复燃。

11. 什么是爆炸?

物质从一种状态迅速地转变成另一种状态，并在瞬间放出巨大能量，同时产生巨大声响的现象称为爆炸。所谓“瞬间”，就是说爆炸发生于极短的时间内，通常是在1s内完成。

12. 什么是爆炸极限?

可燃气体或可燃液体蒸气与空气或氧气混合后，在某一浓度范围内，遇到火源将引起爆炸，此浓度范围称为混合气体的爆炸浓度极限，简称爆炸极限，通常用体积百分数表示，也可以用温度来表示。其中遇火源发生爆炸的最低浓度称为爆炸下限，而能够发生爆炸的最高浓度称为爆炸上限。部分可燃气体和油品的爆炸极限参考数据见表2-2。

表2-2　部分可燃气体和油品的爆炸极限

可燃气体	爆炸浓度极限/%(体积)		油品名称	爆炸浓度极限/%(体积)	
	下限	上限		下限	上限
甲烷	4.9	15	溶剂油	1.4	6.0
乙烷	3.22	12.45	航空煤油	1.4	7.5
丙烷	2.1	9.5	煤油	0.8	6.5
丁烷	1.5	8.5	车用汽油	1.0	8.0
天然气	1.1	16	柴油	0.6	6.5

可燃性混合物的爆炸极限范围越宽，其爆炸危险性越大，这是因为爆炸极限越宽，则出现爆炸条件的机会就越多。爆炸下限越低，少量的可燃物(如汽油蒸气，少量的液化石油气、天然气稍有泄漏)就会形成爆炸条件；爆炸上限越高，则有少量的空气渗入容器，就能与容器内的可燃物混合形成爆炸条件。生产经营过程中，应根据各种可燃物质所具有的爆炸极限的不同特点，采取严防“跑、冒、滴、漏”和空气与可燃物质形成爆炸性气体混合物。而且，可燃性混合物的浓度高于爆炸上限时，虽然不会燃烧和爆炸，但它从容器或管道里逸出，接触空气时却能燃烧，因此仍有发生燃烧的危险。

13. 什么是爆炸危险度?

可燃气体或蒸气的爆炸危险性还可以用爆炸危险度来表示。爆炸危险度是爆炸浓度极限范围与爆炸下限浓度之比值，其计算公式如下：

爆炸危险度=(爆炸上限浓度-爆炸下限浓度)/爆炸下限浓度

爆炸危险度说明，气体或蒸气的爆炸浓度极限范围越宽，爆炸下限浓度越低，爆炸上限浓度越高，其爆炸危险性就越大。

14. 爆炸有什么特征？

爆炸是发生于极短的时间内，通常在1s内完成。其内部特征是物质发生爆炸时，产生的大量气体和能量在有限体积内突然释放或急骤转化，并在极短时间内，在有限体积中积聚，造成高温高压。爆炸的外部特征是爆炸介质在压力作用下，对周围物体(容器或建筑物等)形成急剧突跃压力的冲击，或者造成机械性破坏效应，以及周围介质受振动而产生的声响效应。不论内部还是外部特征，可燃物压力的瞬时急剧升高是爆炸的主要特征。加油站的爆炸事故多数属于可燃物质的化学性爆炸。

15. 爆炸有哪些破坏作用？

(1) 冲击波。爆炸形成的高温、高压、高能量密度的气体产物，以极高的速度向周围膨胀，强烈压缩周围的静止空气，使空气压力、密度和温度突然跳跃升高，像活塞运动一样推向前进，产生波状气压向四周扩散冲击，称为冲击波。这种冲击波能造成附近人员、设备、建筑物的伤害或破坏，其破坏程度与冲击波的能量大小有关，与设备、建筑物的坚固程度及其与产生冲击波的中心距离有关。

(2) 碎片冲击。爆炸的机械破坏效应会使容器、设备、装置以及建筑材料的碎片，在相当大的范围内飞散而造成伤害。碎片四处飞散的距离一般可达100~500m。

(3) 震荡作用。爆炸发生时，特别是较猛烈的爆炸往往会引起短暂的地震波。在爆炸波及的范围内，这种地震波会造成建筑物的震荡、开裂、松散、倒塌等危害。

(4) 造成二次事故。发生爆炸时，如果附近(周围)存放有可燃物，会造成火灾甚至二次爆炸。

16. 可燃物质发生化学爆炸需要哪些条件？

可燃物质(如油品或油蒸气)的化学性爆炸必须同时具备下列三个条件才能发生：

(1) 存在可燃气体、易燃液体的蒸气或薄雾；

(2) 上述气体按一定比例与空气或氧气相混合，形成爆炸性气体混合物，其浓度在爆炸极限范围之内；

（3）存在足够引燃该混合物的引燃能量，如火花、电弧或高温。

对于每一种可燃气体(蒸气)的爆炸性混合物，都有一个引起爆炸的最小点火能量，低于该能量，混合物就不爆炸。对同一种可燃物质，其引起燃烧或爆炸的最小点火能量是相同的。最小点火能量的单位通常以 MJ 表示。

防止可燃物质化学性爆炸三个基本条件的同时存在，就是防爆技术的基本理论。也可以说，防止可燃物质化学性爆炸全部技术措施的实质，就是制止化学性爆炸三个基本条件的同时存在。

17. 燃烧和化学爆炸有着怎样的关系？

燃烧和可燃物质化学性爆炸的条件是相同的，即其本质是相同的，都是可燃物质的氧化反应，都需具备可燃物、氧化剂和着火源这三种基本因素。它们的主要区别在于氧化速度(即燃烧速度)不同。如 1kg 整块煤完全燃烧时需要 10min，而 1kg 煤气与空气混合发生爆炸，只需 0.2s，两者的燃烧热值都是 2931kJ 左右。可以看出，燃烧和爆炸的区别不在于物质所含燃烧热值的大小，而在于物质燃烧的速度。燃烧速度越快，燃烧热释放越快，产生的破坏力也越大。所以，火灾和爆炸的发展过程有显著不同。火灾有初期阶段、发展阶段和衰弱熄灭阶段等过程，造成的损失随着时间的推移而加重，因此，一旦发生火灾，如能尽快进行扑救，即可减少损失。化学爆炸实质上是瞬间的燃烧，通常在 1s 之内爆炸过程已经完成，由于爆炸威力所造成的人员伤亡、设备毁坏和建构筑物倒塌等巨大损失均发生在顷刻之间，猝不及防。因此爆炸一旦发生，损失已无从避免和减少。

燃烧和化学爆炸两者还可随条件的变化而相互转化。同一种物质在一种条件下可以燃烧，在另一种条件下可以爆炸，燃爆是可以转化的。例如，油罐发生爆炸之后，接着往往是一场大火；而在某些情况下是先火灾而后爆炸，如卸空的油罐车着火时，可燃蒸气不断消耗，又不能及时补充较多的可燃蒸气，因而浓度不断下降，当蒸气浓度下降进入爆炸极限范围内时，则发生爆炸。

第三节 防火防爆

1. 加油站防火技术措施的基本原则是什么？

加油站的防火技术措施可以有许多项。但是一切防火技术措施都包括两个方面：一是防止燃烧基本条件的产生；二是避免燃烧基本条件的相互作用。

归纳起来，防火技术措施主要遵循以下基本原则：

（1）消除着火源。防火的基本原则应建立在消除着火源的基础之上。加油站几乎到处都处于可燃物质的包围之中，而且这些物质又存在于生产经营现场。这就是说，只有消除着火源，才能在绝大多数情况下达到预防火灾和爆炸的基本要求。换个角度说，一旦发生火灾，火灾原因调查实际上就是要查出是哪种着火源引起的火灾。

消除着火源的措施有很多，如安装防爆灯具、禁止烟火、接地避雷防静电、隔离和控温等。

（2）控制可燃物。防止燃烧基本条件中的任何一条，都可以防止火灾的发生。如果采取措施消除燃烧条件中的两条，就更具安全可靠性。在加油站的防火措施中，通常同时采用防止着火源、防止油品渗漏和油蒸气积聚的各项措施。

控制可燃物的措施主要有：生产经营场所以难燃和不燃材料代替可燃材料；降低可燃物质(可燃气体、可燃液体蒸气)在空气中的浓度，如在LPG、CNG加气站的压缩机房采取全面通风或局部排风，使可燃物不易积聚，从而不会超过最高允许浓度；防止可燃物质的“跑、冒、滴、漏”。

（3）隔绝空气。一旦发生火情、火警，扑救措施的基本目的就是通过隔断助燃物(空气中的氧气)与可燃物之间的作用而达到灭火功效。所以隔绝空气也是防火措施的基本原则。

（4）防止形成新的燃烧条件，阻止火灾范围的扩大。设置阻火装置，如在储油罐的通气管设置阻火器，一旦发生回火，可阻止火焰进入储罐内；油罐区要设置隔断防火墙，一旦发生火灾，使之不能形成新的燃烧条件；建筑物设备之间留有一定的防火间距等，都是遵循的这一基本原则。

2. 加油站的防爆措施有哪些？

（1）首先应在生产工艺设计中消除或减少可燃气体、易燃液体的蒸气或薄雾的产生及积聚。具体措施有：

工艺流程中应尽量采用系统密闭流程，减少油气外泄开口，工艺参数在符合生产技术要求下选用较低的压力和温度，将危险气体、液体尽可能限制在密闭容器内，并尽量杜绝油气“跑、冒、滴、漏”现象的发生。

工艺管网应合理布置排放口、取样口，应尽量减少法兰、丝扣等活动连接部位，管线尽量采用直接埋地敷设，若采用管沟敷设必须用干砂填实。

（2）防止爆炸气体混合物的形成，减少其达到爆炸极限的概率。

（3）消除或控制电气设备及线路产生火花、电弧或高温的可能性。根据爆炸危险区域等级及爆炸气体混合物的级别和组别，采用相应类型或高于上述级别和组别的电气设备。

（4）设置检测、安全报警装置，对区域内散发和积聚爆炸性气体或蒸气进行浓度检测，当可燃气体或油蒸气浓度接近爆炸下限(LEL)的25%，可燃气体检测报警发出声、光报警信号，预告操作人员及时采取处理措施。

3. 加油站防火防爆的重点内容有哪些？

（1）防人为点燃的明火。主要是在加油站防火重点区域和重点部位，如：罩棚下的所有加油机及加油岛；储存油品的油罐区；撬装车、营业室及附属设施；配电间或发电机房等，实行禁烟；生活区、办公区须贴有明显的禁烟标志。食堂、锅炉房等有明火的部位应远离上述防火重点区域和重点部位，并应有专人管理、监控，有严格的用火安全防范措施和配备必要的灭火器材。总之是防止在上述重点区域和重点部位发生人为点燃的明火。

（2）防静电火花。从静电灾害形成的条件可以看出，消除静电灾害有四个基本途径。

① 减少静电产生。加油站减少静电电荷产生的措施通常有：采用密闭式卸油代替喷溅式卸油，选择合适的卸油管头；在工艺上尽量减少弯头、阀门的设置，缩短输油管线的距离；防止油品中混有杂质和水分；控制卸油和加油速度。

② 防止静电积聚，加速静电电荷的泄漏。不论采用什么样的方法控制静电的产生，都不能完全消除静电，即静电的产生是不可避免的，但只要防止静电荷积聚使其不能达到静电放电电压，就能有效地防止静电灾害事故的发生。即必须加快静电电荷的泄漏(导出或导入地下)。加油站防静电积聚的主要措施有：对油罐、输油管线、加油机设备进行接地和跨接；严禁用塑料桶加注轻质油品；取样器的提绳必须用纯棉线并加入导静电细导线的专用提绳；油罐车卸油时必须用专门的接地装置，并保持良好接地。

③ 防止产生高电势(电位)引起静电火花放电。油罐车送油必须在规定静置时间后才能接卸；油罐卸油后不能立即进行手工计量的检测，防止高电位的形成；爆炸危险场所的操作人员必须穿防静电服，严禁穿、脱、拍打衣服。

④ 防止爆炸性混合气体存在。降低爆炸危险场所的可燃气体浓度，如防止油品的“跑、冒、滴、漏”；采用密闭卸油和油气回收系统以减少油蒸气浓度。

(3)防金属撞击火花。在火灾爆炸危险区域内，金属工具使用时碰撞产生的火花也是必须加以防范的着火源。

① 产生的原因：油罐操作井内维修、计量时使用工具不当，可能产生金属碰撞火花；加油机维修时也可能产生火花；在加油区内修车可能因金属碰撞产生火花等。

② 预防的措施是：加油站应配备专用的软金属(铜制)维修工具，供在火灾、爆炸危险区域内维修时使用；严禁在加油区、油罐区内修车；严禁用加油枪管口磕碰油箱口等。

(4) 防电气火花。加油站所使用的电气在设计、选型时应按国家有关规范的规定选择相应防爆等级、型号的电气设备，从根本上防止因电气使用时产生电气火花而引爆、引燃可燃气体混合物。同时，加油员应注意以下几点：

① 在火灾、爆炸危险区域内需要辅助照明时，应使用防爆手电，使用普通手电有产生电器火花的可能；

② 未经专业技术人员设计、安全主管部门审批(或验收)，加油员不得私自连接电气或改变、更换电器的防爆等级、型号；

③ 在加油区、油罐区内严禁使用手机；

④ 加油站电气设备维修、更换须专业人员完成。

(5) 防雷击火花。在雷电危害中电效应和静电感应、电磁感应等危害都会产生火花放电或电弧。若这种火花产生在火灾、爆炸危险区域内，就可能引爆爆炸性气体混合物。预防的措施从两方面考虑：一是防止火花产生，如防雷电接地，防止感应电荷聚积；所有 0 区、1 区、2 区电气设施按规范选型；加油区罩棚要安装可靠接地，防直击雷；加油机、胶管、卸油场地的静电接地完好有效；二是雷击频繁时停止加油、卸油、切断电源，防止爆炸性气体混合物产生，防止电气设施有感生电压产生。

4. 加油站火灾的发展有哪几个阶段？

火灾都是由小到大发展起来的，一般发展过程分初期燃烧、稳定燃烧、扩大燃烧及熄灭四个阶段。初燃阶段燃烧不稳定，温度低，火焰不高，燃烧面积小。稳定阶段燃烧猛烈，辐射热量大。扩大阶段燃烧面积增大，温度更高，辐射热更强，以致引燃邻近可燃物，火灾扩大。熄灭阶段可燃物急剧氧化，基本上燃烧已尽，并逐渐熄灭，不需扑救即自灭。

由此可见，有效地扑灭火灾，应在火灾的初燃阶段，或者在稳定的燃烧阶段，否则成功率是很低的。加油站消防应根据国家消防条例总则提出的“预防为主，防消结合”的方针。

5. 加油站发生火灾后应注意哪些事项？

加油站发生火灾后，应采取积极主动的方法，就地取用灭火器材，把火灭掉。如火势蔓延，在采取有效防范措施的同时，尽快向消防部门报警。

(1) 主动切断电源，停止一切作业，关闭阀门。

(2) 按照灭火预案迅速组织灭火，根据各自的分工，该报警的要报警，不能延误战机。

(3) 有秩序的疏散人员、车辆，进出口两侧要有人监视和控制。

(4) 及时整理、存放妥票证、现金等贵重物品。

(5) 引导外部力量支援。

(6) 保护好火灾现场，以便善后处理，并查明原因。

(7) 每个义务消防员应学会正确使用灭火器材，及时地报警。

6. 什么是油气释放源？

油气释放源是指用油设备和储油设备中油品蒸发成油气溢出的原始场所。油气释放源根据设备情况可分为固定释放源和移动释放源。

7. 什么是引爆源？

引爆源是指能产生超过最小点火能量的能源，是发生爆炸反应必须具备的条件之一。

8. 加油站油气释放源主要有哪些？怎样进行控制？

减少油气排放是加油站防爆的关键，加油站中的油气释放源可分为两大类。

一类是非事故性释放源，即在正常作业和油品储存中的正常油气排放，主要有卸车过程中的通气管口、清洗油罐时的罐口内外、加油时的加油枪口附近、储存中的油罐通气管口、量油孔附近等，这类油气释放源往往场所比较固定或是可预见的，采取一定措施后的危险性较小。

控制这类非事故性排放的方法主要有：

(1) 采用密闭卸油系统和密闭加油系统；

(2) 油罐采用地下直埋安装方式，以减少油品的温差变化，减少油气释放；

(3) 严格按照规定操作，保持设备完好，减少“跑、冒、漏、滴”。

另一类是事故性释放源，最常见的就是油品和油气的泄漏，由于其场所和油气浓度的不确定性，发生火灾或爆炸危险性较大。控制的措施主要有以下几点：

（1）保持设备良好、严密。储存和输送油品的设备应保持严密性和足够的承压能力，防止破损泄漏；阀门、油泵等有动密性的附件，应保持密封良好；做好防腐工作，防止腐蚀穿孔及破损泄漏。

（2）严格作业规程。收发油作业时，应防止油品溢出油罐、油桶等容器。合理确定容器的装油高度，防止油品在储存、运输过程中因油温升高而溢出或作业过程中出现冒油事故；清洗油罐及检修设备时，做好封堵工作，应封堵所有相连的管道，防止油品和油蒸气大量外泄；清洗作业用过的沾油的纱布、垃圾等应放在带盖的不燃材料制成的桶内，并及时清理或清洗。

（3）正确设置防火堤、围油栏等，阻止泄漏油品及火灾的蔓延和扩散。

9. 加油站站址的选择有哪些安全要求？

加油站站址选择是加油站建设中至关重要的工作，不仅直接影响到加油站建设的基本投资和总平面布置，而且对投产后的加油站安全、经营和管理都将产生长远的影响，因此，站址选择在满足加油站的业务和经营的前提条件下，必须综合考虑区域的地理环境、水电供应、交通运输等因素，严格执行有关安全防火和环境保护规定，才能确定最佳站址。

（1）区域环境。加油站的站址应符合城镇规划、环境保护和防火安全的要求。城市市区的加油站应选择靠近城市交通干道或设在车辆出入方便的次要干道上；郊区加油站，应靠近公路或设在靠近市区的交通出入口。选址定点应当处理好方便加油和不影响交通之间的关系。既要尽可能靠近道路，特别是城市的主要干道和城镇的出入口，方便汽车加油，又要尽量避免干扰交通，满足应急消防交通要求。

（2）安全间距。站址应符合《汽车加油加气站设计与施工规范》（GB 50156）的安全要求，应避开人流密集区和重要建筑物，如商业街、文化中心、学校、医院、托儿所、影剧院、体育馆等场所。

（3）地质情况。站址尽量避开地质情况差的地段，应选择在既无地上浸水，而地下水位又低的地方。因地下水位过高，一是使投资增大；二是使油罐和管道常年浸水，甚至将埋地储罐浮起或损坏；三是加剧了储罐、管线的腐蚀，缩短了使用寿命。

（4）水电供应。加油站附近应有可靠的电源和水源，一是可以减少建站地工程投资，二是保证消防用水和用电，尤其是加气站的选址，最好选择在城市消防管网附近，这样不仅保证了消防用水，而且还可减少加气站消防水池和消防泵站的建设。

10. 加油站为什么要规定防火距离？

由于加油站失火爆炸的基本条件是有浓度合适的可燃性气体混合气，且有足够能量的火源。因此，加油站防火防爆的基本方法有三种：一是控制可燃性气体混合气浓度；二是消除火源或把火源能量控制在混合气的最小着火能量之下；三是避免二者相遇。设置安全防火距离的目的就是防止火源与合适浓度的可燃性气体相遇。由于加油站的储罐、加油机等油品设施有可能有可燃性气体溢出，因此必须规定其他有可能出现明火的场所或建筑物与油品设施之间的距离。另一方面要尽量减少火灾和爆炸的损失，防止一个设施设备火灾再诱发其他设备设施的火灾，因此需要规定油品设施之间的防火距离。

11. 加油站防火安全距离的主要依据是什么？

加油站防火安全距离主要是根据可燃性气体扩散所能达到的最大距离，火灾时火焰的辐射强弱，火灾危险性大小，储罐形式，消防条件和灭火操作要求，建(构)筑物的耐火等级以及经济条件等因素确定的。具体按《汽车加油站设计与施工规范》要求执行。

12. 为什么严禁用汽油、易挥发溶剂擦洗设备、衣物、工具及地面？

因为擦洗衣物、设备、工具及地面过程中可能会产生大量的静电，遇到汽油及易挥发溶剂挥发出易燃易爆蒸气，极易引起燃烧爆炸，造成人身伤害及财产损失。

第四节　防爆电气

1. 加油站的危险区域是怎样划分的？

加油站危险区域划分为：爆炸危险区域、火灾危险区域和一般用电区域。

2. 什么是爆炸危险区域、火灾危险区域和一般用电区域？

爆炸危险区域是指油品蒸气、液化石油气(LPG)、压缩天然气(CNG)或液化天然气(LNG)与空气混合后，有可能达到爆炸极限的区域。包括易燃油品、液化石油气(LPG)、压缩天然气(CNG)或液化天然气(LNG)和闪点低于环境温度的可燃油品的生产作业区，及其周围的有限空间。

火灾危险区域是指闪点高于环境温度的可燃油品生产作业区。

一般用电区域是指除上述两个区域以外的其他区域。

3. 汽油加油机爆炸危险区域是如何划分的？

（1）加油机壳体内部空间及爆炸危险区域内地坪以下的坑或沟划为1区。

（2）以加油机中心线为中心线，以半径为4.5m(3m)的地面区域为底面和以加油机顶部以上0.15m、半径为3m(1.5m)的平面为顶面的圆台形空间划为2区，如图2-1所示。

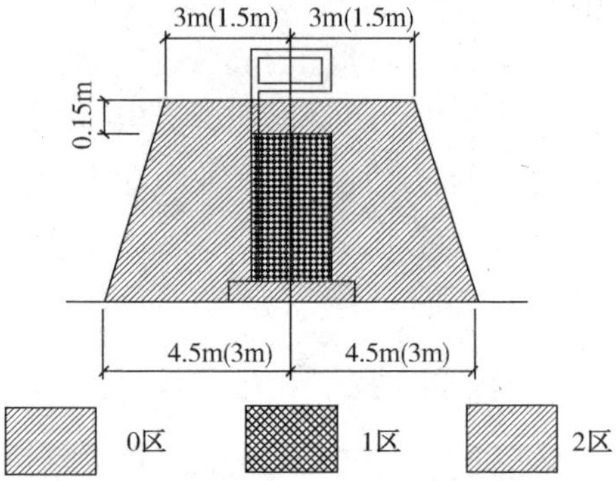

图2-1 汽油加油机爆炸危险区域划分

注：采用加油油气回收系统的加油机爆炸危险区域用括号内数字

4. 爆炸危险区域是如何划分的？

0级区域（简称0区）：连续出现或长期出现爆炸性气体混合物的环境。

1级区域（简称1区）：在正常运行时可能出现爆炸性气体混合物的环境。

2级区域（简称2区）：在正常运行时不可能出现爆炸性气体混合物的环境，或即使出现也仅是短时间存在爆炸性气体混合物的环境。

正常运行是指正常的开车、运行、运转、停车，油品、液化石油气或天然气的装卸、输送，密闭容器盖的开闭，安全阀、排放阀等以及设备在其设计参数范围内工作的状态。

5. 汽车油罐车和密闭卸油口爆炸危险区域如何划分？

（1）油罐车内部的油品表面以上空间划分为0区。

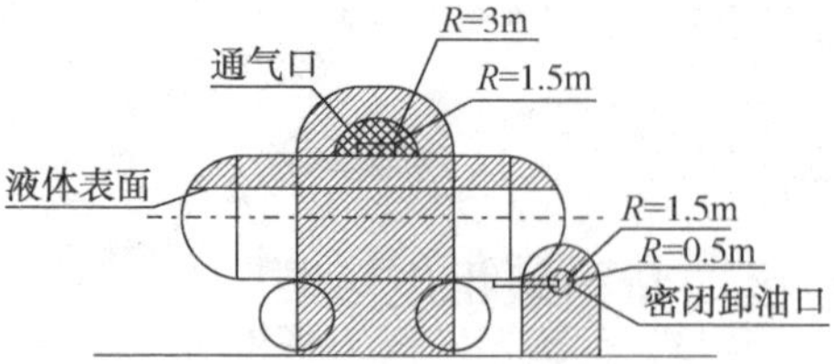

图2-2 油罐车卸汽油时爆炸危险区域划分

（2）以通气口为中心，半径为1.5m的球形空间和以密闭卸油口为中心，半径为0.5m的球形空间划为1区。

（3）以通气口为中心，半径为3m的球形并延至地面的空间和以密闭卸油口为中心，半径为1.5m的球形并延至地面的空间划为2区，如图2-2所示。

6. 埋地卧式汽油储罐爆炸危险区域如何划分？

（1）罐内部油品表面以上的空间划为 0 区。

（2）阀井内部空间，以通气管管口为中心，半径为 1.5m（0.75m）的球形空间和以密闭卸油口为中心，半径为 0.5m 的球形空间划为 1 区。

（3）距阀井外边缘 1.5m 以内，自地面算起 1m 高的圆柱形空间、以通气管管口为中心、半径为 3m（2m）的球形空间和以密闭卸油口为中心，半径为 1.5m 的球形并延至地面的空间划为 2 区，如图 2-3 所示。

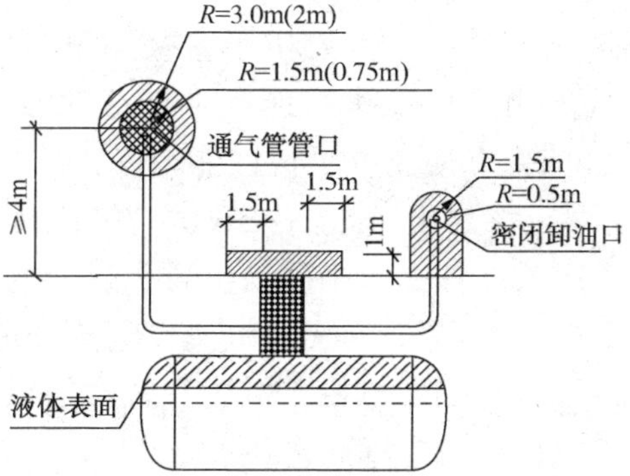

图 2-3 埋地卧式汽油储罐爆炸危险区域划分

注：采用卸油油气回收系统的汽油罐通气管管口爆炸危险区域用括号内数字

7. 加油站常用的防爆电气设备有哪些？

能够防止点燃周围爆炸性混合物的电气设备称为防爆电气设备。防爆电气设备按照使用场所的不同分为Ⅰ类和Ⅱ类。加油机防爆电气设备属于Ⅱ类。按照爆炸性气体混合物的最大安全间隙和最小点燃电流的比分为 A、B、C 三级，反映爆炸性气体混合物的易爆程度。汽油蒸气混合物属于 A 级。根据易爆物质的自燃程度，将电气设备的最高表面温度划分为 $T_1 \sim T_6$ 组。加油机属于 T_3 组。根据防爆性能和工作原理分为隔爆型、本安型、增安型、正压型、充油型、充沙型和无火花型等。目前用于加油机的防爆电气设备主要有隔爆型（代号 d，多用于强电部分）、本安型（代号 i，多用于弱电部分）及隔爆与本安混合型。

8. 隔爆型电气设备在安装和维护前，应进行哪些检查？

（1）设备的型号、规格应符合设计要求，铭牌及防爆标志应正确、清晰；

（2）隔爆结构及间隙应符合要求，设备的外壳无裂纹、损伤；

（3）结合面的紧固螺栓应齐全，弹簧垫圈等防松设施齐全完备，弹簧垫圈应压平；

（4）接地标志及接地螺钉完好。

隔爆型电气设备不宜拆卸。需要拆卸时，应妥善保护隔爆面，不得损伤，隔爆结合面的紧固螺栓不得任意更换，弹簧垫圈应齐全。

9. 怎样对加油站的接地电阻进行测量？

加油站接地场所处于爆炸危险区域，故只能使用专用接地电阻测定仪测定。加油站内使用的电阻测定仪，主要用于直接测量各种接地装置的接地电阻和土壤电阻率。接地电阻测定仪本身能产生交变的接地电流，不需要外加电源，而且使用简单，携带方便，抗干扰性能较好，故应用十分广泛。

ZC–8 型接地电阻测定仪是由一只高灵敏度的检流计、手摇发电机、电流互感器及调节电位器等组成。其工作原理是：当手摇发电机的摇把按 120r/min 的速度转动时，便发生 90～98 周/s 的交流电流，电流经电流互感器一次绕组、接地极、大地和探测针后，回到发电机，电流互感器便感应产生二次电流，检流指针偏转，借助调节电位器使检流针达到平衡。

ZC–8 型接地电阻测定仪有两种量程，范围为 0～100Ω 和 100～1000Ω。他们都带有两根探测针，其中一根为电位探测针，另一根为电流探测针。测量前，先把被检测的接地电极引线与保护体脱开，将两根探针分别插入地中，如图 2–4 所示。

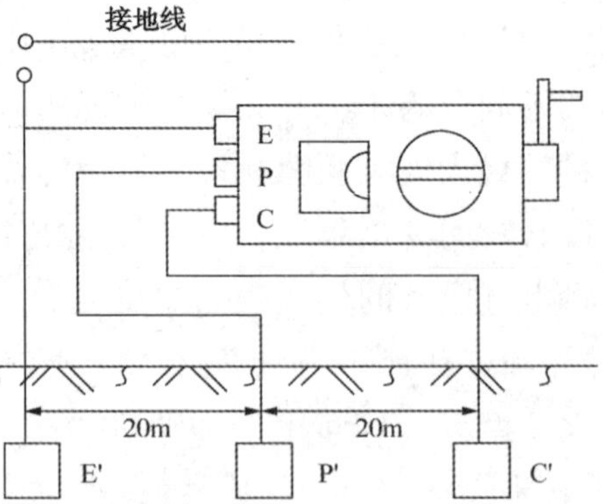

图 2–4　ZC–8 接地电阻测量仪工作示意图

其距离沿被测接地极 E′使电位探测针 P′和电流表探测针 C′，依直线相距离 20m，P′插于 E′和 C′之间，然后用专用导线分别将 E′、P′和 C′接到仪表的相应接线柱上。测量时，先将仪表放在水平位置，检查检流计的指针是否在红线上，若未在红线上，则可用调零螺丝把指针调整于红线。然后将登记表的二倍率标度置于最大倍数，慢慢转动发电机摇把，同时旋转测量标度盘，使检流计指针平衡。当指针接近红线时，加快发电机摇把的转速，达到120r/min以上，再调整测量标度盘，使指针指于红线上。如果测量标度盘的读数小于1时，应将二倍率标度置于较小的倍数，再重新调整测量标度盘，以得到正确的读数。当指针完全平衡在红线上以后，用测量标度盘的读数乘以倍率标度，即为所测的电阻值。

使用接地电阻测定仪时，当检流计的灵敏度过高，可将电位探针P′插入土中浅一些；当检流计灵敏度不够时，可沿电位计指针P′和电流计指针C′注水使其潮湿。测量时，均应将被测接地体同其他接地体或保护体分开，以保证测量的正确性，也有利于测量工作的安全，并且能防止测量电压反馈到与被测接地体相连的其他导体上所引起的事故，还能消除离散电流引起的误差。

10. 加油站用电设备和电力线路有哪些要求？

加油站爆炸危险区域内的电器设备选型、安装、电力线敷设等，应符合现行国家标准《爆炸危险环境电力装置设计规范》(GB 50058)的规定。加油站爆炸危险区域以外的站房、罩棚等建筑物内的照明灯具，可选用非防爆型，但罩棚下的灯具应选用防护等级不低于IP44级的节能型照明灯具。

电源与加油机连接的电力线路采用电缆，一般是直埋敷设，电缆穿越行车道部分应穿钢管保护。当采用电缆沟敷设电缆时，电缆沟内必须充沙填实。电缆不得与油品、液化石油气和天然气管道、热力管道等敷设在同一管沟内。

11. 加油机整机防爆结构是怎样的？

目前，国内加油机的整机防爆结构有以下两种类型。

(1) 隔离机型。加油机的整体结构分为上下两个机箱。下机箱内装有油泵、油气分离器、测量变换器、电磁阀、加油枪组件等，称为液压箱。这些设备及连接管路，在正常运行过程中，有可能释放出汽油蒸气，加之汽油蒸气的相对密度比空气高，释放的蒸气将沉积于机箱下部，形成1区爆炸危险环境。加油机的微机控制显示操作系统安装在上机箱内，称为电脑箱。如果上下两个机箱之间有大于150mm的间隔距离，电脑箱内的微机控制显示操作系统处于安全区域，可以不按防爆要求处理。

(2) 一体机型。加油机的整体结构不分上下两个机箱，或上下两个机箱的间隔距离小于150mm，则加油机内的所有电气设备及控制系统均应按所属区域进行防爆设计选型。带自吸泵的加油机油气分离器的蒸气排出口应通过排气管排出机箱外，排气管出口处应设防护网。

12. 防爆电气设备有哪些类型？它们的标志是什么？

加油机用的电气设备一般属于Ⅱ类。防爆电气设备的外壳明显处应有永久性防爆共同标志“Ex”。按其不同的防爆性能和工作原理，分为隔爆型(d)、增安型(e)、本质安全型(ia、ib)、浇封型(m)、正压型(p)、充油型(o)和充砂型(q)。

防爆标志举例：Ex dibⅡBT_4

Ex——防爆标志；

dib——隔爆、本安复合型；

Ⅱ——类别。工厂用电气设备；

B——级别(最大试验间隙大于0.5mm，小于0.9mm)；

T_4——组别(允许最高表面温度)。

13. 什么是隔爆型电气设备？

隔爆型电气设备是指具有隔爆外壳的电气设备，隔爆外壳能承受内部爆炸性气体混合物的爆炸压力，并阻止内部爆炸火焰和危险温度向壳体外爆炸性混合物传播，并具有散热能力。这种电气设备多用于在正常工作条件下，产生火花的电气设备用的防爆形式，如继电器和开关等。它们在接通瞬间产生灯光，因此，必须采用隔爆型。

14. 隔爆型电气设备的工作原理是什么？

隔爆型电气设备防爆主要依靠两条措施：第一，具有足够的动态强度的隔爆外壳；第二，利用隔爆外壳的隔爆间隙和隔爆结合面的长度冷却和熄灭爆炸时的火焰。见图2-5。

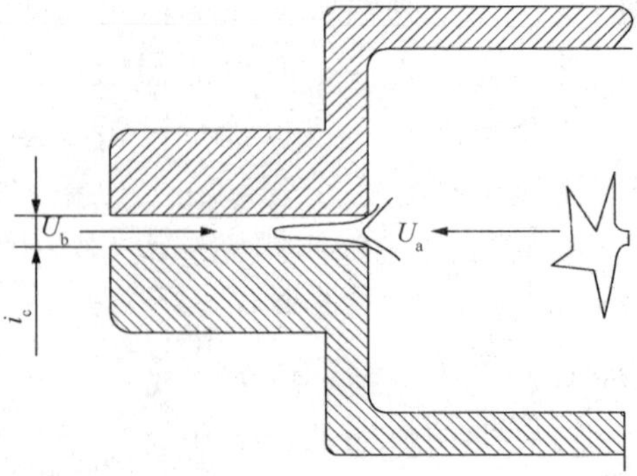

图2-5 隔爆工作原理图

当隔爆盒内的电气因正常工作或非正常工作产生火花和电弧引起爆炸时，火焰通过隔爆结合面的间隙向外传播，具有一定压力的火焰受到阻力，减慢火焰推进速度和降低了火焰温度，使火焰前沿发生弯曲以至熄灭，这样就避免了防爆电气腔内部的火种引燃壳体外部的易燃易爆气体，从而提高了加油机工作的安全性。

15. 什么是增安型电气设备?

增安型电气设备是指在正常运行条件下不会产生火花、电弧，或者危险温度的结构上采取措施提高安全程度，使电气设备在正常或故障状态下，不出现引爆问题。提高安全程度主要措施有：限制发热元件的最高表面温度、指定固体绝缘材料、增大电气间隙和爬电距离、规定较严格的防水防外物等级和内外导线连接的规定等。

16. 什么是电气间隙?

是指不同电位裸露导电部分之间的最短空间距离，电气间隙是根据额定电压的高低决定的，增大电气间隙可以防止电弧和火花的发生。

17. 什么是爬电距离?

是指两个不同电位带电导体之间沿绝缘材料表面的最短距离，增大爬电距离是为了提高在潮湿或盐雾地区抗电性能，防止沿绝缘体表面发生漏电短路。爬电距离的选择取决于额定电压和绝缘材料的物理性能。加油机中防爆电气的绝缘材料多用三聚氰胺玻璃纤维耐弧塑料。

18. 什么是本质安全型电气设备?

本质安全型电气设备简称本安型，是指在规定的试验条件下，在正常工作或规定的故障状态下，产生的电火花和热效应均不能点燃规定的爆炸性气体混合物的电路。本安型电气设备包括进入爆炸性气体环境中的本质安全电路及其关联电路，本安型 i 分为两个级别 i_a 和 i_b，前者安全程度高于后者。在加油机电气设备中，常见本安型电气设备有加油机的主机板、传感器、IC 卡和提枪开关等。

本安型性能的关键是限定该电路的输出能量，在电阻电路和电感电路中，根据最小点燃电流限定该电路的最大短路电流；在电容电路中则根据最小点燃电压限定最高开路电压。所以对电气设备结构和电气元件有严格要求，在本安电路和非本安电路质检需设置安全栅(即关联电路)，安全栅是本安型的关键组成部分，输出的能量全靠它控制。此外对电气间隙、爬电距离、电磁干扰和兼容性等有诸多要求。

本安型在正常工作状态和故障状态下，均可以达到不引爆的性能，所以称为本质是安全的，认为这种防爆形式是安全程度最高的一种。但是，由于限制电流、电压、电容和电感的能量较小，故本安型只能用于弱电系统的控制电路中。

19. 什么是浇封型电气设备？

浇封型电气设备是指整台设备或其中部分浇封在浇封剂的复合物中，在正常运行和认可的过载或认可的故障下不能点燃周围的爆炸性气体混合物的电气设备。

浇封型复合物要有一定的耐化学、耐热、耐电性能、耐机械性能要求。复合物的使用温度要高于电气设备连续运行温度。被浇封的元件允许有 0.1L 净容积，这时的浇封剂复合物厚度应大于 3mm，当元件空腔的净容积小于 0.01L 时，浇封厚度可以为 1mm。穿过浇封剂复合物的导线、电缆，在复合物内有 5mm 以上的裸露导体距离，且外露电缆与复合物浇封处的结构要满足防拔脱要求。

20. 什么是 n 型电气设备？

n 型电气设备仅限于 2 区危险环境使用，如加油机液压箱上部安装的控制显示系统就划分为 2 区危险环境。

n 型电气设备有以下几种结构形式：无火花型电气设备（Ex nA）、开关触点采用限制呼吸外壳以外的方法加以防护的电气设备（Ex nC）、限制呼吸外壳（Ex nR）、简易正压型设备（Ex nZ）、限能设备及电路、非可引燃元件（Ex n i_a/i_b）。由于 n 型电气设备结构与优质的工业产品相类同，只要符合设计方法，就可以实现 2 区危险环境防爆的要求。

21. 加油机使用的防爆电气的种类有哪些？

加油机的防爆电气系统按使用方式分为两大类，即护套线连接的防爆系统和金属管布线的防爆系统。因前者造价较低，工艺性好，使用较广泛。每一类防爆系统中，大致有防爆接线盒、防爆通信盒、防爆传感器、防爆控制器（或防爆接触器）、浇封接近开关（或防爆行程开关）、防爆本安电源、防爆本安主机板、防爆电磁阀、防爆税控器和防爆电机等。

（1）防爆接线盒。防爆接线盒是每台加油机中必须设置的电气设备，是连接加油机的进线接口，是安全管理的重点。接线盒是进线的窗口，开盖较为频繁，所以接线端子应该牢固，与进线直接接触的端子应使用导电性能好的铜质材料，绝缘材料的绝缘性能不低于三聚氰胺玻璃纤维耐弧塑料，这样才能适应不同地区的环境使用。按《爆炸危险环境电力装置设计规范》(GB 50058)中要求，用户进线截面积不得低于2.5mm^2，所以进线引入装置必须与其相适应。

(2) 防爆传感器。防爆传感器是加油机数字显示二次仪表的关键设备，它输出的脉冲信号准确度直接影响显示的数字是否正确，就传感器而言，防爆形式可以采用隔爆型或本质安全型。

(3) 防爆本安电源。防爆本安电源是加油机具有本质安全电路必备的关联电气设备，它是提供本质安全电气设备的安全能源配套设备。内部设有安全栅，将本安设备与非本安设备连接起来，控制本安设备的能源。当本安设备在运转中，出现过载或短路等情况的瞬间，电源开路，停止供电，从而使加油机内部不会出现火花或危险高温，以保证加油机的安全运转。

22. 电气设备的整体防爆是什么意思？

所谓电气设备的整体防爆是指在爆炸危险区域内的所有电气设备、线路、附件及安装方式均应符合该区域的防爆要求。

在整体防爆中，不但要求构成整体防爆，即在爆炸危险区域内设置的全部电气设备、线路和附件构成一个完整的电气防爆体系，而且要求防爆体系完整，即从设计、选用、施工、安装、交接验收、运行维修、更新改造直至停用报废前的全过程中，都应确保该体系始终保持完好的电气防爆性能。

23. 发电机组排烟管口安全距离有哪些要求？

加油站发电机排烟管口应安装排气阻火器，排烟管口至各爆炸危险区域边界的水平距离：排烟口高出地面4.5m以下时不应小于5m；排烟口高出地面4.5m及以上时不应小于3m。

第五节　防雷、防静电

1. 什么是静电？它有什么危害？

两种不同的物体(包括固体、液体、气体)，通过摩擦、接触、分离等机械运动的相互作用产生的，相对于观察者是静止的电荷，称为静电。加油站或加气站在接卸、输转、加油或加气过程中，液体与储罐内壁，液体与管道内壁，液体与泵、阀门、测量变换器等摩擦都会产生静电荷。由于油品、液化石油气、压缩天然气都是静电的非导体，易产生静电积聚，静电荷积聚到一定程度就会形成静电放电。如果静电放电能量超过可燃气体的最小点燃能量，就会引起火灾、爆炸事故。

静电对加油站和加气站的主要危害，一是引起油品及油蒸气和气体燃料的燃烧爆炸和火灾；二是引起电气元件误动作及作业条件受到限制，妨碍经营；三是引起人体电击及因电击造成二次伤害。

2. 什么是雷电？它有什么危害？

雷电是大自然中静电放电过程，是雷云层接近大地时感应出相反电荷，当电荷积聚到一定程度，产生云和云之间以及云和大地间放电，并发出光和声的现象。雷电有很大的破坏作用，建筑物、构筑物、电气线路和变配电装置等设施和设备遭受雷击时，会产生相当高的过电压和过电流，在所波及的范围内，可能造成设备和设施的破坏，导致火灾或爆炸，甚至人员的伤亡。

3. 加油站静电是怎样产生的？

油品在储存经营过程中，由于管道和过滤器等管件与油品的接触、分离；油品的喷溅、发泡；油品在油罐中的沉降等产生的静电带电现象。按介质的运动形式分为流动带电、喷射带电、冲击带电和沉降带电。

（1）流动带电。液体流动带电是油品在储存作业中常见的带电形式。如油品在管道内流动时，会连续的发生液相与固相接触与分离的现象而使被输送的油品带电。

（2）喷射带电。当油品从喷嘴或管口以束状喷出后，这种束状的油品便与空气连续发生接触与分离现象，使油品带电。喷射蒸气时，蒸气中含有无数微小的液滴，这些液滴喷射的蒸气也可产生强烈的静电。如加油站喷溅式卸油时产生喷射带电。

（3）冲击带电。油品从管道出口喷出后遇到壁板时，油品与壁板不断地发生接触和分离现象，与壁板分离后的液体向上飞溅，形成许多带电的油滴，当小油滴落在其他物体表面上时，便在接触界面处形成双电层。由于油珠有惯性，碰到物体之后还要继续流动。于是油珠带走双电层的扩散层，固定层便留在物体表面上。这样，油珠和物体就分别带上了不同符号的静电荷。如加油站油品的喷溅式卸油，加油枪往汽车油箱加注油品。

（4）沉降带电。油品中含有固体颗粒和水分时，杂质会离解成带电离子，因此，在水和油的界面处形成双电层。当水滴和油做相对运动时，水滴带走吸附在界面的电荷，于是油和水分别带上了不同符号的电，由于悬浮于液体中的微粒沉降时，会使微粒和液体分别带上不同符号的电荷，这样就使容器上下部分产生电位差，这个电位差称为沉降电势。

4. 人体的静电是怎样产生的？

人体静电的产生方式有三种：

(1) 自身活动产生静电带电。如人体在工作中与物体相接触摩擦，人穿脱衣服、帽子手套等的接触摩擦，人穿绝缘鞋与地面接触摩擦都可能使人体带电。

(2) 人体与带电体接触。人体与其他带电物体相接触，电荷迁移至人体，引起人体带电。如人体接触静电带电体，电荷移向人体或悬浮的带电物体，或离子等附着于人体，使人体带电。

(3) 人体接近带电体。当人体接近带电体时，由于静电感应将引起人体带电，带电体带正电，则人体感应带负电，反之则带正电。

5. 静电放电类型有哪几种形式？

静电放电通常是一种电位较高、能量较小、处于常温常压下的气体击穿。按放电形式的不同，主要有电晕放电、刷形放电和火花放电三种形式。

(1) 电晕放电。一般发生在电极相距较远，带电体与接地体表面有突出部分或棱角的地方，如罐壁的突出物。这些地方电场强度较大，能将附近的空气局部电离，有时并伴有嘶嘶响声和辉光。此种形式的放电能量小而分散，一般放电能量为0.03~0.012MJ，一般小于油蒸气、LPG、CNG的最小点燃能量。因此，危险性小，引起火灾的几率较小。

(2) 刷形放电。这种类型的放电特点是两电极间的气体是非均匀介质，因击穿成为放电通路，但又不集中在某一点上，而且有很多分叉，分布在一定的空间范围内。刷形放电伴有声和光，电极形状多是球形，在绝缘体上更易发生。因为放电不集中，所以在单位空间内释放的能量也较小，但具有一定的危险性，比电晕放电引起的灾害几率高。

(3) 火花放电。火花放电是两极间的气体被击穿而形成通路，又没有分叉的放电，这时电极有明显的放电集中点。放电时有短暂爆裂声，伴有白色线状辉光，在瞬间内能量集中释放，因而危险性最大。当两极均为导体且相距又较近时，往往发生火花放电。如系在绝缘绳上的采样器在油罐取样、静电接地导线断裂的加油枪在加油过程中均可能引起火花放电。

6. 静电引起爆炸和燃烧的条件是什么？

静电灾害是在一定条件下造成的，静电作为火源引起爆炸和燃烧的条件可归纳为4点，即：

(1) 有静电产生的来源；

(2) 静电得以积聚，并达到足以引起火花放电的静电电压；

(3) 静电放电的火花能量达到爆炸性混合物的最小引燃能量；

(4) 静电放电周围必须有爆炸性混合物存在。

上述4个条件，任何一个条件不具备时，就不会引起静电灾害。

7. 在油品储运、接卸、收发作业中静电是怎样产生的？

(1) 油料在运输过程中，油料与罐车内壁冲击产生静电；

(2) 罐车在卸油时，没有采取密闭措施，喷溅卸油产生静电；

(3) 油品在从油罐到加油泵流动的过程中，由于和输油管内壁、弯头、过滤器等摩擦产生静电；

(4) 加油员工穿着化纤服装，摩擦产生静电。

8. 消除静电灾害的基本途径是什么？

从静电灾害形成的条件看出，消除静电灾害有4个基本途径。

(1) 减少静电的产生

加油站减少静电电荷产生的措施通常有：采用密闭卸油替换喷溅式卸油，选择合理的卸油头；在工艺上尽量减少弯头、阀门的设置，缩短输油管线距离；防止油品中混有杂质和水分；控制卸油和加油速度。

(2) 防止静电积聚，加速静电电荷的泄漏

不论采用什么样的方法控制静电的产生，都不能完全消除静电，即静电的产生是不可避免的。但只要防止静电荷积聚使其不能达到静电放电电压，就能有效地防止静电灾害事故的发生。因此，必须加速静电电荷的泄漏。加油站防静电积聚的主要措施是对储油罐、输油管线、加油机等设备进行接地和跨接，严禁用塑料桶加注轻质油品等安全管理措施。

(3) 防止产生高电场引起静电火花放电

罐车来油必须在规定静置时间后才能接卸，油罐在收油后不能立即进行手工计量和检测，防止高电场的形成。爆炸危险场所，如加油作业场所、卸油作业场所、油罐区等操作人员严禁穿脱衣服。

(4) 防止爆炸性混合气体存在

降低爆炸危险场所的可燃气体浓度，如防止油品的“跑、冒、滴、漏”；采用密闭卸油和油气回收系统以减少油蒸气浓度。

9. 防止油罐车静电危害应采取什么措施？

（1）在灌装油品时，防止喷溅式装油并合理控制油品流速；
（2）在灌装和接卸油品时，油罐车必须进行可靠接地；
（3）油罐车在行驶中，接地拖链应接地。

10. 加油站防静电措施包括哪几个方面？

（1）工艺控制

一是控制油罐车卸油方式。如果加油站油罐是从顶部敞口喷溅卸油，油品必然冲击罐壁，搅动罐内油品，同时加速油品蒸发、雾化，使容器内油品的静电量急剧增加。因此要求加油站必须密闭卸油，即进油管应距离油罐罐底不大于0.2m，以减少静电量的产生。

二是增设密闭油气回收系统。由于在加油或卸油过程中，油蒸气从油箱或油罐通气孔大量涌出，与空气混合后形成爆炸性混合气体。增设密闭回收系统，在加油时油箱溢出的油蒸气将被真空泵吸入至油罐；在卸油时从油罐呼吸管呼出的油蒸气将进入油罐车。这样加油站的爆炸性混合气体将大大减少，从而减少火灾爆炸事故的发生。

（2）静电接地与跨接

静电接地是指将储存容器、管道及其他设备通过金属导线和接地体与大地连通而形成等电位，并有最小电阻值。跨接是指将金属设备以及各管道质检用金属导线相连造成等电位体。

加油站中的爆炸危险场所和火灾危险场所内的所有装置都需要静电接地，但当金属体已与防雷保护接地系统连接时，就不需要另做静电接地，接地装置严禁与电气设备的接地装置共用。

（3）限制作业条件

为了避开油面最大静电电位，防止静电事故的发生，对刚接卸油罐和运输后的油罐车进行人工检测时，油品需要静置一段时间，以保证容器内静电荷的泄漏。因此，在油罐及油罐车的静置时间内，严禁人工进行检尺、测温、采样等作业。

（4）人体的防静电

加油员在爆炸危险场所频繁作业和接触设备，可能由于带电会造成事故。人体由于自身活动和与带电体接触产生静电带电。人体穿着的内外衣，由于材料不同，在穿脱情况下所产生的静电也有差异。人体穿着的内外衣为化纤织品或毛织品产生的静电最高，在穿脱时形成的蓝色火花，即放电可能引燃、引爆爆炸性混合气体的机遇较多。因此，加油员应避免穿化纤衣服。应穿着防静电服或棉织品的衣服；在加油站不许用化纤和丝绸类纱布去擦拭加油机、油罐口、量油口等；在爆炸危险场所，工作人员严禁穿脱衣服，不得梳头、拍打衣服。

11. 加油站防静电应采取哪些具体措施？

（1）防静电接地。油罐、加油机和输油管线应有整体接地装置并保持灵敏有效，其接地电阻应每年定期检测两次。

（2）加油员上岗时，必须着防静电服装。化纤面料服装在穿着摩擦时会产生很高的静电电压，会产生静电火花，具有相当的危险性。所以，加油站员工的工作服必须是防静电面料或全棉面料，不允许穿化纤服装上岗操作，更不允许在加油现场穿、脱、拍打化纤服装，以免发生静电事故。

（3）加油时，油枪导静电装置必须完好。加油枪胶管上的金属屏蔽线和机体之间的静电由于经常移动，有可能发生断裂，从而造成静电事故，所以操作人员应经常检查加油枪胶管上的静电接地导线的完整性。

（4）接卸油品时必须将导静电夹连接到油罐车金属部位。

（5）严禁向塑料桶直接加注汽油。向绝缘的塑料桶直接加注汽油时，由于塑料的绝缘会使桶内的油品静电荷大量积聚，静电电压很快升高，当静电电压升高到静电放电电压时，发生静电放电引燃油蒸气，发生火灾事故。正确的操作是将油品加入铁桶内，再将铁桶提到安全区域，通过漏斗将油品注入塑料桶内。此外，严禁向汽车汽化器直接加注汽油。这是因为直接向汽化器加注汽油易发生回火引燃发动机外的油品。

12. 为什么严禁向塑料桶直接加注汽油？

向绝缘的塑料桶直接加注汽油时，由于塑料的绝缘会使桶内的油品静电荷大量积聚，静电电压很快升高，当静电电压升高到静电放电电压时，发生静电放电引燃油蒸气，发生火灾事故。

13. 雷电有什么危害？

雷电的危害可分为直接危害和间接危害，直接危害是由雷电对大地放电引起的，间接危害是由雷电流产生的电磁感应和雷云静电而引起的。

（1）电效应。在雷电放电时，能产生数万伏甚至数十万伏的冲击电压，足以烧毁电力系统的电机、变压器、断路器等电力线路和设备，引起绝缘击穿而发生断路，导致可燃、易燃、易爆物品着火爆炸。

(2) 热效应。当几十至几百千安的强大电流通过导体时，在极短的时间内将转换成大量的热能，能使放电通道的温度达摄氏数万度。在这短时的高温下，可燃物品会燃烧，金属被熔化，造成火灾和爆炸事故。

(3) 机械效应。雷电流经内部的纤维缝隙，或流经其他结构的缝隙时，因放电温度高，使空气剧烈膨胀，同时使缝隙内的水分及其物质分解为大量的气体，因而产生巨大的机械力，致使被击物质遭受严重的破坏或造成爆炸。

以上破坏是直接雷击所造成的，这种直接雷击所产生的电、热、机械的破坏作用都是很大的。

(4) 静电感应。当金属物处于雷云和大地电场中时，金属物上会感应出大量的电荷，雷云放电后，云与大地间的电场虽然消失，但金属物上所感应积聚的电荷却来不及立即逸散，因而产生很高的对地电压，这种对地电压，成为静电感应电压。静电感应电压往往高达几万伏，可以击穿数十厘米的空气间隙，发生火花放电，对加油站威胁很大。

(5) 电磁感应。由于雷击时，巨大的雷电流在周围空间产生变化迅速的磁场，使处于在变化磁场中的金属导体感应出很大的电动势。若导体闭合，金属物上仅产生感应电流，若导体有缺口或回路上某处接触电阻较大，由于很大的感应电动势，所以在缺口处会产生火花放电或在接触电阻大的部位产生局部过热，从而引燃周围可燃物。

(6) 雷电波侵入。雷击在架空线路，金属管道上会产生冲击电压，使雷电波沿线路或管道迅速传播。若侵入建筑物内，可造成配电装置和电气线路绝缘层击穿产生短路。

14. 加油站防雷电应采取哪些措施？

防雷接地装置，其结构形式与静电接地装置相同，也可同防静电装置共用。其接地电阻越小，雷电流导入大地的能力越好，反击和跨步电压也越小。

(1) 钢油罐及其金属附件应相互作等电位电气连接并接地，接地点不应少于两处。接地线与接地体应采用焊接方式连接，连接线与被接地设备应使用防锈金属材料并设断接卡，用双螺栓连接，埋地部分均应焊接。

(2) 加油站的防雷接地、防静电接地、电气设备的工作接地、保护接地及信息系统的接地等，宜共用接地装置，其接地电阻不应大于4Ω。

(3) 配电间的配电盘、仪表间的仪表盘、电气设备及正常不带电的电气设备外壳均应作保护接地，保护接地电阻不应大于4Ω。

(4) 加油站的防雷接地装置必须达到国家规范要求，设计和施工符合所有安全防范的标准。

（5）每年的雷雨季节之前，必须对防雷电设备进行检查、测试和维护。

（6）检查防雷电设备的外观、连接程度，发现断裂、损坏、松动应及时修复。

（7）用专用仪表对防雷电设备接地电阻进行检测，发现不符合要求应立即上报请专业部门修复。

（8）在独立避雷针、架空避雷线（网）的支柱上，严禁悬挂电话线、广播线、电视接收线、低压架空电线及用金属线悬挂彩旗等。

（9）雷电天气时严禁接卸油和加油作业，强雷电天气时应关闭加油机电源、罩棚照明灯具。

15. 接地和跨接的区别是什么？

接地就是把设备的某一部分通过导体与大地构成等电位体，导出并消除导体上多余的电荷，以限制带电物体的电位上升，防止因此而产生的放电现象。

跨接是指将金属设备以及各管道之间用金属导线相连构成等电位体。

16. 当加油站采用共用接地装置时，有哪些要求？

加油站的防雷接地、防静电接地、电气设备的工作接地、保护接地及信息系统的接地等，宜共用接地装置，其接地电阻不应大于4Ω。钢质油罐及其金属附件必须做可靠的电气连接并接地，接地点不少于两处。接地体与油罐连接线应同时引向地面设断接卡，并采用双螺栓搭接。

17. 当加油站各自单独设置接地装置时，有哪些要求？

当加油站各自单独设置接地装置时，油罐的防雷接地装置的接地电阻不应大于10Ω；保护接地电阻不应大于4Ω；输油管线的始端、末端，应设置防静电和防感应雷接地装置。接地电阻不宜大于30Ω。

汽车油罐车卸油场地，应设用于卸油作业时的防静电接地装置，接地电阻不应大于100Ω。

18. 接地装置有哪些要求？

接地装置包括埋设在地下的接地线和接地体。防静电与防雷电接地装置相同也可以共用。接地装置的性能取决于它的结构形式、布局和材料等，也取决于它的实际散流电阻值。接地电阻是用来衡量接地装置是否合格的一个指标，接地电阻越小，电流导入大地的能力越好。

加油站和加气站的接地干线和接地体应选用镀锌材料。室外接地体扁钢选用 40×4，圆钢选用 ϕ16，角钢选用 50×50×5，钢管选用 *DN*50，见图 2-6。

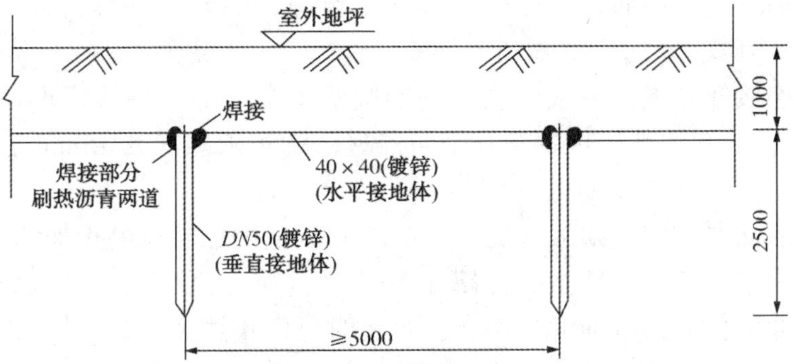

图 2-6　接地装置剖面图

19. 加油员加油时切忌哪几种危险操作?

加油员须牢记：加油枪出口处是最危险的火灾、爆炸危险区。因此要切忌三种危险操作：一是加油时流速不要太快，不可超过 60L/min，以防静电积聚过快，来不及导入地下；二是加油枪插入、拔出(特别是拔出)油箱口时尽量不要与油箱口碰撞，以防金属撞击产生火花；三是不用油枪碰撞车辆排烟口。

20. 加油员在加油作业中应注意哪些安全措施?

(1) 禁止给塑料容器加注汽油。为方便用户，加油站应配备两只(一只柴油、一只汽油)10L 左右的铁桶备用。

(2) 禁止在加油站内从事可能产生火花的作业。如：不准检修车辆；不准敲击铁器；不得在加油区脱、拍打化纤衣物；带有火药、爆竹、液化气、生石灰块、乙炔石等易燃易爆品的车辆不允许进站加油。

(3) 所有机动车须熄火加油。摩托车加完油必须推离加油机规定距离(4.5m 以上)方可启动。农用机动车加油也须注意排气管是否喷火，需要时可用铁桶加油，提到站外给其加油。

(4) 尽量做到随车人员不下车，司机、随乘人员进站后不得从事影响安全的活动。如：不得吸烟；不使用手机；不得进入油罐区或中控机房；特别是不得在加油枪口附近脱、拍打化纤衣物。

(5) 不能给存在明显隐患的车辆加油。

(6) 加油操作时，要严格执行操作规程，杜绝误操作，防止加冒油、喷洒油现象的发生。

21. 卸油作业中应采取哪些安全措施？

（1）油罐车进站后，立即检查其安全设施，如灭火器材、排气口防火帽等是否齐全有效。

（2）连接好静电接地线，接地夹连接罐车金属部位，其位置须离卸油口1.5m以上；在卸油地按规定备好消防器材；罐车须经静置15min后方可计量接卸。

（3）卸油时，应通知加油员，与卸油罐相连的加油机停止加油。

（4）不带油气回收装置的油罐车卸油时，须注意场地上的风向，若下风口朝向加油区，应提醒加油员注意，必要时可停止加油。

（5）注意油罐的存油量，防止卸油时发生跑、冒油事故。

（6）应坚决杜绝喷溅式卸油。

（7）卸油员和司机应在现场监护，严防火种接近卸油现场，油罐车不得随意启动和移动车位。

（8）雷雨天禁止卸油作业。

（9）采用自流卸油，若储油罐中油品在卸油管出口以下，卸油速度要保持在0.7~1m/s，油品淹没出油口后可提高到4m/s。

（10）卸油结束，油罐车不可立即启动，应待罐车周围油气消散后（约5min）再启动；储油罐中油位的检测也应静置一段时间后进行。

22. 加油作业中应注意做好哪几方面的安全监控？

加油员除本身应严格遵守安全操作规定外，还负有监控加油区内外部人员、车辆的责任。发现不安全行为或现象，应立即制止或采取措施消除危险，并立即上报。具体的监控内容如下：

（1）一般应禁止无关人员从加油区内穿行、逗留，发现应劝阻。

（2）进站加油车辆，除司机或结算油款人外，一般不得下车；长途客车旅客下车方便，车应停在加油区外。出现异常应立即制止。

（3）加油员要注意防止司机在加油区内修车，发现苗头立即制止，以防出现已修车无法挪车，不让修车也无计可施的局面。

（4）防止外来人员在加油区内使用手机、普通手电照明等情况发生。需要时可提供本站配备的防爆手电；或让其到营业房或站区外接打手机。

（5）禁止外部车辆停在油罐区或附近，禁止外部人员进入该区。

（6）对进站加油车辆出现的安全隐患注意观察（如排气管喷火星、油箱漏油、电气线路打火、搭铁线打火、装载货物冒烟等），发现情况及时采取措施。

第三章　工艺与设备

第一节　加油站工艺

1. 加油站的等级是怎样划分的？

加油站的等级划分是以站内油罐的总容量和单罐容量划分的，具体见表3-1。

表3-1　加油站等级划分表

级　别	油罐容量/m^3	
	总容量	单罐容积
一级	$150<V\leqslant 210$	$\leqslant 50$
二级	$90<V\leqslant 150$	$\leqslant 50$
三级	$V\leqslant 90$	汽油罐$\leqslant 30$，柴油罐$\leqslant 50$

注：柴油罐容积折半计入油罐总容积。

2. 加油站加油工艺(按泵种类)分哪几种，各有什么特点？

加油站油加油工艺(按泵种类)分自吸泵工艺和潜油泵工艺两种。

自吸式泵加油工艺的特点：

为保证加油机正常吸入油品，当采用自吸式加油时，每台加油机应按加油品种单独设置进油管，如图3-1所示。如果几台加油机共用一根出油管，会造成互相影响，流量不均。当一台加油机停泵时，还有抽入空气的可能，影响加油机的正常吸入性能和计量的准确度，甚至出现断流现象。

其流程操作如下：

插入IC卡→输入密码→提枪抬起托板→开关线路(电控箱)启动加油机内的自吸真空泵→开启加油枪开关→油流入受油容器→付油量的信息通过信号传输线→集线器→电脑→加油结束，关枪放托板、挂枪→开关线路(电控箱)关闭真空泵→信息传输结束，一个加油过程结束。

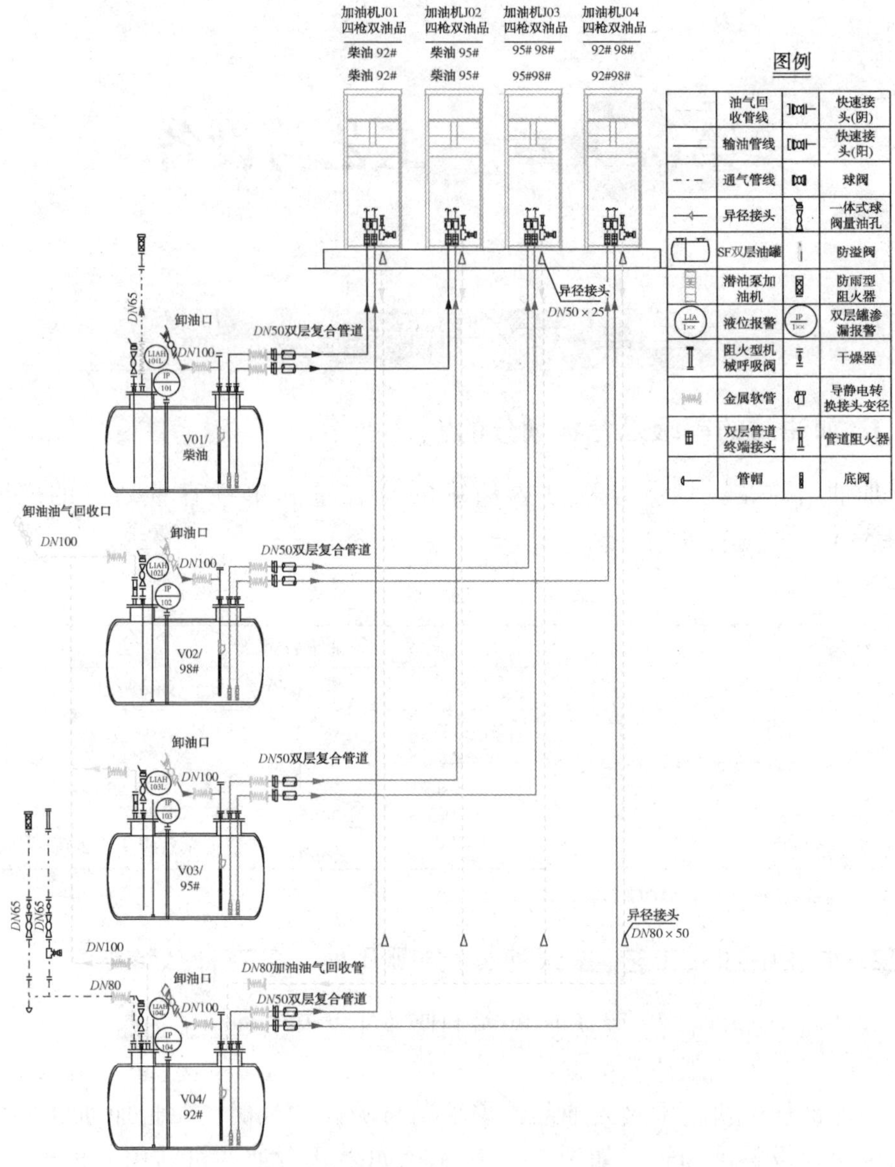

图 3-1　自吸式泵加油工艺流程图

注：①流程用于 1 个柴油罐、3 个汽油罐和 4 台四枪双油品自吸泵式加油机；

②自吸泵流程适用于加油机油品不多于 2 种且输油管道距离不大于 50m 的加油站；

③其他要求同潜油泵流程相关规定

潜油泵加油工艺的特点：

随着加油站技术的发展，加油站宜采用油罐装设潜油泵的一泵供多机(枪)的配套加油工艺。与自吸式泵加油相比，其最大特点是：油罐正压出油，加油噪声低，工艺简单，技术先进，一般不受油罐液位低和管线长等条件的限制，如图 3-2 所示。

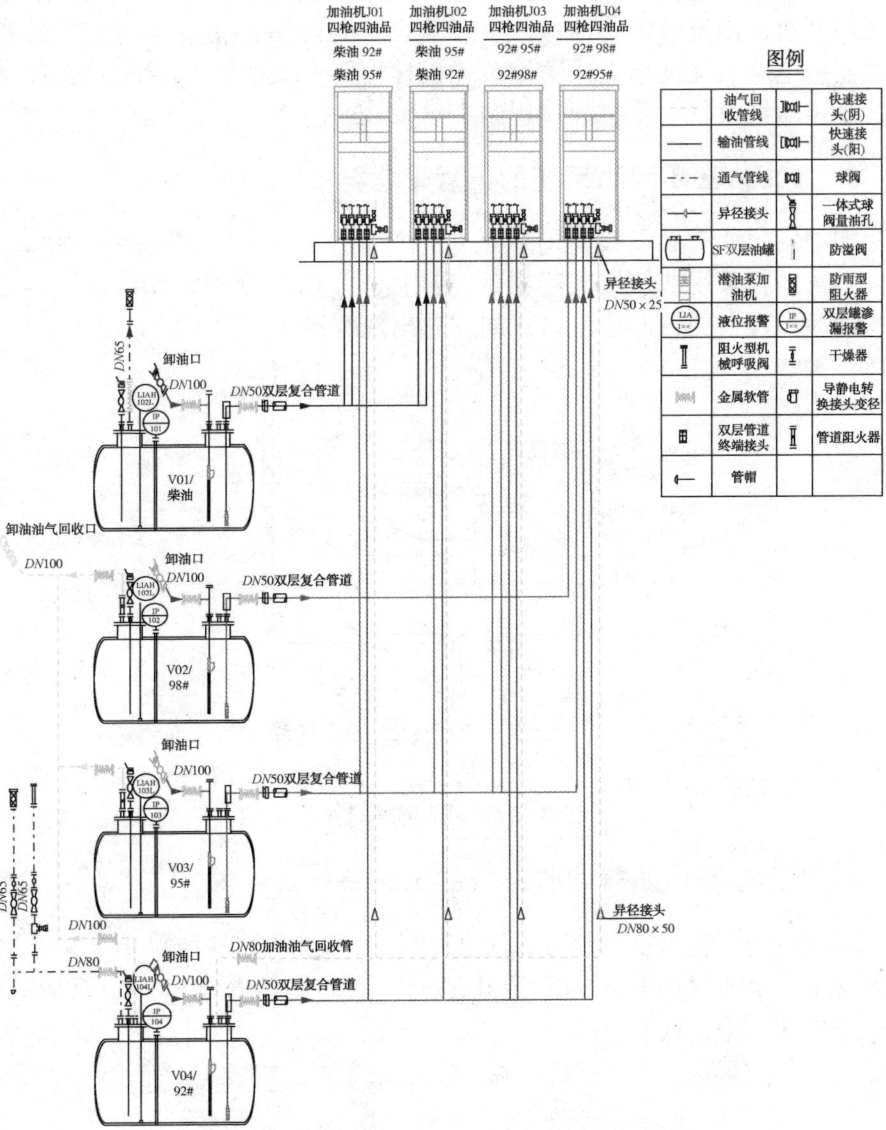

图 3-2　潜油泵加油工艺流程图

注：①本流程用于 1 个柴油罐、3 个汽油罐和 4 台四枪四油品潜油泵式加油机；

②当采用非乙醇汽油时，取消汽油通气管上的干燥器；

③出油管线埋地部分采用双层复合管道；通气管地上部分采用 304 不锈钢，材质 06Cr19Ni10，其他工艺管线均采用 20#无缝钢管；

④油罐间设置管道阻火器

其流程操作如下：

插入 IC 卡→输入密码→提枪→抬起托板→通过开关线路(电控箱)启动潜油泵→开启加油枪开关→油流入受油容器→付油量的信息通过信号传输线→集线器→电脑→加油结束，关枪放托板挂枪→开关线路(电控箱)关闭潜油泵→信息传输结束，一个加油过程结束。

3. 加油站密闭卸油系统的设置是怎样的？

加油站的油罐必须设置专用的进油管道，向下伸至罐内距罐底 0.2m 处并向上弯曲，采用快速接头连接进行卸油，量油孔处于密闭状态。这样可以减少油品挥发损耗，避免敞口式卸油时出现的不安全隐患。如图 3-3 所示。

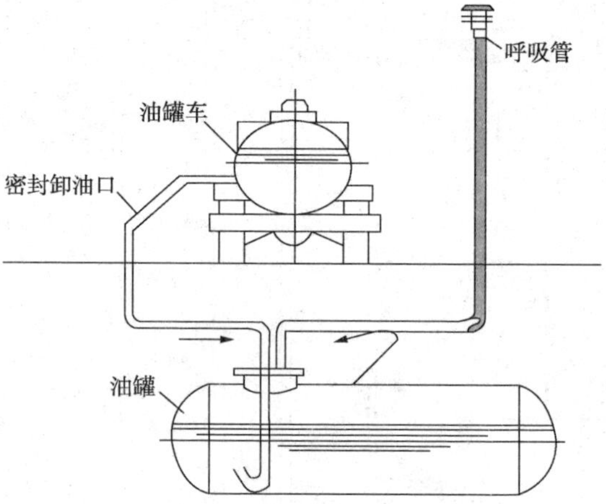

图 3-3　密闭卸油系统示意图

4. 油罐车卸油油气回收系统的工艺有什么要求？

卸油油气回收与密闭卸油，工艺的主要不同之处是油罐车与地下油罐之间加设了一条油气回收连通管道和地下油罐的通气管管口安装机械呼吸阀，如图 3-4 所示。

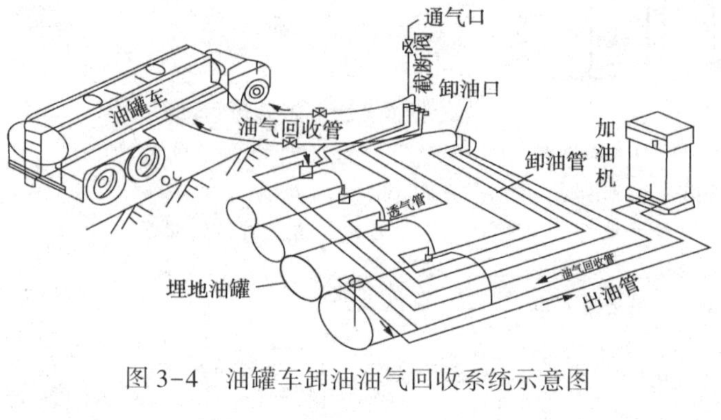

图 3-4　油罐车卸油油气回收系统示意图

采用卸油油气回收系统时，应符合下列要求：

(1) 油罐车上的油气管连通接口，应设在油罐车油罐的顶部人孔盖上，并应装设手动阀门；

(2) 密闭卸油管道的各操作接口处，应设快速接头及闷盖。固定油气连接应装设手动阀门；

(3) 加油站内的卸油接口、油气连通接口宜设在地面以上；

(4) 油罐应设带有高液位报警功能的液位仪。

操作时需注意：卸油操作井中，同一油罐有两个油管接口，一个是进油管接口，一个是出油气管接口。进油管与油罐车卸油胶管相连，出油气管与油罐车上的油气管相连，不可误操作。

5. 加油站加油油气回收系统的工艺先进在哪里？

加油站加油油气回收系统是对加油机及附属配件进行改造，采用加油油气回收系统，主要是加油机内加装回气泵，采用油气回收专用加油枪和专用双层套管式加油胶管，并铺设专门的油气回收管至油罐，见图 3-5 和图 3-6。

加油油气回收系统的工作原理是：加油时专用加油枪枪嘴根部的胶碗扣在汽车油箱口处并将其完全封闭，油气回收泵同时启动，将油品进入油箱从其中顶出的油气抽到双层套管式加油胶管中，通过专门的油气回收管送入油罐，罐内压力超过一定值，呼吸阀打开，排气降压保证油罐安全。

图 3-5　专用加油枪

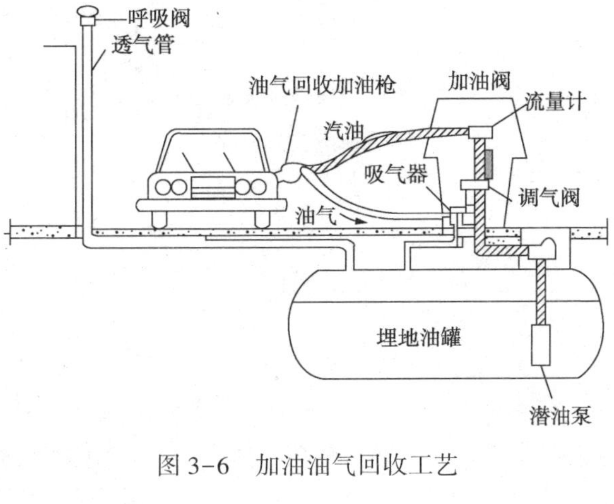

图 3-6　加油油气回收工艺

6. 加油站的配管工艺主要有哪些方式？

加油站配管工艺比较简单，其工艺设计主要有两种方式。

（1）单罐单机配管工艺。这是一种普遍采用的工艺配管方式，其特点是油罐与加油机一一对应，专罐专机，操作简单，有利于管理(图 3-7)。这种工艺较适合于规模较小的加油站。如果较大规模的加油站，加油机(枪)数量大，就会给输油管线的排列和布置带来一定难度。故这种配管工艺不适合大中型加油站。

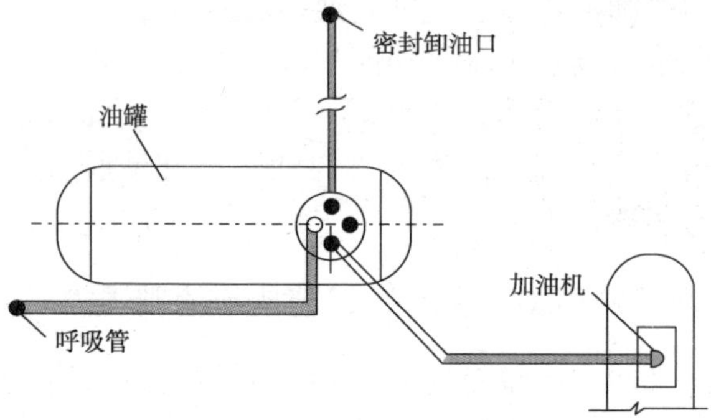

图 3-7　单罐单机配管工艺

（2）单罐多机配管工艺。一只地下储油罐配两台以上的加油机。这种设计加油能力强，适用于加油量大的加油站，如图 3-8 所示。如果加油站规模较大，加油机距储油罐距离较远，为保证加油机正常工作，宜选用潜油泵加油机工艺。这种设计管线布置清晰、简洁。

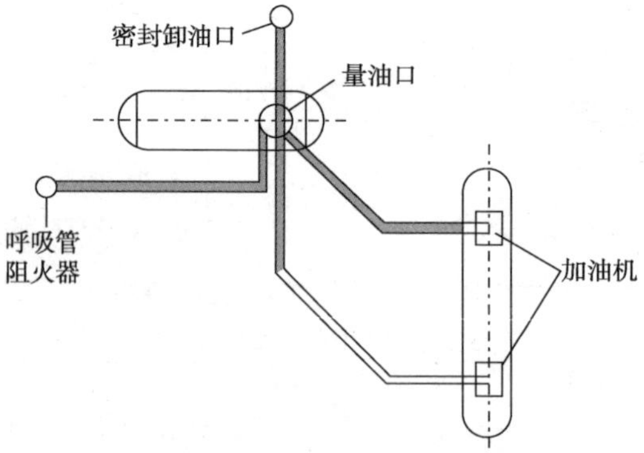

图 3-8　单罐多机配管工艺

在实际使用中，两种工艺相互交叉使用，以满足加油站的经营需求和工艺安全要求。加油站的输油管线采用无缝钢管。埋地管线连接应采用焊接方式。若采用法兰连接，两片法兰之间应加铜片跨接，用以增加法兰导电性，防止橡胶垫片阻隔而使导电性下降。直埋地下油罐的进油管、出油管和通气管均应坡向油罐，其坡度不应小于 2‰。加油站的管线应埋地敷设，且不得穿过站房等建构筑物。如果确实需要采用管沟敷设，沟内应用干沙或细土填实，以防积聚油气。当敷设管线经过或穿越水泥路面时，应加装套管，以利日后检修和维护保养。当油品管道与管沟、电缆沟和排水沟相交叉时，应采取相应的防渗漏措施，目的是防止油气串通，避免火焰传播。

7. 加油站平面布置按什么划分?

加油站根据使用性质的不同，一般将总平面分成四个功能区域：加油区、油罐区、营业区和辅助生活区。划分区域的目的是为更好实施安全监控、安全管理，保证加油站正常营业、作业的进行。国家对加油站主要设施布置、合理确定安全间距、设施应满足的安全要求都有明确的设计规范要求，加油站员工应了解本站的总平面布置，四个功能区域的划分，同时严格遵守各功能区域的安全防火要求，不可擅自改变功能区域的使用和设施设置，并按要求对主要区域进行巡检。了解营业区内各房间的使用功能、主要设备控制开关、安全通道，以利于平时开展正常工作和应急处置。见图 3-9 和图 3-10。

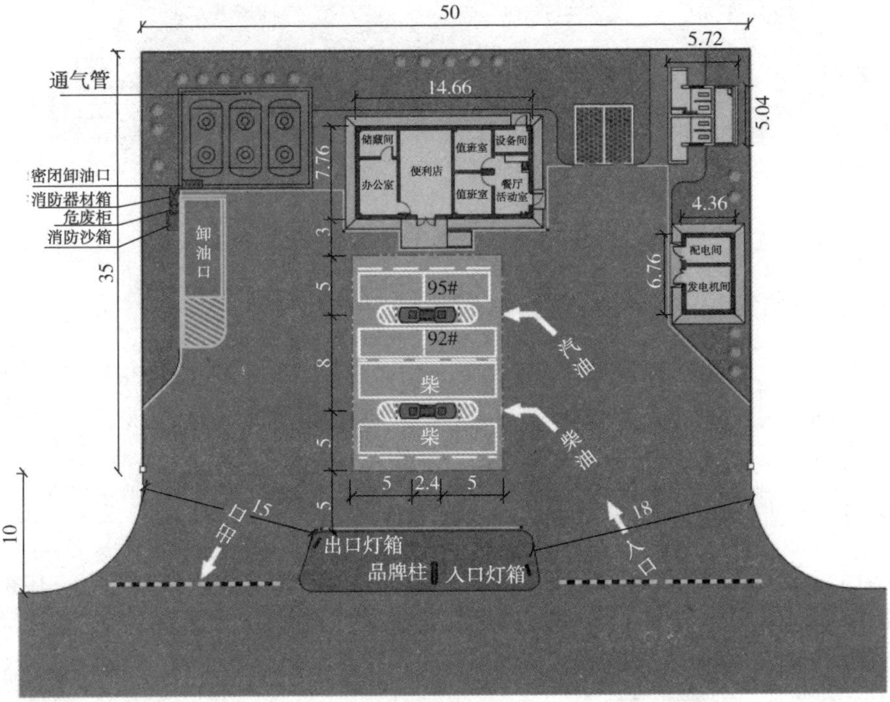

图 3-9　公路加油站平面布置示意图

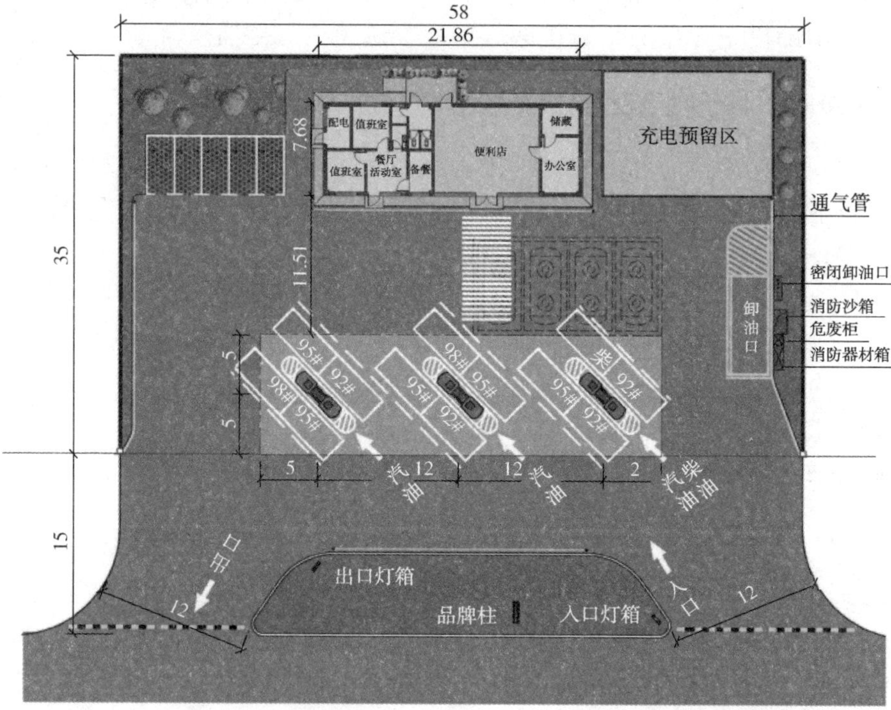

图 3-10　城市加油站平面布置示意图

8. 加油站站区内主要设施有什么？

主要有站房(包括营业厅、办公室、更衣室、值班室、宿舍)、卫生间、罩棚、加油岛、车辆通道(包括出入口)、配电间、锅炉房(北方地区设置)，给排水系统。

9. 加油站营业厅需要考虑的因素有哪些？

站房营业厅的设计除符合安全防火规范外，还须方便用户出入，有条件的加设司机休息室；卫生间一般设在方便用户使用的位置，门开在面对加油区的地方，且应有醒目的标识提示。营业厅内的布置一般有以下四个方面：

(1) 柜台、收款(开票)处。主要功能是陈列本站经营的其他小商品、加油收款，开各种票据、POS 机刷卡等。

(2) 货架。供陈列经营的润滑油、脂、防冻液等，有条件的应单独设立润滑油经营间。

(3) 在醒目位置设置油品牌价表，标明品名、牌号、计量单位(升或千克)、单价。经营车辆服务项目的还应单独列出各种收费标准，同时设置免费服务项目介绍标牌。

(4) 对营业厅适当加以布置，张贴如服务宗旨、经营承诺、投诉电话等大字标语，设有顾客意见簿，张贴、悬挂必要的商品、防火安全、防止假钞等方面的宣传画。

10. 加油站出入口应考虑的因素有哪些?

车辆进、出口应分开设置。站内平面布置宜按进站汽车槽车正向行驶设计。在运营管理中，严禁加油、加气车辆堵塞汽车槽车驶离车道，以防止发生事故时阻碍汽车槽车迅速驶离。

加油站出入口、车辆通道都有具体的设计宽度、坡度、路面结构的要求，面向道路一侧宜设非实体围墙或开敞。进出口应设有醒目的灯箱标牌(夜间也能看到)，标明出口、进口；进口处须设立“进站须知”，提示司机应注意的安全事项。所有路面须保持清洁无障碍，发生拥堵及时疏导，非加油车辆或加油完毕的车辆一般不能停留在进出口路面上。

11. 加油站罩棚应考虑的因素有哪些?

加油站罩棚具有遮挡雨、雪、防雷电、防阳光直射、形成空气流通通道等功能。罩棚应采用非燃烧材料，其有效高度不应小于 4.5m。罩棚边缘与加油机或加气机的投影距离不宜小于 2m。罩棚一般不宜悬挂其他饰物，尤其不能用金属丝(铁丝、铜线等)从罩棚上拉出或引下，否则易产生雷击火花。

12. 加油岛应考虑的因素有哪些?

加油岛又称安全岛，是安装加油机的平台，可以保护加油员操作安全。为使汽车加油、加气时，加油机、加气机和罩棚柱不受汽车碰撞和确保操作人员人身安全，加油岛、加气岛应高出停车场地坪 0.15~0.2m；宽度不应小于 1.2m；加油、加气岛上的罩棚支柱距岛端部，不应小于 0.6m。

加油员要随时确保加油岛整洁，无杂物、无障碍，以利于加油操作正常进行和应急处理。见图 3-11。

13. 配电间安全管理有哪些要求?

配电间的门窗朝外开；室内保持通风良好、无渗漏；配电设施应设有防止小动物进入措施和安全警示标牌，且须符合电气安全防火规范的要求。在

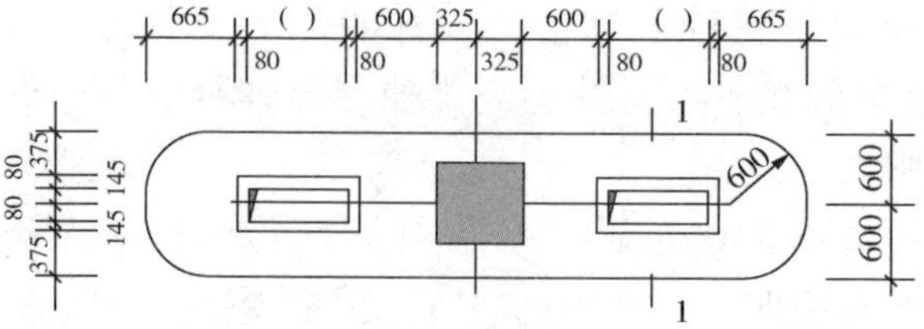

(a)双机加油岛平面

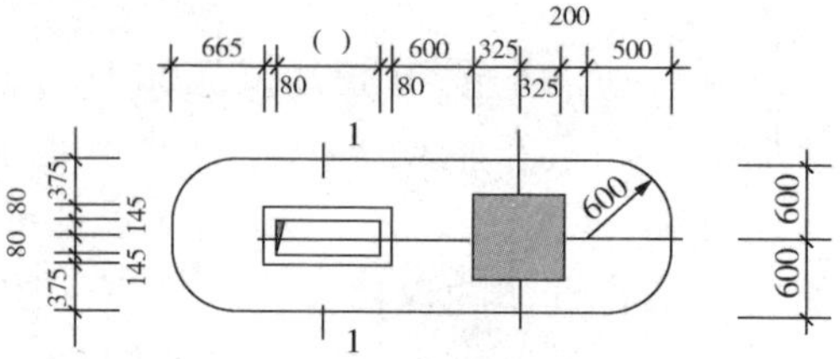

(b)单机加油岛平面

图 3-11　加油岛平面布置图

日常管理中，闲杂人等不得进入配电间；不得在配电间堆放非必需物品和杂物；不得在配电间内吸烟、喝酒、存放个人物品；配电柜前铺设绝缘胶皮，不得擅自挪作他用或移开。保持配电间内整洁无灰尘，配电柜内各控制开关、接线口、继电器上的标签字迹清楚，无脱落，便于操作。配电间钥匙应由专人管理，按规定操作。

14. 锅炉房有哪些安全管理要求?

设置在站房内的热锅炉间，应符合下列要求：

（1）锅炉间应设置耐火极限不低于 3h 的隔墙与其他房间隔开；

（2）锅炉间的门窗不宜直接朝向加油、加气机，卸油、卸气点；

（3）锅炉宜选用额定供热量不大于 140kW 的小型锅炉；

（4）当采用燃煤锅炉时，宜选用具有除尘功能的自然通风型锅炉，锅炉烟囱出口应高出屋顶 2 m，且应采取防止火星外逸的有效措施；

（5）当采用燃气热水器采暖时，热水炉间应设有排烟系统和熄火保护等安全装置。

加油站、加气站、加油加气合建站室内外采暖管道宜直埋敷设，当采用管沟敷设时，管沟应充沙填实，进出建筑物处应采取隔断措施。

锅炉应每年进行强制性校验。非取暖期锅炉房内应定期清理卫生，严禁堆放杂物。取暖期使用锅炉动火取暖应严格执行防火安全操作规程，专人负责。炉渣取出时，应先将炉渣浇水灭火后再运到室外指定地点堆放，杜绝火险隐患。

15. 加油站值班室有哪些安全要求?

值班室设置的位置应方便出入营业厅、加油区，便于观察站内外各区域的情况；应设有电话(或分机)，报警器按钮，配有防盗门，窗户安装防盗网；财务室应设在站房内隐蔽深处，配备防盗门、防盗网、报警器按钮；中央控制机须设在客户不方便到达的位置，并有专门房间加锁；管理人员办公室应尽量与营业厅靠近，方便出入；更衣室一般分设男、女间，每个营业员有专柜并加锁。

16. 加油站的基本作业流程是怎样的?

加油站的基本作业流程为：汽车罐车→储油罐→(潜油泵)→加油机→受油容器。

17. 悬挂式加油工艺是怎样的?

悬挂式加油工艺，其特点是可以充分利用有限空间，输油管可横向移动达 1.2m，加油范围大，半径可达 4.2m，使加油车辆自由进位，如图 3-12 所示。其缺点是停车位不明确，容易造成加油作业程序混乱。另外，其设备价格较高，目前国内没有厂家生产，主要靠进口。

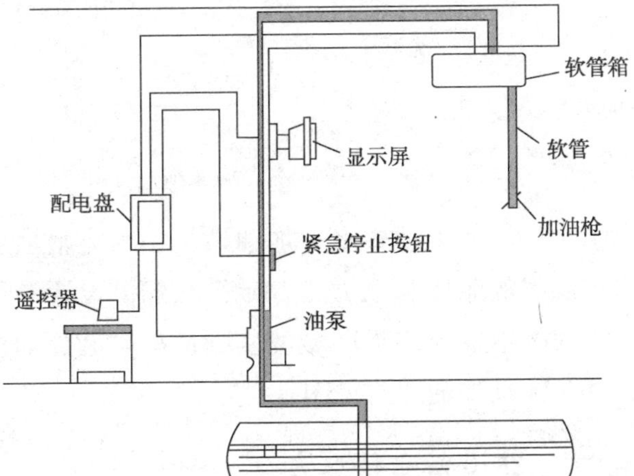

图 3-12　悬挂式加油工艺

18. 水上加油站怎样进行分类？

水上加油站分为固定式和流动式两种类型。

（1）固定式水上加油站。又分为岸式和趸船式两种。岸式水上加油站的储油设施全部安装在内河、湖泊的岸边，借助码头或独立停靠机动船用的趸船向过往船舶加油。趸船式水上加油站是利用专用的卸油趸船及油库的储油罐和管线，在趸船卸油泵房内增设一套或多套加油设施向外加油，储油设施不需单独设置，可利用油库储罐和趸船至罐区的输油管线，自流或泵送，见图 3-13 和图 3-14。

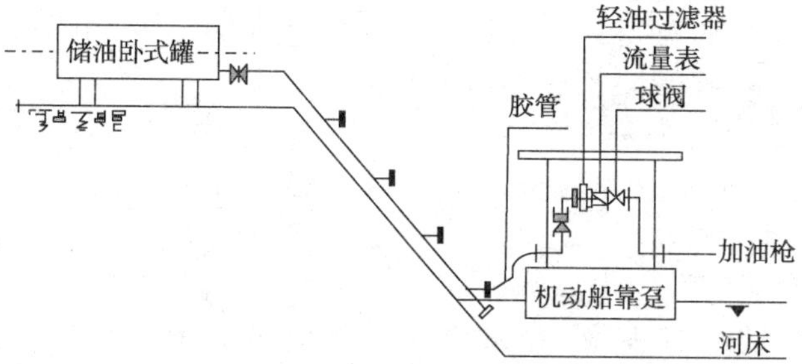

图 3-13　岸式水上加油站

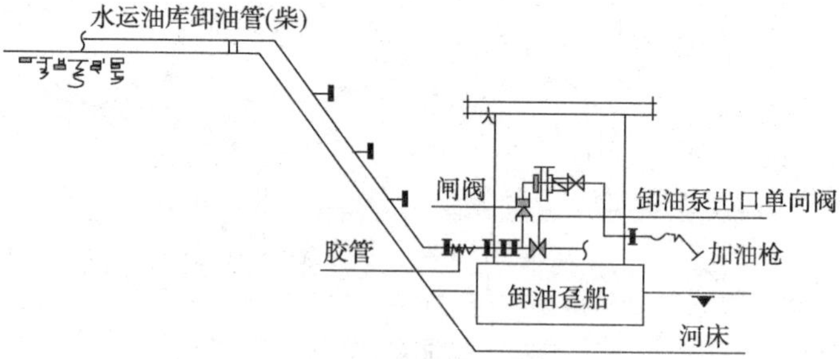

图 3-14　趸船式水上加油站

（2）流动式水上加油站。流动式水上加油站是一个完整独立的水上供油系统，它由按航行要求制作的船体和动力为基础，在船上设置专用的储油仓或小型号卧式罐储油，再根据本地区水运区域的实际情况安装加油设施。流动式水上加油站实际就是一条流动加油船，见图 3-15。

19. 水上加油站工艺设备有什么安全要求？

（1）水上加油站的自流加油。固定式水上加油站和趸船式水上加油站一

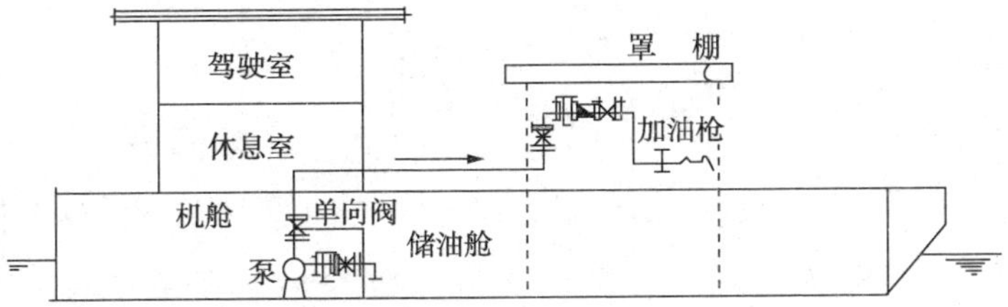

图 3-15　流动式水上加油站

般都为自流加油，目前大都是测量变换器计量和手动操作，它是由储油设施、管线、耐油胶管、闸阀、球阀、过滤器、测量变换器及加油枪组成。这种自流加油的水上加油站除设施的安装质量需符合国家有关技术要求外，还应注意解决以下两个问题。

① 要控制好管道内液体的流速，也就是要根据地理环境的高差控制流速。高差过大，流速大，水击现象严重，设备容易损坏，特别是流量表和胶管接头，且计量不准确，进入客户油箱喷溅、冲击大，易产生静电。所以在高差大的情况下，应在适当位置安装缓冲装置，保证安全。

② 一般情况下最高水位时的储油罐安装高度，要保证 8m 左右，以保证正常操作要求。如果高差太小，首先是加油速度慢，不能保证流量表的正常工作压力，其次流量表计量也不准确。在这种情况下，则应在岸上独立设置高架罐或在库区设置输转泵。

（2）水上流动加油站（船）的一般要求。泵送式水上加油站是由储油仓、加油泵、管线、止回阀、闸阀、过滤器、流量计、球阀、耐油胶管、加油枪组成。这种形式的水上加油站除船体和自身动力等要符合使用要求外，还应注意的主要问题是选泵要准确，即流量、流速和电机功率不能过大，安装要满足使用要求和便于操作。

流动式加油船一般是在辖区范围内航行的水上供油设施，船体和动力的一般要求是保证安全行驶和停泊安全，并能满足辖区内最大船型的停靠安全要求。

水上流动加油站（船）下水投入营业前，应经有关部门验收，发放各种合格证后方可投入生产。

20. 加油站卸油过程中（一次）油气回收的工艺是怎样的？

油罐车、埋地油罐均有两个管道工艺系统，油品输转工艺和油气工艺。

卸油作业时，油品输转工艺中，油品从油罐车出油口→卸油胶管→埋地油罐；油气工艺中，油气从埋地油罐气相空间→(埋地油罐接卸口处)气管接口→胶管→油罐车进气接口→油罐车气相空间。卸油过程中，埋地油罐与油罐车形成密闭系统，埋地油罐内气相空间与油罐车气相空间达到压力平衡，油品靠重力作用从油罐车自流进入埋地油罐内，随着油罐内液位升高，气相压力增大，通过胶管被压入油罐车的气相空间，完成油气置换，整个卸油过程没有油气排放到大气中。

21. 加油站加油过程中(二次)油气回收的工艺是怎样的?

加油机为汽车加油时，油品进入油箱，油箱内油气向外排放，因此需要将加油过程中油箱内的油气进行回收。此时有两个管道工艺系统，油品工艺和油气工艺。

油品工艺，从埋地油罐→埋地输油管道→加油机→油/气同轴胶管→加油枪→汽车油箱；油气工艺气体为反向流动，从汽车油箱气相空间→加油枪→油/气同轴胶管→真空泵→埋地气路管道→埋地油罐气相空间。

油气工艺，油气反向流动的动力由真空泵提供。油气通过回收型专用加油枪，把加油时产生的汽车油箱内油气通过同轴管线和地下输气管线送入加油站储油罐。我国相关国家标准规定，为汽车加1L油品，抽回的油气为1~1.2L，也即理论上埋地油罐内的压力始终高于大气压。

22. 加油站储存过程中(三次)油气回收的工艺是怎样的?

埋地油罐内气相空间的压力始终高于大气压。另外，由于环境温度的影响，也会导致埋地油罐内气相压力升高。我国相关国家标准规定的控制压力为750Pa，为防止埋地油罐内气相压力超过750Pa时对大气排气，因此需要利用压缩冷凝或先进的膜分离技术，将油气处理后变成液体回埋地油罐利用，同时分离释放出清洁的空气(油气排放浓度≤25 mg/L)，保持加油站油气呼出接近于零。

油气冷凝或膜式处理装置俗称油气后处理设备。后处理设备投入成本、运行费用较高。在实践中，我们可以通过调整埋地油罐压力/真空控制阀的设定值，省去后处理设备，减少埋地油罐的呼吸。通过实践，此值设定为负压1500Pa，正压2000Pa，可以有效地控制油气呼出。

23. 加油站油气回收工艺施工有哪些技术要求？

（1）与油罐相连通的所有管道均应坡向油罐。油气回收管道的坡度不宜小于1%，且任何情况下不应小于2‰。当放坡坡度无法满足要求时，可在油气回收管道上加装集液罐，集液罐宜靠近埋地油罐设置。集液罐油气回收管道出口应高于进口。

（2）当多台汽油加油机共用1根油气回收管道时，油气回收管道直径不宜小于*DN*80。

（3）在加油机的基座油气回收连接管端口应安装1个用于连接液阻检测装置或密闭性检测装置的三通接头。三通接头连接检测装置的端口应与检测装置的软管接头相匹配（一般为内螺纹连接，公称直径25mm），便于检测，不检测时应封闭。

第二节　加油机

1. 加油油气回收设备配置主要有哪些设备？

该系统配置主要包括：真空泵、油气分离接头、拉断阀、同轴皮管、油枪。

2. 油气回收加油机的结构是怎样的？

油气回收加油机实际上是一种在发油的同时能够将出油口终端附近溢散出来的油气有效回收的加油设备。现在普遍的做法有两种形式：一种是厂家开发的本身具备油气回收功能的加油机；另一种是在加油站现场对传统的各种加油机进行油气回收能性改造，使之增加油气回收功能。但总体上分为两类：一类为潜油泵式，另一类为机内泵式。

（1）如采用真空泵辅助式油气回收系统，与其相匹配的油气回收加油机必须采用潜油泵式加油机。其工作原理是中央真空泵在加油运转时将产生真空，通过回收管、回收加油枪将油气回收。

（2）机内泵式油气回收加油机，如图3-16所示。它是将真空泵装配于加油机内，一般为叶片式涡轮，并连接两条平行的汽油输油管线及油气回收管线，最终与油罐连接。当加油时，输油动力马达同时带动真空泵运转，通过油枪和同轴皮管将车辆油箱内溢散出来的油气予以有效回收。

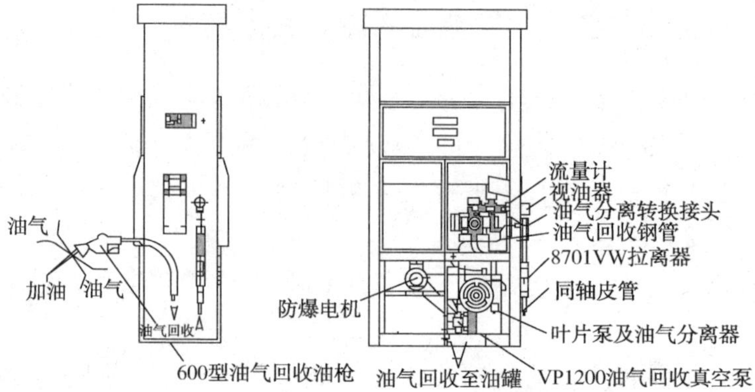

图 3-16　机内泵式油气回收加油机

3. 加油站的设备设施可以分为哪几大类？

加油站的设备设施可分为三大类，即：储、加油设备；监控设备；站区设施。储、加油设备包括油罐、输油管线、阀门、密闭卸油及油气回收系统、加油机、送配电系统。监控设备包括工业用中央控制电脑、自动显示液位仪、报警器及监视系统。站区设施包括营业厅、各类办公室、宿舍、卫生间、更衣室、罩棚、车辆通道、加油岛、配电间、锅炉房、给排水系统等。

4. 加油机是如何分类的？

（1）按枪数分为单枪加油机、双枪单油品加油机、双枪双油品加油机、四枪双油品加油机、多枪多油品加油机；

（2）按油泵安装位置分为固定泵式加油机（又称普通税控加油机）和潜油泵加油机。

5. 加油机的安装调试要注意什么？

加油机的安装调试是加油站运行的一部分，它关系到加油站的正常营业与安全，是防止加油站事故发生的重要一环。

（1）加油机开箱验收

加油机安装前必须检查随机出厂的检验合格证是否齐全，是否有使用维护说明书和参数锁与当班锁调整钥匙，并按说明书检查加油机内部结构和部件在运输中有无损坏、各部分是否松动。

（2）加油机的固定

加油机应安装在室外的雨棚下，雨棚的大小应保证在任何季节都不会使加油机遭受雨淋和正午太阳光直射，加油机与周围建构筑物间要有足够的距离，保证载货卡车驶入后畅通和加油员的安全操作。

加油机应安装在加油岛上，加油岛一方面避免车辆对加油机的碰撞，另一方面，加油机底座高于地面，有利于提高防爆安全性能。

加油机主机座应安装在水泥基础上，用地脚螺栓固定好。水泥基础应设孔，以便引入输油管线和接地线。

(3) 加油机的管线与油罐安装

加油站单机管线一般应为40cm镀锌管，管道的法兰两端均应跨接导线，整个油罐及管道系统应有良好的接地，并进行耐压试验。

如果采用自吸式加油机，管线拐角应尽可能少，加油机与地下油罐的水平距离一般不应超过30m，油罐最低液面与加油机进油口的垂直距离应不大于4m，以免影响吸程。如加油机安装不能满足上述要求则应采用潜油泵加油机。进油管线口与加油机进油管线间的三角法兰处加入耐油密封垫。

油罐内的出油管线底部应安装40cm的单向阀(双门底阀)，安装单向阀前应仔细清理油罐和单向阀内杂物，并用油液测试单向阀密封性能，以免加油机启用时发生单向阀堵塞和漏油情况。

不要两台加油机或双枪加油机的两台油泵共用一条管线分支供油，以免互相干涉。若一台加油机抽取两个或更多油罐的油品，则应设置阀门，使用时只开使用罐阀门，其他罐的阀门应有效地关闭。

加油机是按室外安装和采用地下直埋油罐的使用条件而设计的，因此加油机应避免使用高位油罐(油罐液位高于加油机进油口)，如使用高位油罐，应把油气分离器排气孔封死以免溢油。

(4) 加油机的电源安装

加油机的电源总开关应设在室内，电源线应选用耐油、耐腐蚀性能好的四芯多股铜芯的二次保护电缆，禁止使用单股导线和铝芯线。

配电室与加油机连接线采用套管地埋方式，防止车辆轧断电线。

电缆线接入防爆接线盒后应拧紧丝堵，务必把电缆夹紧，以保证接线盒的防爆性能。

加油机应设单独地线，测试接地电阻不大于4Ω，油枪对地电阻不大于10Ω。

(5) 加油机的调试

绝对禁止以水试机，应以实际燃油试机。

第一次试机前应对加油机进行一次普遍检查，将运输中松动的螺栓螺母拧紧。

整机流量过大或过小，可调试油泵溢流阀的调整螺钉。若是由于新管线而引起的流量开始正常，后来流量变小，则应反复清洗加油机油气分离器滤网，然后再找其他部位的原因。

进行电气安装和维修时，必须切断电源，防爆接线盒必须按规定安装完毕封盖后，才能接通电源，严禁开盖试机。

6. 潜泵加油机的安装要注意什么？

（1）工艺安装

主机至埋地油罐的水平距离一般不超过 50m，垂直距离一般不超过 5m，弯头拐角尽可能少，输油管以不小于 2‰的坡度坡向油罐，并配装紧急切断阀。

（2）电气安装

电气部分包括加油机电源、加油机与电控箱的连接等。电源线应选用三芯塑料护套铜芯电缆，导线截面积不小于 1.5mm^2，电缆外径约 8mm。

（3）泵体安装

泵体安装前将所使用的油罐规格尺寸提供给厂家，以便定制导油管、走线管及呼吸管尺寸。潜油泵的接线在泵头内进行，将电源线和地线穿过压力密封胶垫引入接线盒内，压紧密封胶垫，在接线盒内将电源线与泵头内的两根黑线相接，地线用螺钉固定在接线盒内。

7. 加油机有什么基本的性能参数？

（1）排油量：50~60L/min。

（2）计量准确度：±0.3%。

（3）复位性能：在当次加油前，都要将前次加油数据清除，计数装置回到零，在计数装置回零后再启动电机。

（4）显示性能：显示加油量(升)。

（5）允许吸程：4~6m。泵进口真空度：40~60kPa。

（6）工作环境：环境温度 30~45℃，相对湿度 20%~95%。

8. 加油机的总体结构是什么样的？

（1）普通税控燃油加油机主要由电动机、叶片泵、油气分离器、流量计、开关、信号传感器、油枪和电脑装置(显示器、主板、键盘盒)等部分组成。

（2）潜油泵税控燃油加油机由潜油泵向加油机输送燃油，加油机完成计量工作。主要由过滤器、流量计、电磁阀、信号传感器、开关、油枪及电脑装置等部分组成。

9. 加油机液压部分的结构由哪几部分组成，各自的作用是怎样的？

加油机液压部分主要由油泵、油气分离器、测量变换器、计数器、电机、视油器、油枪等组成。

（1）油泵为液压系统的动力源，将机械能转换为油液的压力能，将地下油罐的油液抽取上来并以一定的压力的流量排出，它的性能直接决定着加油机吸油和排油的能力。

（2）油气分离器的作用是将油品中的气体分离出来排出机外，滤掉油品中杂质以保证加油机输出油品不含气体杂质。

油气分离器出气阀有两个作用：当高压腔内油液少、气体多时，能迅速排气；当高压腔内油液多、气体少时，能增高油压，同时保持排气通畅。

（3）测量变换器对输出的油品体积进行计量。来自油气分离器的高压油，由上盖进口进入分配阀的侧口，推动活塞运行，后进入壳体上方的进排油通道，再由分配阀上方的排油口排出。四个活塞在油液的推动下，完成一个工作循环。凸轮旋转一周，一个工作循环排出的油液是一个稳定值。

（4）计数器是显示加油机加油的体积。计数器可根据加油机功能，显示一次加油量(升)，当日油的单价(元/升)，金额累计和加油量累计。

（5）视油器是用于观察油品中是否含有气体。

（6）油枪是向受油容器注油的工具，常用的是自封油枪，可防止加油中溢油。

（7）电机为油泵提供动力，将电能转换为机械能。

10. 加油机机械部分的工作原理是什么？

当把油枪从加油机支架上取下时，带有自动回零装置的计数器回零，加油机里的行程开关动作，启动电动机，通过皮带轮带动油泵工作，靠油泵的自吸能力和油面大气压力作用将油罐内的油经过滤吸入泵内，在油枪开启前，油泵出口的油品通过溢流阀流回到油泵进口。油枪开启后，经过油泵的高压油进入油气分离器。经过油气分离器对油品的油气分离，气体经出气管被排入大气，高压油经过滤，通过单向阀进入测量变换器，推动测量变换器四个活塞往复运动。经过测量变换器后，通过管道进入视油器及油枪，最后将油输入到受油容器里。作业中测量变换器活塞的往复运动使测量变换器的传动轴旋转，从而带动机械计数器计数。加油完成时，将油枪关闭，放回支架，切断电源，油泵停止工作。

油品的流动路线是：油罐→油滤→泵→油气分离器→测量变换器→视油器→油枪→用户受油容器，见图 3-17。

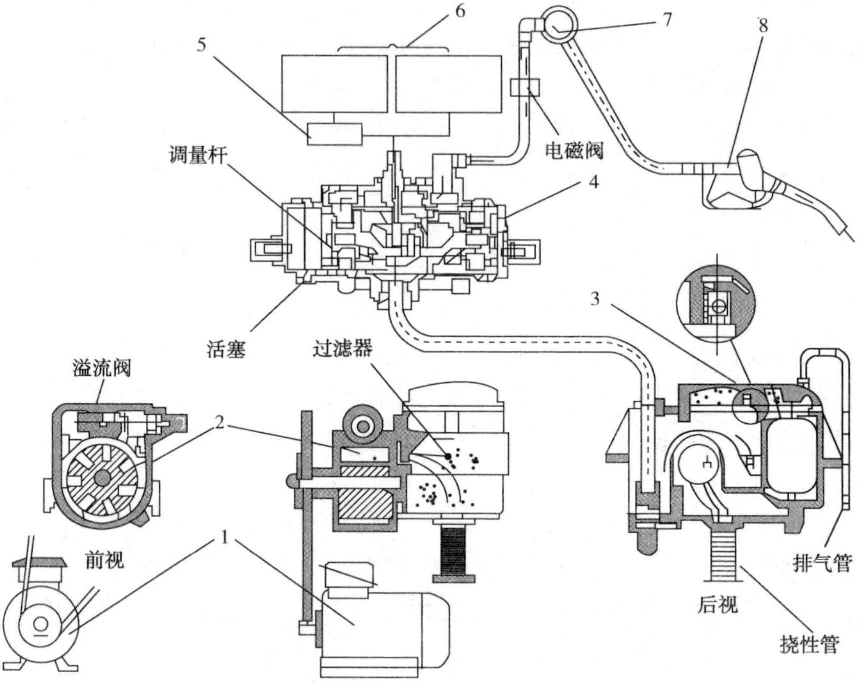

图 3-17　加油机机械部分主要构件及工作原理

1—电动机；2—泵；3—油气分离器；4—测量变换器；5—传感器；6—机械或电子计数指示装置；7—视油器；8—加油枪

11. 加油机机械部分应该怎样操作？

取下油枪时，开关即接通，电机启动，计数自动回零，这时打开油枪，即可向外供油，计数器随之从零开始计数并进行加油量的累计，如有单价即显示当前单价值。油枪开关开启的大小可控制供油快慢。关闭油枪开关停止供油，将油枪放回原处，电机便自动关闭，整机停止工作。注意在计数回零过程中，不应打开油枪开关。

12. 怎样进行加油机管线故障的判断与维修？

（1）不出油或出油慢

① 新设管线内常有泥沙、铁屑等物，油泵抽油易堵塞分离器滤网，引起泵音重与不出油的故障，应定期清洗分离器滤网（布）；

② 输油管线严重漏气或两台机器的油泵共用一条管线时，气体大量进

入，使管线形不成负压而不出油，现象是排气不止，泵音轻而无油，应检修管线和增加管线；

③ 如果因油罐或输油管线单向阀门卡死、损坏而造成的油泵不能进油(现象为不排气，泵音轻而无油)，则应检修或更换底阀；

④ 油品液位太低超过油泵吸程或罐内液位低于双门底阀时，也会引起不出油的故障。解决方法是给油罐进油，升高液位。

(2) 开机没加油就计数

① 输油胶管在一定压力下会膨胀，当胶管较长或不标准时，开机瞬间胶管进油膨胀较多，超过一定值时，会引起开机不加油就计数，它的特点是每次计数数值基本一样。解决方法是截短或更换胶管；

② 底阀或管道漏油时，在加油间歇时间，分离器与油泵内液位降低，管线向油罐内回油(打开分离器滤网盖，取出滤网可看到)，在下次开机时，由于气体进入较多，油气来不及分离而使部分气体进入流量计，推动流量计转动而计数，特点是间歇时间较长越易跳数，间歇时间越长跳数数值越多。解决方法是检查底阀、管线有无漏气、漏油情况。有问题及时排除或更换损坏部件。

(3) 流速忽大忽小，且准确度误差很大

底阀、管线漏气或油罐内液面与底阀相平时，大量气体进入加油机，气体不能完全分离，造成流速忽大忽小，且开枪时有排气现象。解决方法是检修底阀和管线；给油罐进油。

13. 普通税控燃油加油机内部结构是怎样的?

普通税控燃油加油机主要由电动机、叶片泵、油气分离器、流量计、开关、信号传感器、油枪和电脑装置(显示、主板、键盘盒)等部分组成，见图3-18。

14. 普通税控加油机内部主要结构各自有哪些作用?

(1) 防爆电机：将电能转换为机械能，是加油机的动力源。

(2) 叶片泵：虹吸油液，产生工作压力。

(3) 防爆接线盒：是将外电网电源安全引入加油机。

(4) 键盘：用于输入数据和控制指令。

(5) 防爆接线盒(电源盒)：是将强电转变成弱电，交流电转换成直流电，供给电路使用。

(6) 电子锁：起着保险和接通电源的作用。

(7) 控显箱：是实现人与机器对话的装置，其中包含很多电子板。

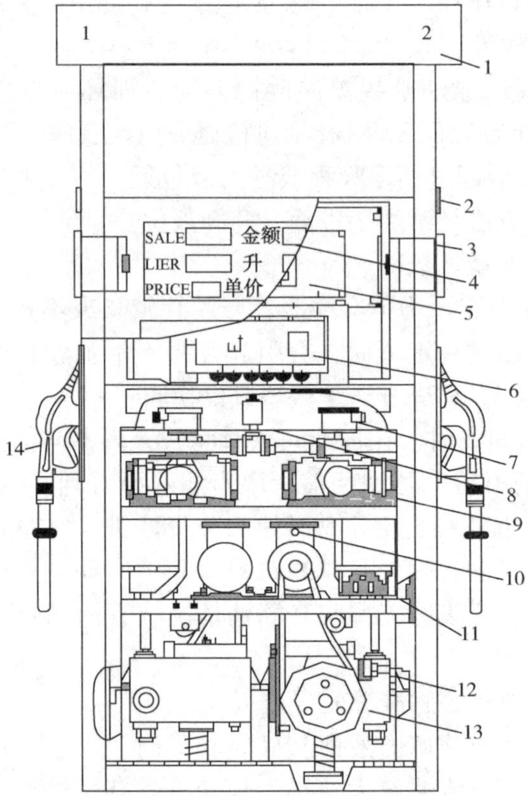

图 3-18　普通税控燃油加油机内部结构

1—油枪编号；2—报税接口；3—键盘盒；4—显示屏；5—税控电脑主板；6—防爆电源盒；7—信号传感器；8—防爆电磁阀；9—测量变换器；10—防爆电机；11—防爆接线盒；12—分体泵；13—油气分离器；14—油枪

（8）启动开关：是向电脑主板传送开机信号。

（9）脉冲发生器(传感器)：将测量变换器排出的油液体积量转换成电脉冲数，供电脑主板进行运算、显示。

（10）视油器：是用于观察油品中是否含有气体。

（11）测量变换器：是对输出的油品体积进行计量。

（12）自封油枪：是控制和输送油品的工具，可防止加油中溢油。

（13）油气分离器：是将油品中的气体分离出来排出机外，滤掉油品中杂质，以保证加油机和输出的油品不含气体杂质。

（14）挠性器：用于连接时减少振动。

15. 普通税控加油机液压系统是由哪几部分构成的？

普通税控加油机液压系统由叶片泵、油气分离器、测量变换器（流量计)、自封油枪等部分构成。

16. 简述叶片泵的结构及工作原理。

叶片泵又称旋板泵，具有结构简单、成本低、易维护、抗污能力较强等特点。

(1) 叶片泵壳体上方装有溢流阀座、溢流阀芯、弹簧、弹簧座、接头、调整螺钉和盖形螺母，这些零件构成了溢流阀。壳体下方装有滑动轴承、转子组件、叶片、弹簧片和带滑动轴承的泵盖，这些零件构成了油泵部分。

叶片泵的结构如图 3-19 所示。

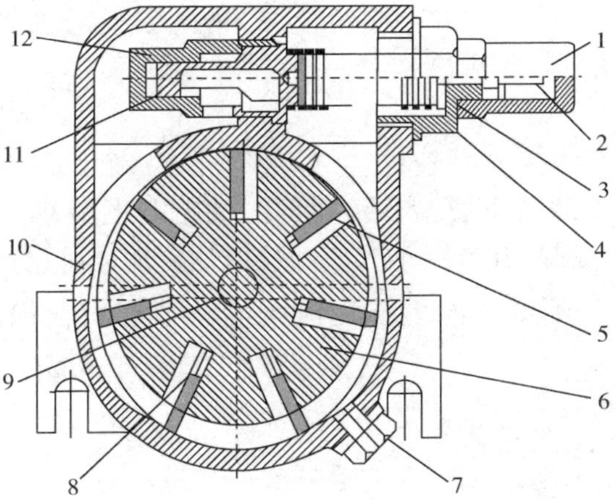

图 3-19　叶片泵结构图

1—盖形螺母；2—调整螺钉；3—弹簧座；4—弹簧；5—刮板；6—转子；7—螺堵；8—弹簧片；9—轴；10—壳体；11—溢流阀；12—阀座

(2) 叶片泵溢流阀的作用

溢流阀是油泵内高压腔通往低压腔的阀门。它主要起限制液压系统最高工作压力和保护液压系统的作用，并能调节加油机的输出流量。

(3) 叶片泵的工作原理

从图 3-20 可以看到，泵腔中心和转子中心有一偏心距 e，以转子中心分为上、下密封区及高压过渡区和低压过渡区。密封区夹角大于转子相邻两叶片的夹角，使低压区和高压区的油液不能沟通。转子和叶片按顺时针转动。叶片转动使低压过渡区的容积不断增大，油液被吸入泵中。两叶片所夹液体因叶片的顺时针转动被带入高压过渡区。在高压过渡区，因叶片的转动，使容积不断减小，油液在叶片的压迫下排出泵外。

从安全使用考虑，加油机的出口流量不应超过 60 L/min。加油机用的这种叶片泵是定量泵，它本身无法调节供油量。当加油机需要增加流量时，油枪开度增加，泵的出口压力减小，溢流阀的开度也减小，经它的回油流量减少，加

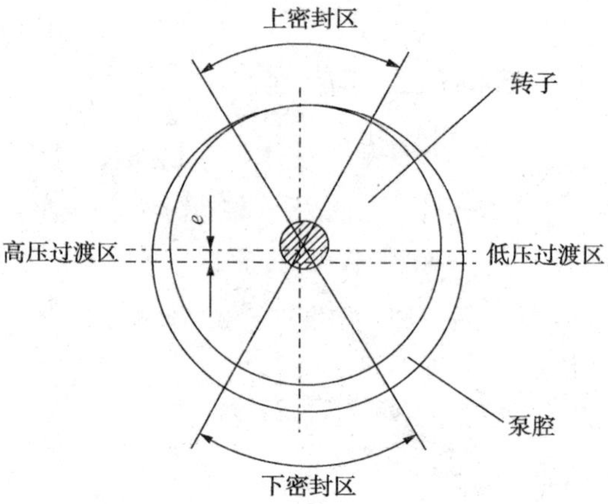

图 3-20　叶片泵转子安装

油机流量增加。当加油机需要减少流量时，油枪开度减小，泵出口压力增加，溢流阀克服弹簧力，阀门开度增加，回油量增加，加油机出口流量减少。

加油枪油枪开度不变，向里拧溢流阀的调节螺钉，加油机供油量增加；向外拧，供油量减少。

17. 叶片泵有什么性能?

好的叶片泵应具有吸油能力强、稳定性好、噪声低、易维护等特性。

(1) 吸油能力。叶片泵的吸油能力主要表现在吸程和避免气穴的能力。吸程是指加油机有吸上一定垂直距离和水平距离油液的能力。保持吸程的必要条件是油泵进口要有一定的真空压力。当油罐中的液面较低时，绷得进口真空压力较高，在真空压力的作用下，溢流阀克服弹簧力，开度增大，回油较多。由于真空压力较高，经其他渗漏环节回油量也增加，加油机的供油量随之减少。当回油量增加到一定值时，加油机出口流量为零。

气穴现象是指泵进口局部压力低于油品饱和蒸气压时，油液开始急剧气化，大量气体从油液中析出，形成气泡，气泡破坏了液体的流动连续性，影响了油泵的正常工作，这时称泵进口产生了气穴。气穴现象严重时，会出现加油机不出油，同时产生较大的噪声，供油脉动增大。

(2) 稳定性。稳定性是衡量油泵性能优劣的主要技术指标之一。油泵工作的稳定性好是指它出油的脉动小，且随工作时间的延长，油液脉动值的增量也较小。稳定性好的油泵会减轻加油机液压系统中液体部分摩擦副的磨损，提高加油机寿命。

(3) 噪声。油泵的噪声和加油机的噪声密切相关。加油机的噪声主要是由油泵引起的。加油机的噪声不大于80dB，所以油泵的噪声不应超过对加油机的噪声的要求。

18. 叶片泵使用与维护中应注意什么?

在使用过程中，应经常对叶片泵进行检查和维护。

(1) 经常查看叶片泵运转是否灵活均匀，有无异常杂音，轴端与泵盖处有无渗漏，皮带轮有无过度跳动及摆动等。

(2) 在试机及清洗油罐时，不能用加油机吸水或含水的油液，以免油泵及其他部件内部锈蚀和低温时冻裂损坏。

(3) 应经常清洗过滤器，特别是新装的机器及管道更应如此。随着使用时间的增加，油罐及管道内的污物会减少，过滤器清洁工作的周期可适当延长，但一般不应超过一个月。

(4) 三角皮带张紧力要适当，张紧力过小，皮带易打滑，造成供油不足或不供油，三角带也易磨损；张紧力过大，电机轴与油泵所承受的附加载荷(垂直轴的轴线方向)增大，易加快电机轴承、油泵轴承和油封的磨损。

(5) 溢流阀弹簧不可调节过紧，否则会使系统压力过大，噪声和振动增大，并加剧油泵轴承的磨损。

19. 简述叶片泵常见故障判断与排除方法。

在维修设备之前，首先要根据故障现象进行分析，正确判断故障点。判断故障点遵循“先看后拆、先易后难”的原则。叶片泵常见的故障现象有：不供油或供油不足、泄漏、噪声和振动异常增大等。

(1) 不供油或供油不足

除油泵故障外，油气分离器和流量计、油枪故障也可造成不供油或供油不足，这里先介绍油泵故障造成不供油或供油不足的检修方法。

① 首先进行外部检查，检查电机是否反转、三角带是否打滑、电机是否不转等。

② 经过上述检查若未发现故障，可检查溢流阀。溢流阀芯被异物卡住关闭不严或溢流阀座松动，都可使油泵正压区内油液通过溢流阀流向负压区，造成不供油或供油不足。

③ 经过前面检修，未发现问题，则可判断为叶片磨损量过大或破碎、弹簧(片)断裂。解决方法是更换叶片或弹簧(片)。

(2) 噪声和振动异常增大

产生噪声和振动异常增大的原因较多，既有加油机本身的原因，也有加油机以外的原因。如埋地油罐与加油机之间距离过长、输油管线弯头过多、罐内液位太低，都会造成加油机工作时噪声和振动增大。因此首先应排除加油机以外的原因，再考虑加油机本身原因。

① 排除了加油机以外的原因之后，下一步检查溢流阀。溢流阀弹簧调得过紧或溢流阀芯被异物卡住打不开，都可造成噪声和振动异常增大。解决方法是清洗溢流阀，排除溢流阀中的异物。另外，不可盲目追求大流量而将溢流阀弹簧调得过紧。

② 清洗溢流阀后若还未降低噪声，则应拆开油泵，查看叶片是否破碎或卡死，弹簧(片)是否断裂等。解决方法是更换叶片和弹簧(片)。

(3) 泄漏

泄漏有内泄漏和外泄漏两种。内泄漏即油液在压力差作用下，从高压区流向低压区造成的泄漏。叶片磨损、弹簧片断裂等都可造成内泄漏增大，降低输出流量。外泄漏即油液从液压系统内渗漏到系统外的泄漏。外泄漏除影响油泵的工作性能外，还增加了环境的不安全因素。外泄漏多为密封圈或密封垫损坏，发现后应及时更换。

20. 简述内啮合齿轮泵的结构和特点。

目前，加油机用内啮合齿轮泵有渐开线齿轮泵和内摆线齿轮泵两种。在渐开线齿轮泵中，小齿轮和内齿轮之间安装了一块月牙形隔板，把吸油腔与排油腔隔开。内摆线齿轮泵吸油腔和排油腔的分隔是靠小齿轮和内齿轮的贴合实现的，不需设置隔板。内啮合齿轮泵的小齿轮为主动轮。图 3-21 中的(a)和(b)分别为渐开线齿轮泵和内摆线齿轮泵。

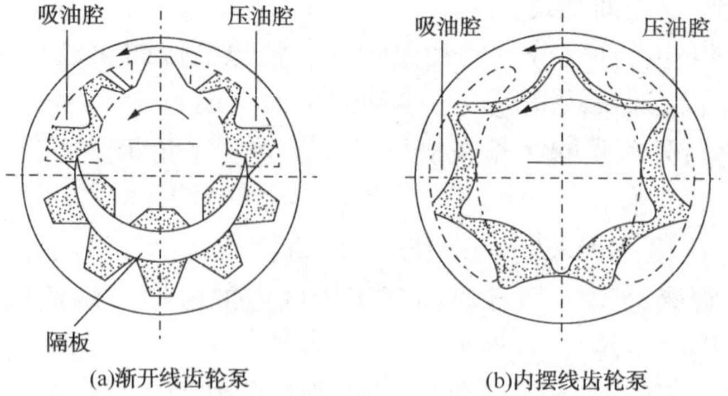

图 3-21　内啮合齿轮泵

内啮合齿轮泵主要由油泵壳体、齿轮副、溢流阀、油滤、泵盖等组成。泵腔为圆柱体型腔，油滤安装在进油口处，溢流阀与油泵并联。泵腔与外齿轮副同心，内齿轮与主轴同心，与外齿轮偏心。主轴带动齿轮副旋转。齿轮泵分为两个腔：压油腔和吸油腔。齿轮泵工作时吸油腔吸油，压油腔排油，吸油腔和压油腔的油不得相通。供油压力大小，取决于溢流阀的调节状态、负载大小和内渗漏大小。当加油枪开启，油路阻力较小时，溢流阀开启状态小。当油枪关闭或油路阻力较大时，油压升高，溢流阀在油液压力作用下克服溢流阀弹簧的阻力，溢流阀开度增大，油液更多地流向负压腔，泵的出口压力保持在 0.3MPa 以下。

内啮合齿轮泵具有结构紧凑、重量轻、噪声低和寿命长的特点。它的缺点是齿形复杂，造价较高。

21. 内啮合摆线齿轮泵的工作原理是什么？

内啮合摆线齿轮泵由一对互相啮合的内、外齿轮组成，内齿轮为主动轮，称为内转子；外齿轮为从动轮，称为外转子。外转子的齿廓为圆弧曲线，而内转子的齿廓与外转子齿形曲线接触的部位为外摆线。外转子比内转子多一个齿。两个转子的齿间形成了若干个密封的工作容积。当内转子做逆时针旋转时，带动外转子转动。这时在吸油腔内转子的齿顶和外转子齿谷围成的容积逐渐扩大，并通过进油口吸油。进入排油腔后，内转子齿顶和外转子齿谷围成的容积逐渐缩小，油液被压出油泵。内齿轮不断带动外齿轮转动，形成了油泵连续吸油和排油。

22. 齿轮泵使用中有什么注意事项？

经常检查泵轴是否转动正常，有无杂音，是否漏油，V 带轮跳动是否正常，泵键的锁紧螺钉是否松动；经常检查油滤；V 带的张力要调整适当，不要过紧或过松；溢流阀弹簧不要调节过紧，否则会使系统压力过大，噪声和振动增大，油泵磨损加剧；不要用泵抽水或含水较多的油液；维修时要严格遵循爆炸危险场所的操作要求。

23. 潜油泵加油机的结构是怎样的？

潜油泵加油机由主机、潜油泵、泵头、电气控制箱等组成。主机是潜油泵加油机的计量、控制与操作设备，内有滤网、流量计、电磁阀、油枪及开关、传感器、接线盒、电源盒、主板、显示器、键盘等。潜油泵是加油机的供油设备。泵头内有单向阀、压力调节阀、防爆接线盒及电容器盒等，起调节输出流量、调节出油压力和接线的作用。电气控制箱(简称电控箱)内部主要是一系列接线端子、继电器及开关等，用来沟通加油机与潜油泵之间的联系。潜油泵加油机内部结构见图 3-22。

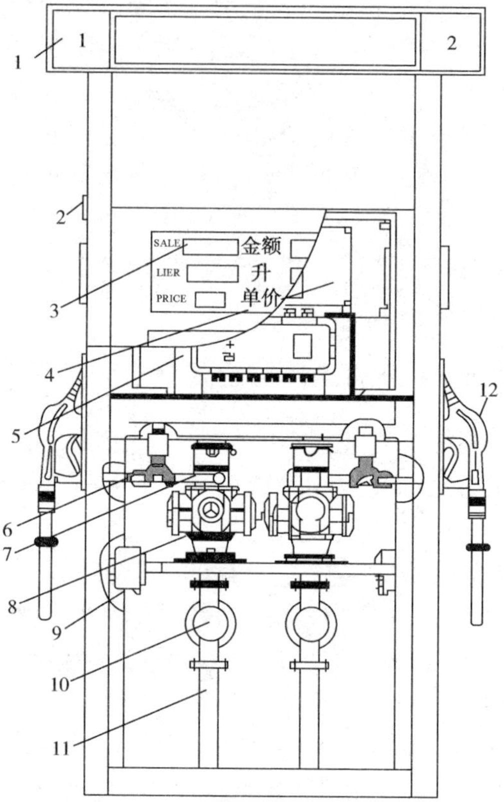

图 3-22　潜油泵加油机内部结构

1—油枪编号；2—报税接口；3—显示屏；4—税控电脑主板；5—防爆电源盒；6—防爆电磁盒；7—信号传感器；8—测量变换器；9—防爆接线盒；10—过滤器；11—切断阀接盘；12—油枪

加油机主机、潜油泵和电控箱通过电力电缆线和信号电缆线连接成一个加油机系统。

24. 潜油泵加油机有哪些特点？

潜油泵加油机是加油机发展方向，它与自吸式加油机比较，具有噪声低、运转平稳、质量可靠、故障率低等优点，是大型加油站、城市加油站的首选机型。

潜油泵加油机与自吸式泵加油机主要区别是加油机主机无电机和油泵，也无需油气分离器，它输油的动力来源于油罐内的潜油泵。潜油泵自身包括电机和泵，潜油泵启动后，油品将以正压的方式被输送至加油机主机。潜油泵加油机增设了紧急切断阀，在加油机与潜油泵输油管线的连接处安装，如果加油机突然被撞或其他原因而发生倾倒，输油管路将立即被切断，防止油品外流。

潜油泵加油机与自吸式加油机相比，简化了加油机的结构，降低了加油机的噪声，减少了加油机故障率。并且潜油泵可根据不同要求同时带动两条枪、四条枪、六条枪工作，简化了加油站输油工艺。

25. 简述油气分离器的结构。

油气分离器的结构如图 3-23 所示。

(1) 油气分离器内有三个腔，过滤器 8 所在的空间为低压腔，球形浮漂 7 所在的空间为高压腔，回油浮漂 4 所在的空间为常压腔。

(2) 三腔之间通过四个阀相连通，低压腔与高压腔之间有止回阀 10，高压腔与常压腔之间有出气阀 14，常压腔与低压腔之间有锥形阀和平形阀。

(3) 出气阀的作用：当高压腔内油液少，气体多时，能迅速排气；当高压腔内油液多，气体少时，能增高油压，同时保持排气通畅。

(4) 出油阀的作用：是保证向测量变换器输出一定压力的油液，防止液体中气体进入测量变换器及防止测量变换器的油液倒流(当油泵不工作时)。

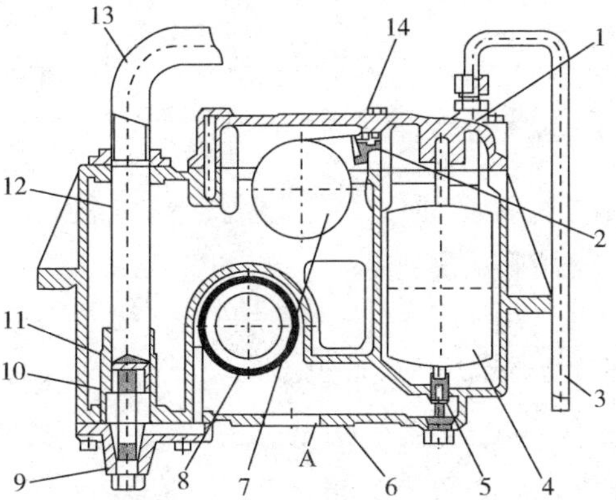

图 3-23　油气分离器结构剖面图

1—上盖；2—出气阀座；3—出气管；4—回油浮漂；5—回油阀；6—分离器壳体；7—球形浮漂；8—过滤器；9—弹簧座；10—止回阀；11—止回阀座；12、13—出油管；14—出气阀

26. 简述油气分离器的工作原理。

如图 3-24 所示，油气分离器体下部的孔 A 与输油管相连，低压腔的孔 B 与油泵进油口相通，高压腔的孔 C 与油泵出油口相通。启动电机，油泵工作，油泵低压腔形成负压，油罐内油液在大气压力作用下，经过输油管分离器孔 A、过滤器、孔 B、油泵负压区、油泵正压区孔 C 进入分离器高压腔。油液进入高压腔后，开始液面较低，球形浮漂下垂，高压腔内大量气体通过出气孔排到常压腔；高压腔液面升高，球形浮漂浮起，阀与阀座端面贴合，高压腔内气体只能通过阻尼槽进入出气孔被排到常压腔，高压腔内油压迅速增大，压力油顶开出油阀通过出油管进入测量变换器。

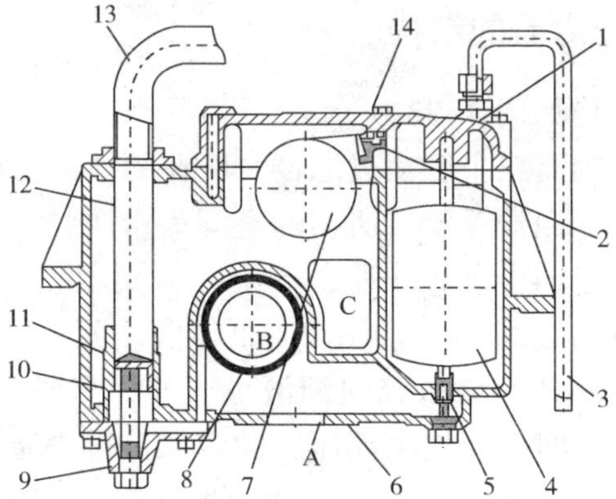

图 3-24　油气分离器立体结构图

1—上盖；2—出气阀座；3—出气管；4—回油浮漂；5—平行阀；6—分离器体；7—球形浮漂；8—过滤器；9—弹簧座；10—出口(油)阀；11—出口(油)阀座；12、13—出油管；14—出气阀

27. 简述油气分离器的故障判断与排除方法。

油气分离器常见故障有：油气不能分离、排气管吐油，另外还有不供油和供油不足、振动和噪声等。

(1) 油气不能分离、出油含气泡

油气不能分离的主要表现是视油器中油液浑浊(油液中混有大量微小气泡所致)。产生油气不能分离的原因很多，分离器挠性管以下的管路、阀门、接头中任一处密封不严，都可能吸入大量气体(因管道是负压)，当吸入的气体量超出油气分离器分离气体的能力时，便产生油气不能分离现象。因此，出现油气不能分离时首先应检查油罐到加油机之间的输油管线是否有漏油现象，方法是打开分离器过滤器端盖，查看分离器低压腔是否有油，若无油或油液液面缓慢下降，可初步判定为输油管漏油。排除了管道原因后，再检修油气分离器。

(2) 排气管喷油

当油罐内油液液面高度高于加油机油气分离器高度时，可造成排油管喷油。因此，在遇到排油管喷油问题时，首先要查看一下油站所用油罐是否高架罐或阴阳罐(油罐一半在地面，一半在地下)，若油罐内液面高于油气分离器时，可将分离器排气管堵住。若加油机为地下直埋油罐，主要是油气分离器的原因。

(3) 不供油或供油不足、振动与噪声大

分离器中过滤器的滤网罩太脏会导致加油机不供油或供油不足、振动与噪声增大，而过滤网罩又极容易脏(特别是在输油管道不干净或油品质量不好的情况下)，因此加油机一旦出现供油不足的情况，应首先考虑清洗过滤网罩。具体检修步骤为：

① 首先外部观察，确定电机及油泵均旋转正常(无反转或不转情况)。

② 卸下分离器过滤器的端盖，取出过滤器，清洗滤网罩，同时察看分离器低压腔，若低压腔内无油，则可判定是输油管渗漏，双门底阀关不严或是油罐内无油导致不供油。

③ 经过第二步维修后若故障依旧，下一步则应检修出油阀。出油阀被卡住关不严，可造成油气不能分离和供油慢。出油阀被卡住打不开，可造成不供油或供油不足，噪声和振动增大，排气管吐油。解决方法是卸下出油阀下部弹簧座，清洗出油阀。

28. 拆卸与复装油气分离器有哪些注意事项？

(1) 在维修前必须可靠地切断电源，将三角带从带轮上卸下，准备好接装油液的容器；

(2) 在拆卸分离器盖时，严禁用榔头硬敲硬打，以免将分离器壳体或盖震裂，造成泄漏；

(3) 在复装分离器时，要仔细检查各密封垫是否破损，以免出现泄漏；

(4) 在装配分离器盖上螺钉时，应严格按照对角顺序分两次拧紧。螺钉的拧紧力矩要适当，不可用力过猛，以免损伤分离器壳体上的内螺纹。

29. 加油机的测量变换器主要有哪几种？其结构是怎样的？

加油机常见的测量变换器主要有金属活塞式测量变换器(见图 3-25)和皮碗活塞式测量变换器(见图 3-26)两种。

皮碗活塞式测量变换器由顶盖、壳体、底盖、端盖、活塞组件、连杆、滚子、凸轮、轴、阀座分配阀等构成。

30. 简述皮碗活塞式测量变换器的工作原理。

来自油泵的高压油，经测量变换器进油口进入分配阀的外侧口，并由油缸下的通道进入某油缸内、推动该油缸内活塞运动，并通过连杆推动对面活塞运动，将对面油缸内的油液经缸下的通道和分配阀的内侧口推入测量变换

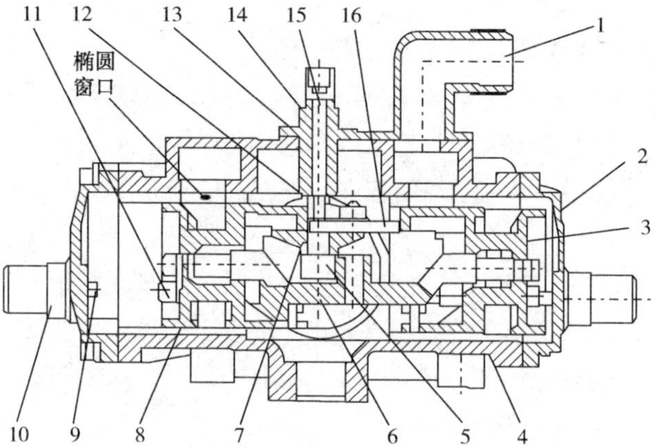

图 3-25　金属活塞式测量变换器

1—出口弯头；2—端盖；3—活塞；4—壳体；5—连接板；6—下连杆；7—上连杆；8—缸套；9—测量螺钉；10—盖形螺母；11—调量活塞；12—传动弯头；13—铜套；14—O 形密封圈；15—转数输出轴；16—尼龙轮

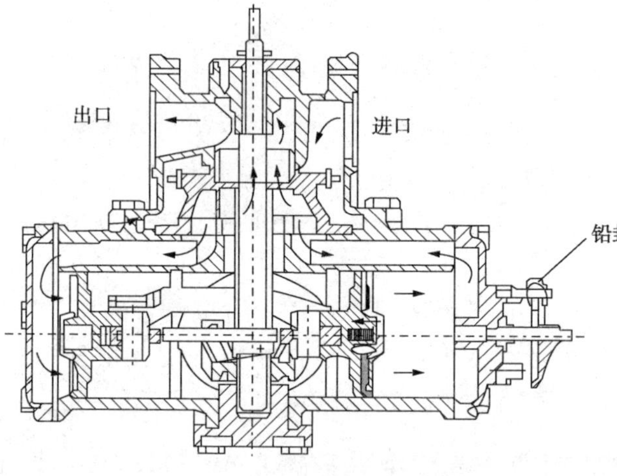

图 3-26　皮碗活塞式测量变换器

器内腔，进入内腔的油液经顶盖侧边出油口排出。活塞在运动的同时，通过滚子推动凸轮与轴承旋转，轴通过十字连接运动会带动转轴旋转，通过销带动分配阀旋转，当分配阀转过一定角度后，则是另一对油缸进油、排油。四个活塞在油液的推动下，完成一个工作循环，凸轮轴旋转一周。

31. 视油器的作用是什么？

视油器安装在测量变换器和加油枪之间，加油员可以根据它观察加油机输出的油液中是否有气泡。当气泡较多时，会对计量准确度产生影响。如图 3-27 所示是一种常见的视油器。

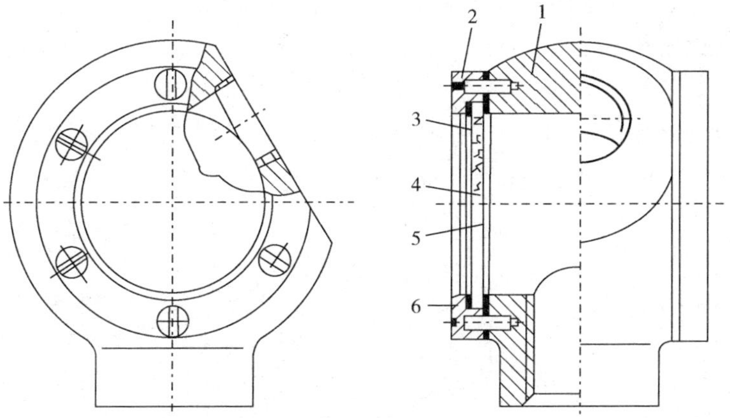

图 3-27　球形视油器结构

1—壳体；2—头螺钉；3、5—密封垫；4—玻璃盖；6—盖

视油器的通道截面比它两端导管的通油截面大，油液流过它时流速降低，便于加油员观察视油器内油液的状况。油液透明时(油液中没有气泡)，表明加油机工作正常。油液不透明或有可见气泡时，表明油液中还存在有气体，这时应继续开枪排油，排出油液中气体，直至视油器中的油液透明无气泡再进行加油。

如果出现渗漏，可拆下盖体，检查密封垫是否老化失效，结合面是否有异物。排除故障时应排空管路中的油液，在重新装配时沉头螺钉要对角均匀拧紧，不可用力过猛，以避免压碎玻璃。

32. 简述膜片式电磁阀的结构和工作原理。

电磁阀分为两种，一种为膜片式，一种为活塞式。目前大多数加油机使用膜片式电磁阀，如图 3-28 所示是一种电磁阀的结构原理图。它主要由阀体、膜片、锥形弹簧、阀盖、先导阀、小流量控制阀、复位弹簧、先导阀电磁线圈和小流量控制阀电磁线圈等组成。

当电磁阀断电时，先导阀和小流量控制阀关闭，膜片控制的主阀也关闭，电磁阀没有流量通过。当两个电磁阀线圈头通电时，先导阀和小流量控制阀都打开，电磁阀进口油压向下推膜片，A 腔的部分油液经先导阀和小流量阀流向电磁阀出口，膜片克服弹簧力向下运动打开主阀，电磁阀处于大流量工作状态。先导阀电磁线圈断电后，先导阀关闭，经膜片上的小孔进入 A 腔的油压升高，推动膜片向上，主阀关闭。这时油液只经小流量控制阀到电磁阀出口，电磁阀处于小流量工作状态。小流量控制阀线圈断电后，小流量控制阀关闭，电磁阀没有流量。

加油时，通过加油机控制键盘预置加油量，按加油键，电机启动，先导阀、小流量控制阀和主阀打开，加油机以较大的流量加油。当接近预置加油量时，电脑命令先导阀电磁阀电磁线圈断电，主阀关闭，此时小流量控制阀工作，加油机以小流量加油。当加油量达到预置值时，电脑命令小流量控制电磁线圈断电，电磁阀关闭，加油结束。

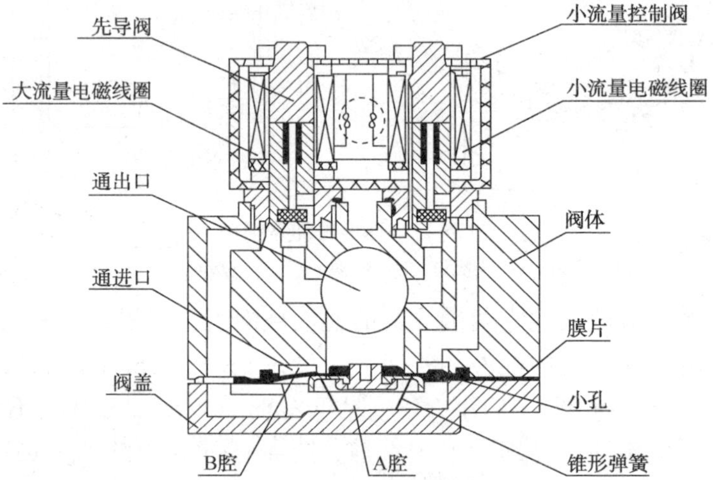

图 3-28　双流量电磁阀结构原理图

33. 简述膜片式电磁阀常见故障及排除方法。

电磁阀的故障会引起加油机的故障，但加油机出了故障不一定是电磁阀出了问题。因此，加油机出了故障应具体分析，见表 3-2。

表 3-2　电磁阀的故障及排除方法

序号	故障现象	故障原因	解决方法
1	加油时不出油，电磁线圈外形异常，电磁线圈通电后没有吸力	电磁线圈烧坏	更换电磁阀
2	通电后工作正常，但有交流声	—	清洗先导阀和小流量控制阀，拧紧静铁芯
3	外渗漏	—	拧紧螺钉或更换密封件
4	电磁阀打不开	电脑主板损坏	更换主板
		电磁阀控制板损坏	更换控制板
5	电磁阀关不住	内泄漏	清洗先导阀、小流量控制阀或更换膜片
		电脑主板损坏	更换主板
		电磁阀控制板损坏	更换控制板

续表

序号	故 障 现 象	故 障 原 因	解 决 方 法
6	电磁阀通电后油枪出口流量增加缓慢	—	清洗先导阀、小流量控制阀
7	预置加油没有小流量	线圈接反或先导阀未关闭	检查接线方式，清洗先导阀、小流量控制阀和膜片
8	加油机流量小或不出油	膜片或先导阀未完全打开	清洗或更换先导阀及清洗油路

34. 简述双流量电控阀的结构和工作原理。

双流量电控阀的控制电路控制电动机旋转，传感器把电动机旋转的角位移信号反馈给控制电路，使电动机转过的角度满足 S_1 和 S_2 的要求，同时电动机带动凸轮转动，凸轮又带动滑杆作轴向移动，滑杆控制主阀和副阀打开与关闭。这样，它就完成了对加油机所需两个流量的控制。如图 3-29 所示，图中 S_1 和 S_2 分别为大流量与小流量控制信号。

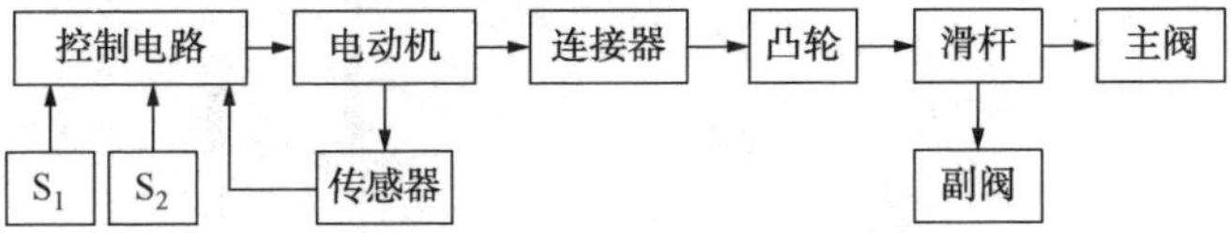

图 3-29　双流量电控阀方块图

双流量电控阀共有四个工作状态：

(1) 关闭状态(见图 3-30)

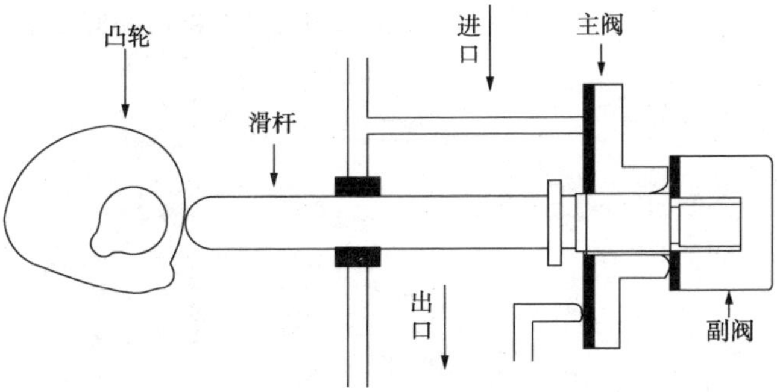

图 3-30　双流量电控阀关闭状态

关闭状态下 S_1 和 S_2 为高电平，主阀和副阀关闭，经过双流量电控阀的油路被切断。

（2）前小流量状态(见图 3-31)

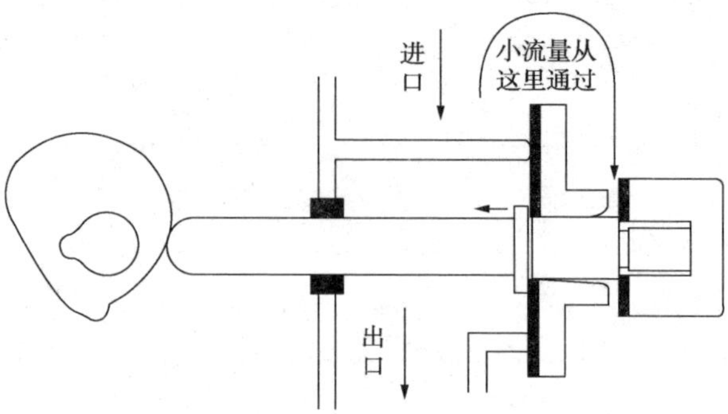

图 3-31　双流量电控阀前小流量状态

前小流量状态下 S_1 为高电平，S_2 为低电平，主阀被关闭，副阀打开，经过双流量电控阀的流量为小流量。

（3）大流量状态(见图 3-32)

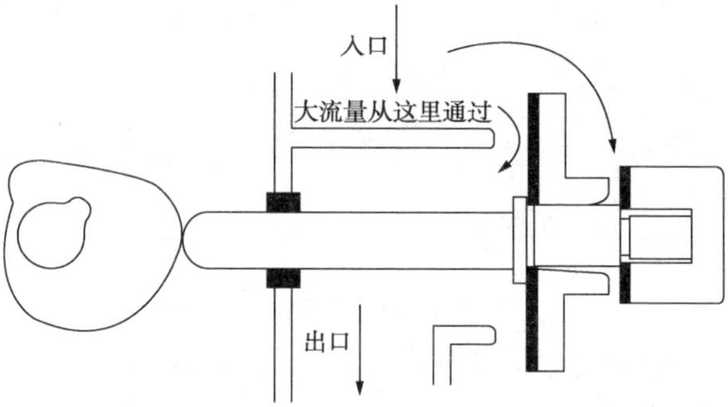

图 3-32　双流量电控阀大流量状态

大流量状态下 S_1 为低电平，S_2 为低电平，主阀和副阀都被打开，经过双流量电控阀的流量为大流量。

（4）后小流量(见图 3-33)

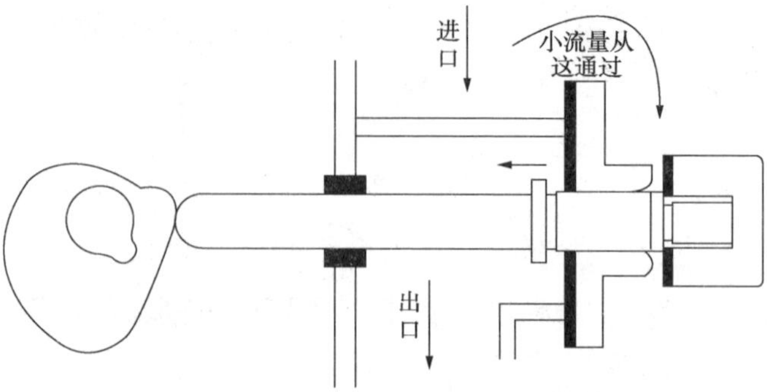

图 3-33　双流量电控阀后小流量状态

后小流量状态下 S_1 为高电平，S_2 为低电平，主阀被关闭，副阀依然打开，经过双流量电控阀的流量为后小流量。

35. 简述自封油枪的结构及工作原理。

油枪是加油机液压系统的终端，是向车辆油箱中注油的工具。对油枪的要求是操作方便，供油量可调节，使用安全、可靠。自封油枪是一种具有自动封闭功能的加油枪，它是在普通加油枪的基础上增加自封结构而成的。当油液注满容器时，油枪阀门可自动关闭，保持油液不外溢，使加油作业更安全、场地更清洁。自封油枪的结构如图 3-34 所示。

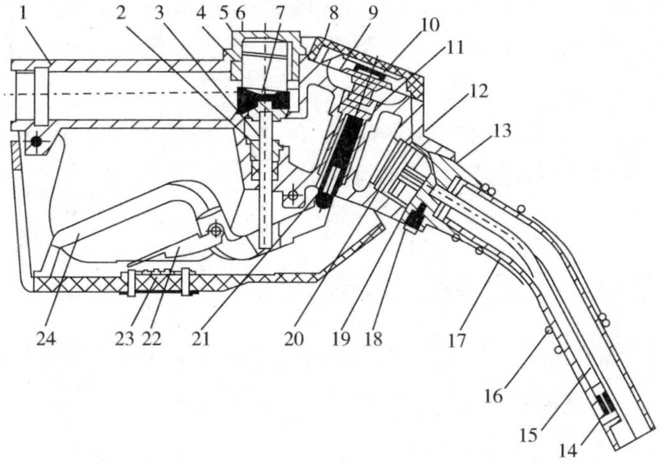

图 3-34　自封油枪结构图

1—油枪体；2—压母；3—顶杆；4—O 型密封圈；5—弹簧；6—压盘；7—主阀；8—上盖；9—开关膜；10—自封杆；11—钢球；12—副阀座；13—转接套；14—进气嘴；15—进气管；16—弹簧；17—油枪嘴；18—O 形密封圈；19—弹簧；20—副阀芯；21—自控杆；22—挡片；23—限位板；24—开关把

自封油枪的工作原理：

供油时，主阀开启，压力油进入枪体内主副阀间空腔、并克服副阀弹簧力推开副阀，经油枪嘴排出，见图 3-34。副阀的作用是防止主阀关闭后枪体内主副阀间空腔内的油液外流；在预置加油中，加油完毕而主阀未关闭时，副阀可防止枪体及导静电输油胶管内的油液外流。油液经过副阀时，由于液流的空吸作用，使开关膜上腔压力降低，但因开关膜上腔通过转接套斜孔，进气管、油枪嘴前端进气嘴与外界相通，外界空气不断地补充开关膜上腔，故开关膜上腔仍与下腔压力相等(均等于大气压力)，开关膜处平衡位置，当油液淹没进气嘴时，开关膜上腔与外界大气隔绝形成负压，而开关膜下腔仍保持一个大气压，因而开关膜上下腔之间形成压力差，当压力差增大到一定值时，开关膜及与之固定的自封杆克服开关膜上腔的弹簧力向上移动，钢球被挤落到自控杆孔内，自控杆在开关把的拉力作用下向下移动，主阀顶杆因开关把支点下移而向下移动，主阀关闭，供油停止。

36. 自封油枪如何使用与维护？

（1）在使用自封油枪加油时，应轻拿轻放，主阀杆部应经常加注润滑油以保证灵活可靠；

（2）保持自封油枪内油路、气路畅通，防止杂物阻塞油路、气路，防止自封功能失效；

（3）借助限位板加油时，虽然油枪具有加满油自动关枪的功能，但放枪时一定要使挡片脱离限位板，以免下次提枪加油时油液从畅通的油枪嘴喷出而发生事故；

（4）由于加油过程中，空气不断从枪口小孔中补入，故注油时产生的泡沫较多，当泡沫将枪口淹没时，油箱未满也会自动关枪，需要补注，这是此类油枪的不足之处。

37. 自封油枪的常见故障及排除方法。

（1）油枪不能关闭或关闭后少量漏油。原因是主阀与阀座间有异物或副阀弹簧失效，不起密封作用。解决方法是清洗主阀，拉长副阀弹簧或更换副阀弹簧。

（2）油枪不自封。原因是开关薄膜上腔与外界密封不严，如上腔塑盖压丝未拧紧，油枪嘴内的转接套和副阀座上的O型密封圈损坏，使开关膜上下腔间不能形成压力差。解决方法是拧紧塑盖压丝，更换损坏的O型密封圈。

油枪不自封的另一种情况是小流量不自封。这是因为在小流量的情况下，流速低，空吸作用弱，开关膜上下腔之间的压力小，无法克服弹簧的弹力使自封杆上移。解决方法是减小开关膜上腔弹簧的弹力。

（3）油枪频繁自封。主要原因是油枪嘴内的进气管被脏物堵塞，进气不畅。另外，开关膜上腔弹簧压力过小也可造成频繁自封。解决方法是清除进气管内污物，保持进气管畅通；适当拉伸自封弹簧，增强弹簧的弹力。

（4）开枪不出油或出油量小。原因是油枪滤网堵塞或油管接头被异物堵塞。解决方法是清洗滤网，重新截换、安装胶管。

（5）油枪漏油。油枪漏油多出现在油枪与胶管的活动接头处、油枪嘴与枪体的结合处(此处多是因为使用不当造成损坏)和主阀顶部压盖处。前两处多为O型密封圈损坏，更换O型密封圈即可。主阀顶部压盖处漏油，一般是压盖未拧紧或O型密封圈损坏，拧紧压盖或更换O型密封圈即可。

38. 加油机输油胶管在安装和使用时应注意什么?

加油机胶管在安装时应注意:

(1) 安装时应使胶管内的导线和两端活接头接触良好，使油液在导管流动时产生的静电通过导线流入接地装置，不至积聚，以保证加油机的使用安全，油枪对地电阻应小于10Ω;

(2) 调整油管护套，避免胶管接地而使胶管过早损坏;

(3) 安装胶管时不能将碎胶皮残留在胶管内，以免堵塞油枪或垫起加油枪主阀。

加油机胶管在使用时应注意:

(1) 加油时应避免胶管弯折，以防导线折断影响其静电传导性。

(2) 胶管长度不应随意加长，更不允许用普通胶管代替。因胶管过长和普通胶管在油压下内容积增大过多，使加油机开机时产生跳数等现象，影响计量准确度。另外，普通胶管没有导静电导线，在使用过程中易产生静电积聚，在加油时产生静电放电，危及加油站安全。

39. 加油机有什么性能?

(1) 计量准确。其计量精确度达到国家有关计量检定的规定要求，每升误差在±0.3%以内。

(2) 复位性能。加油机每次加油前，都要将前次加油的数据清除，计数装置回零后再启动电机。

(3) 显示性能。加油机显示屏包括单价(元/升)、加油量(升)、金额(元)三项，均采用了背光源显示，在夜晚也能清晰显示各种数据。

(4) 油液过滤充分。为延长测量变换器寿命和保护汽车发动机，加油机在结构上采用了多次过滤装置，在泵入口及油气分离器进、出口均设置了滤网。

(5) 防护与安全性能。采用自封油枪，当油液注满容器时，能自动关闭枪内阀门，切断油路，避免油品外溢。导静电输油胶管和机壳静电接地线路能及时将油管和车辆的静电导入地下，防止静电打火，确保安全。

(6) 提供定量和非定量加油方式。定量加油预先通过键盘设置加油量，打开油枪加油，加到预定值时，自动停止加油。非定量加油方式允许加油到任意量，油箱未满时，加油员可根据需要手动加油枪控制加油，一旦油箱加满时，自封油枪会自动关闭。

（7）掉电复显。因故停电而中断加油，当次已加油量值可维持至少15min的显示。

（8）累计量显示和保存。加油体积和金额值均有总累计功能，并可通过键盘命令调出显示。累计值在掉电后能可靠保存，重新通电后仍能读出示值。

（9）安装有税控电脑和报税接口，实现了燃油销售与增值税纳税申报一体化。

40. 加油机维修时有什么注意事项？

加油机处于易燃、易爆场所，在维修中稍有疏忽就会引起爆炸火灾事故。所以，在维修加油机时一定要注意安全，维修人员在维修加油机时必须遵循以下要求：

（1）不能穿带铁钉的鞋及易产生静电的化纤服装维修加油机。

（2）严禁在加油站吸烟及用明火照明，以免引起火灾。

（3）维修加油机之前要切断电源，摘下皮带轮上的皮带，以免造成人身伤害事故。若所修的部位需要放油时，必须用容器收集燃油，防止燃油到处洒漏。

（4）所需工具需摆放整齐，严禁乱放乱摔，以防产生火花引发事故。

（5）在维修加油机时，要注意不要划伤各金属零件、密封件及密封结合面，以免造成泄漏。在复装前，须将各零部件清洗干净，以免脏物损伤部件。

（6）在维修电气设备之后，要仔细检查线路是否接错，以免造成新的事故。

41. 怎样对加油机工作情况进行日常检查？

加油员在交接班和当班作业中都应经常性地检查加油机的工作情况。检查方法可通过：听，加油机运转的声音是否正常；看，加油机的外壳和整机的各部位连接处有无渗漏、变形，计数器字码运行是否正常；闻，加油机工作时有无异味。

检查加油机工作情况要细心，发现加油机有异常现象应立即停机，待维修后再使用。

42. 加油机应怎样进行保养？

（1）加油员可在加油空隙对加油机的外壳进行擦拭，维修人员要经常打开加油机门，擦除机内的污垢。

（2）经常查看叶片泵的运转是否灵活，有无异常杂音，轴端与泵盖处有无渗漏，皮带轮有无过度跳动及摆动等。

(3) 在试车及清洗油罐时，不能用加油机吸水或吸含水的油品，以免油泵及其他部件内部锈蚀和低温时冻裂损坏。

(4) 应经常清洗过滤器。对新设备和管道更应加强清洗，以免杂质进入油泵。定期清洗分离器弹簧座，使用一段时间后，可适当延长清洗时间。

(5) 三角皮带松紧要适当。过松皮带易打滑，造成供油不足或不供油；过紧则负荷加大，易造成轴承及油封的磨损。

(6) 泵的溢流阀弹簧不可调节过紧，否则会使系统压力过大，噪声和振动增大，并加剧泵轴承的磨损。

(7) 在使用自封油枪时应轻拿轻放，主阀杆部应经常加注润滑油以保证灵活可靠。保持自封油枪内油路、气路畅通，防止杂物堵塞油路、气路，防止自封功能失效。

(8) 泵轴承、计数器及其他外露和相互磨擦的部位，应经常加注适量润滑油。

(9) 应按规定进行加油机检定，当误差超过规定时，应由计量检定部门及时进行调整，并出具有关检定证书和对计数器铅封，以保证其计量准确性。

43. 加油机的完好标准是什么？

加油机的完好标准如下：

(1) 运转正常、性能良好

① 流量符合加油机额定流量，能满足加油需要；

② 计量准确(误差在±0.3%之内)，数字显示清晰；

③ 电机和泵温度无异常；

④ 运转平稳无杂音；

⑤ 测量变换器和泵的轴封无渗漏。

(2) 机件无损，质量合格

① 计数器转动平稳，回零机构动作迅速、无阻滞；

② 电动机和油泵传动皮带完好，油气分离器和过滤器性能良好，排气管无损并畅通；

③ 泵的安全阀压力正常，动作灵活；

④ 加油机内灯具完好，照明效果正常；

⑤ 加油机铅封完好。

(3) 主体整洁，零附件完备

① 基础、机座坚固完整，地脚螺栓及各部位连接螺栓应满扣、整齐、

紧固；

② 加油机外观无锈蚀，无明显渗漏，漆面完好；

③ 进油管线和付油胶管连接良好，管线、管件不渗不漏；

④ 加油枪灵活好用，过滤网清洁、无破损；

⑤ 电动机外壳接地良好，接地电阻不大于4Ω，加油胶管两端电阻值不大于5Ω。

44. 加油机检查和维护的内容是什么？

（1）日常检查。主要内容包括加油机及其胶管、加油枪等有无渗漏，运转是否平稳，声音是否正常。

（2）月检查。除日常检查外，还包括检查加油机安装及接地线螺栓有无松动；检查、清洗加油机过滤器。

（3）半年检查。除月检查内容外，还包括对接地电阻值及加油枪胶管两端电阻值的测试；加油机的检定校验和结合检定进行的调整。

（4）日检、月检、年检均应做出详细记录，并有负责人签字。

（5）一般规定：加油员负责对本人责任区内的设备日常检查；班长（或站长指派专人）负责组织月检；站长或上级公司主管部门组织实施半年检查。

45. 加油站的设备检查包括哪些内容？

加油站的设备检查应包括设备管理组织建立、设备管理制度落实、设备台账登记与管理、设施设备现场管理、设备维护和检维修情况、设备变更管理情况等。其中设施设备现场管理主要检查加油机、油罐和管线、变配电设施设备、电气设备、接地装置、防静电防雷设施、消防器材等。

46. 维修加油机时，应注意什么安全事项？

加油机处于易燃易爆的场所，在维修中稍有疏忽就会引起火灾爆炸事故。所以，在维修加油机时一定要注意安全，维修人员在维修加油机时必须遵循以下要求：

（1）不能穿带铁钉的鞋及易产生静电的化纤服装维修加油机。

（2）严禁在加油站吸烟及用明火照明，以免引起火灾。

（3）维修加油机之前要切断电源，摘下皮带轮上的皮带，以免造成人身伤害事故。若所修的部位需要放油时，必须用容器收集燃油，防止燃油到处洒漏。

（4）所需工具须摆放整齐，严禁乱放乱摔，以防产生火花引发事故。

（5）在维修加油机时，要注意不要划伤各金属零件、密封件及密封结合面，以免造成泄漏。在复装前，须将各零部件清洗干净，以免脏物损伤部件。

（6）在维修电气设备之后，要仔细检查线路是否接错，以免造成新的事故。

47. 加油机有哪些常见故障？应怎样排除？

加油机常见故障有七种，即加油机不出油，出油量明显减少，排气管喷油，出油含有气泡，加油机噪声大、振动大，加油枪不能自封或漏油，出油不计数。

（1）加油机不出油：造成加油机不出油的原因较多，有电气方面的，也有机械部分或管路系统的，应视具体情节分析解决。详见表3–3。

表3–3　加油机不出油故障分析

故障原因	排除方法
① 电动机皮带太松，油泵转速不足	① 调整皮带
② 出油管路系统漏气	② 检修管道及管件的密封性
③ 泵吸口处连接不密封，漏进大量空气	③ 检修泵外壳，加密封垫，拧紧螺栓
④ 油罐中存油不足或油罐已空	④ 油罐进油
⑤ 过滤器中污物过多	⑤ 清洗或更换过滤器
⑥ 油气分离器出油阀卡死	⑥ 卸下出油阀，清除杂物
⑦ 泵长时间高速运转，造成磨损，内泄增大，效率下降	⑦ 清除泵内杂物，更换叶片泵
⑧ 油品质量不合格引起测量变换器卡死	⑧ 更换合格油品
⑨ 油枪始终处于自封状态，导致油枪不出油	⑨ 检修油枪的自封机构，如自封孔是否堵塞，自封装置是否完好

（2）出油量显著减少：详见表3–4。

表3–4　出油量减少故障分析

故障原因	排除方法
① 电动机皮带过松	① 调整皮带
② 出油管路系统不通畅	② 疏通管道，使吸油正常
③ 泵入口漏进大量空气	③ 检修泵外壳，加密封垫，拧紧螺栓
④ 油罐中存油不足或油罐已空	④ 向油罐进油
⑤ 过滤器堵塞	⑤ 清洗或更换过滤器
⑥ 加油枪胶管堵塞，加油枪阀的开启度变小	⑥ 检查胶管、开关的有效行程和顶杆的灵活性
⑦ 叶片泵长期使用，磨损严重，效率下降	⑦ 更换叶片泵

（3）排气管喷油：此故障与油气分离器有关，参见表3–5。

表 3-5　油气分离器排气管喷油的故障原因及排除方法

故障原因	排除方法
① 加油站使用高架罐 ② 油气分离器回油浮子破损、卡死，不能浮起 ③ 油气分离器回油阀不能开启或堵塞 ④ 油气分离器出气阀失效	① 堵住排气孔 ② 更换或修复回油浮子，使其运动自如 ③ 清理、修复回油阀 ④ 修理、更换出气阀

（4）出油含有气泡：此故障也与油气分离器有关，可参见表 3-6。

表 3-6　出油含有气泡的故障原因及排除方法

故障原因	排除方法
① 油气分离器低压腔漏气 ② 油气分离器排气阀孔堵塞 ③ 油罐与加油机连接管道漏气 ④ 油气分离器出口处单向阀卡死不能关闭	① 检查低压腔各密封垫的性能和安装位置 ② 清理、修复排气阀 ③ 检修管道与有关接头、阀件的密封性 ④ 修复或更换单向阀

（5）加油机噪声大、振动大：这种故障主要是加油机油泵、油气分离器和管路系统故障方面原因造成。具体见表 3-7。

表 3-7　加油机噪声大、振动大的故障原因及排除方法

故障原因	排除方法
① 进油过滤器堵塞 ② 溢流阀卡死或弹簧太紧 ③ 油泵叶片破碎、卡死 ④ 分离器出油阀被卡住打不开	① 清洗过滤器 ② 修复或更换溢流阀 ③ 更换叶片 ④ 检修出油阀

（6）油枪不自封或漏油：详见表 3-8。

表 3-8　油枪不自封或漏油的故障原因及排除方法

故障原因	排除方法
① 进气管道堵塞 ② 主阀关闭不严 ③ 顶杆密封失效 ④ 进油口密封不严	① 清洗、疏通进气管道 ② 调整主阀或更换耐油橡胶垫 ③ 调整或更换密封圈 ④ 更换密封圈

（7）出油不计数：这种故障一般是由测量变换器、计数器、脉冲发生器的故障造成，但也可能是其他原因造成。其故障原因和排除方法见表 3-9。

表 3-9　出油不计数的故障原因及排除方法

故障原因	排除方法
① 测量变换器传动弯头轴销脱落	① 换装轴销
② 测量变换器传动轴两端弹簧销折断	② 换装轴销
③ 机械计数器损坏	③ 检修计数器，更换损坏件
④ 脉冲发生器损坏或接触不良	④ 更换脉冲发生器或检查连线、接插件、焊点

48. 加油机应怎样固定？

（1）加油机应安装在室外的雨棚下，雨棚的大小应保证在任何季节都不会使加油机遭受雨淋和正午太阳光直射，加油机与周围建构筑物间要有足够的距离，保证载货卡车驶入后畅通和加油员的安全操作；

（2）加油机应安装在加油岛上，加油岛一方面避免车辆对加油机的碰撞，另一方面，加油机底座高于地面，有利于提高防爆安全性能；

（3）加油机主机座应安装在水泥基础上，用地脚螺栓固定好。水泥基础应设孔，以便引入输油管线和接地线。

49. 加油机的管线与油罐在安装中应注意些什么？

（1）加油机单机管线一般应为 40cm 镀锌管，管道的法兰两端均应跨接导线，整个油罐及管道系统应有良好的接地，并进行耐压试验。

（2）如果采用自吸式加油机，管线拐角应尽可能少，加油机与地下油罐的水平距离一般不应超过 30m，油罐最低液面与加油机进油口的垂直距离应不大于 4m，以免影响吸程。如加油机安装不能满足上述要求，则应采用潜油泵加油机。进油管线口与加油机进油管线间的三角法兰处加入耐油密封垫。

（3）油罐内的出油管线底部应安装 40cm 的单向阀（双门底阀），单向阀下端距罐底 15cm，安装单向阀前应仔细清理油罐和单向阀内杂物，并用油液测试单向阀密封性能，以免加油机启用时发生单向阀堵塞和漏油等情况。

（4）不要两台加油机或双枪加油机的两台油泵共用一条管线分支供油，以免互相干涉。若一台加油机抽取两个或更多油罐的油品，则应设置阀门，使用时只开使用罐阀门，其他罐的阀门应有效地关闭。

（5）加油机是按室外安装和采用地下直埋油罐的使用条件而设计的，因此加油机应避免使用高位油罐（油罐液位高于加油机进油口），如使用高位油罐，应把油气分离器排气孔封死以免溢油。

50. 加油机的电源应怎样安装？

（1）加油机的电源总开关应设在室内，开关保险应根据电机启动时电流来确定(约 6A)。电源线应选用耐油、耐腐蚀性能好的五芯多股铜芯的两次保护电缆，禁止使用单股导线和铝芯线。在进行加油机的电气安装时，首先要把加油机的接地线与加油站预先做好的接地装置连接好。

加油机的电源线应接入 TN-S 供电系统，也可兼容 TN-C-S 和 TN-C 供电系统。

（2）配电室与加油机连接线采用套管地埋方式，防止车辆轧断电线。在从加油机底座孔中穿入的电缆出口处，设下开口的耐油弯头，防止油液滴入钢管腐蚀电缆，禁止在电缆出口处至接线盒的中途再设任意接头，以免发生打火危及加油站安全。

（3）用户电源线接入加油机防爆接线盒内，应与本机接线盒的三相电源和地线相对应，电缆线接入盒后应拧紧丝堵，务必把电缆夹紧，以保证接线盒的防爆性能。如油泵转向不正确，只需将 L_1、L_2、L_3 三条相线中任意两条调换即可。当加油站采用 TN-S 供电系统时，从配电盘引来的电源线在接线盒里的接线如图 3-35 所示。

当加油站采用 TN-C-S 或 TN-C 供电系统时，从配电盘引来的电源线在接线盒里的接线如图 3-36 所示，但此时加油机的地线必须接入良好的接地装置(设置重复接地)。

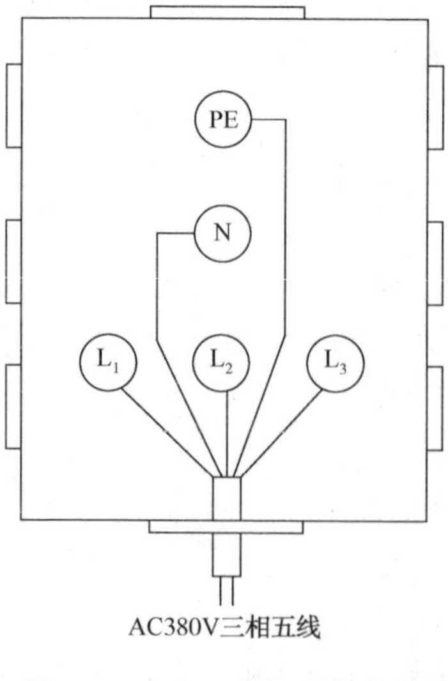

图 3-35　TN-S 供电系统接法

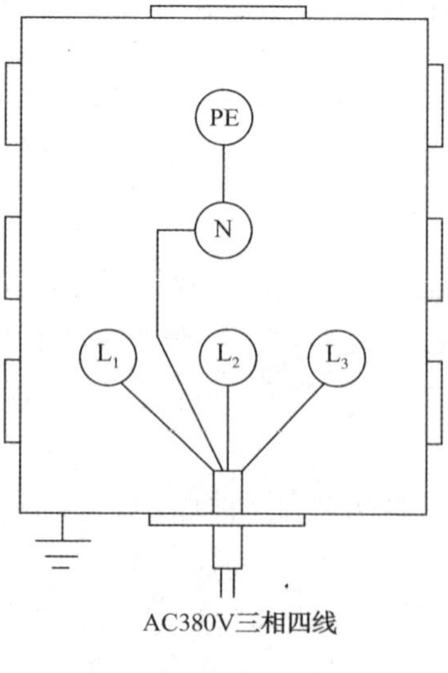

图 3-36　TN-C-S 或 TN-C 供电系统接法

（4）加油机应设单独地线，测试接地电阻不大于 4Ω，油枪对地电阻不大于 10Ω。

51. 加油机常见的电气故障有哪些？应怎样排除？

电气故障是加油机较易发生的故障。特别是加油机形式、电路、应用元器件不尽相同，还有强弱电、软硬件等之分，技术要求较高，一般应由专业人员处理，以避免扩大故障范围，损坏其他元器件，防止发生人身伤害事故或设备损坏事故。在维修时必须注意安全。表 3-10 具体介绍了一些加油机的常见电气故障原因与排除方法。

表 3-10　加油机的常见电气故障原因与排除方法

故障现象	故障原因	排除方法
电动机不转或运转不正常	三相电源故障	检查供电电压、线路、开关、熔丝等
	继电器损坏	更换继电器
	电脑输出驱动电路坏	更换损坏件或主板
	电脑主板坏	更换电脑主板
	防爆电动机坏	维修或更换防爆电动机
	启动开关损坏或调整不当	更换或调整开关
关机后电动机不停机	继电器断电后不释放	维修或更换继电器
	电脑输出驱动电路坏	更换损坏件或电脑主板
	电脑主板坏	更换电脑主板
	计算机存在程序错误	更换计算机主板或升级计算机程序
加电前后显示板均无显示	无交流电或交流电不合格	检查电源、线路、稳压器、开关、熔丝等
	机内电源坏或接触不良	检查机内电源电路和接插件等
	显示板损坏或接触不良	更换显示板或排除接触不良
显示屏缺笔划	显示板坏或接触不良	更换显示板或排除接触不良
键盘失灵	键盘受潮或损坏、接触不良	更换键盘、排除潮气或接触不良
数据易丢失	电池电压不足或主板损坏	更换电池或主板

52. 电磁阀有哪些常见故障？应怎样排除？

电磁阀的故障原因及排除方法见表 3-11。

表 3-11　电磁阀的故障原因及排除方法

故障现象	故障原因	排除方法
电磁阀打不开	电脑主板损坏	更换主板
	电磁阀控制扳损坏	更换控制扳

续表

故障现象	故障原因	排除方法
电磁阀关不住	电脑主板损坏	更换主板
	电磁阀控制扳损坏	更换控制扳
没有小流量	电磁阀的控制信号线装错	检修、重新安装
	电磁阀主、副阀引出线装反	检修、重新安装

53. 传感器有哪些常见故障？应怎样排除？

传感器板是测量变换器重要组成部分，它的故障现象主要有加油机出油不计数和计量准确度降低。造成出油不计数和计量不准的原因较多，除了双光电板故障外，还有机械故障电脑主板故障等，在检修时要注意正确判断。表3-12介绍了传感器的故障原因及排除方法。

表3-12 传感器的故障原因及排除方法

故障现象	故障原因	排除方法
出油不计数	双光电板接触不良或损坏	检修或更换
	主板损坏	更换主板
计量不准	分度盘倾斜或松动	重新调整分度盘，紧固松动部分
	双电光板的光槽内有污物	清除污物或更换光槽

54. 叶片泵的使用与维护应注意哪些方面？

（1）经常查看叶片泵运转是否灵活均匀，有无异常杂音，轴端与泵盖处有无渗漏，皮带轮有无过度跳动及摆动等。

（2）在试机及清洗油罐时，不能用加油机吸水或含水的油液，以免油泵及其他部件内部锈蚀和低温时冻裂损坏。

（3）应经常清洗过滤器，特别是新装的机器及管道更应如此。随着使用时间的增加，油罐及管道内的脏物会减少，过滤器清洁工作的周期可适当延长，但一般不应超过一个月。

（4）三角带张紧力要适当，张紧力过小，皮带易打滑，造成供油不足或不供油，三角带也易磨损；张紧力过大，电机轴与油泵所承受的附加载荷（垂直轴的轴线方向）增大，易加快电机轴承、油泵轴承和油封的磨损。

（5）溢流阀弹簧不可调节过紧，否则会使系统压力过大、噪声和振动增大，并加剧油泵轴承的磨损。

55. 油气分离器的使用与维护应注意哪些方面？

油气分离器的作用是将油液中的气体分离出来排出机外，滤掉油液中的杂质，保证向用户提供不含气体和杂质的纯净油品。

油气分离器的正常工作要靠正确的维护来保证，平时要经常清洗过滤网罩，特别是新加油机更应经常清洗，定期检查四个阀门是否灵活有效，保持回油浮漂上下运动可靠。

56. 税控加油机电子部分工作原理是怎样的？

税控加油机电子部分主要由电源板、税控主板、接线板、控制板、传感器板、显示板、键显板、键盘等板块组成。电源板向其他板块提供 5V 或 12V 直流电源，开关板、传感器板、键盘等向税控主板提供输入信号，税控主板根据接受到的信号，经过整形、运算、检测、储存处理后，向控制板、显示板发出相应的操作指令信号。图 3-37 为税控加油机电子部分工作流程图。

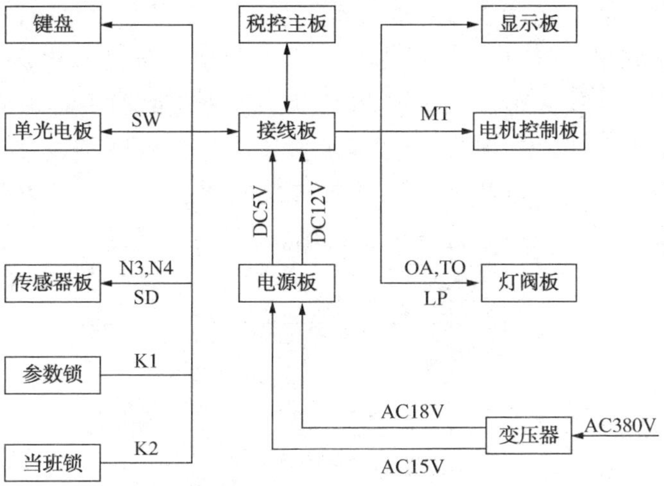

图 3-37　税控加油机电子部分工作流程图

（1）外电网电源由配电室经防爆接线盒进入防爆电源盒，经防爆电源盒内变压器降压，电源板的整流、滤波、稳压、扩充输出后，通过接线板向主板和其他板块输出稳定的 5V 和 12V 直流电源。这时各电路板进入待工作状态，主板对键盘进行扫描程序，等待接收键盘输入的信号，同时通过显示板显示相关数据。

（2）提起油枪，开关盒内的单光电板或微动开关通过接线板向税控主板发出开机电流信号 SW，税控主板接受到 SW 信号后，向显示板发出清屏指令，同时向电源盒内的控制板发出打开电磁阀和启动电机的指令信号，这时电机启动，加油机进入待加油状态。

（3）开启油枪，油液经测量变换器时，测量变换器的输出轴转动带动传感器内的分度盘转动，切割光槽，使双光电板产生计数脉冲信号（每个脉冲信号代表一定体积的油液），信号进入税控主板，然后再显示和储存加油数据。

（4）挂上油枪，开机信号 SW 中断，主板停止向可控硅板或继电器板发出开机指令信号，同时保持显示屏上显示的加油数据不变，一次加油过程结束。

（5）上述加油过程为非预置加油，若为预置加油，则先由键盘向主板输出预置量（升或金额），当加油数量达到预置量时，主板向可控硅板发出关机指令，完成一次预置加油。

57. 潜油泵加油机主机安装中应注意哪些事项？

潜油泵主机的安装方法与自吸式加油机的安装方法类似。主机至地埋油罐的水平距离一般不超过 50m，垂直距离一般不超过 5m，且弯头拐角应尽可能少，输油管应设不小于 2‰的坡度，且坡向地埋油罐。电源线与控制线、通信线应分别走管。为确保加油站的安全，潜油泵加油机必须配装紧急切断阀，安装位置见图 3-38。将固定架安装紧固在油池槽壁预埋螺栓上，然后将紧急切断阀与随机所配进油管和出油管连接牢固，调整至要求的方向，用 U 型螺栓将紧急切断阀与矩形管连接，再用联接板将矩形管与固定架连接。

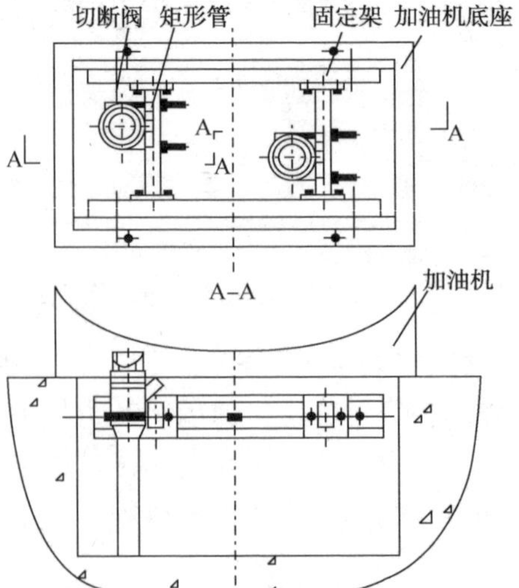

图 3-38 潜油泵加油机安装示意图

58. 潜油泵电气安装主要有哪些要求？

电气部分的安装包括加油机电源的安装、加油机与电控箱的连接等。电源线应选用耐油、耐腐蚀、性能好的 3 芯塑料护套铜芯电缆，导线截面积不小于 1.5mm^2，电缆外径约 8mm。用户电源线(单相三线)及信号电缆接入加油机的防爆接线盒内，电源进线分别接火线(L)、零线(N)和地线(PE)。

59. 简述潜油泵安装要求。

潜油泵通过导油管与泵头相连，泵头通过支承管固定在油罐口。泵头分为上体和下体两大部分，上体内有电容器盒、压力调节阀等，下体内有接线盒、底部有支承管口、进油口，侧面有出油口。安装时，将 108mm 支承管与接口法兰(用户自备)焊好后，固定在油罐口(可用螺纹联接，也可焊合)，将泵头的下体旋到 108mm 支承管上。将潜油泵马达的三根线套入 15mm 走线管内，管内一端装入活塞及 O 型橡胶圈，将 15mm 走线管套入 40mm 导油管内，旋到潜油泵接头上，将 40mm 导油管的一端旋到潜油泵接头上，在活塞及 O 型橡胶圈上涂上黄油，将 40mm 导油管的另一端旋到泵头上。将 8mm 通气管与泵头的 8mm 螺纹联接，用管卡固定在导油管上。潜油泵出油口与 50mm 出油管对接。

在泵头上体的电容器盒内接好潜油泵马达线，在泵头下体的接线盒内接入外电源线，检查无误后，将潜油泵、导油管通过泵头下体套入 108mm 支承管，放到油罐内，用螺钉将泵头的上体与下体连接好，如图 3-39 所示。

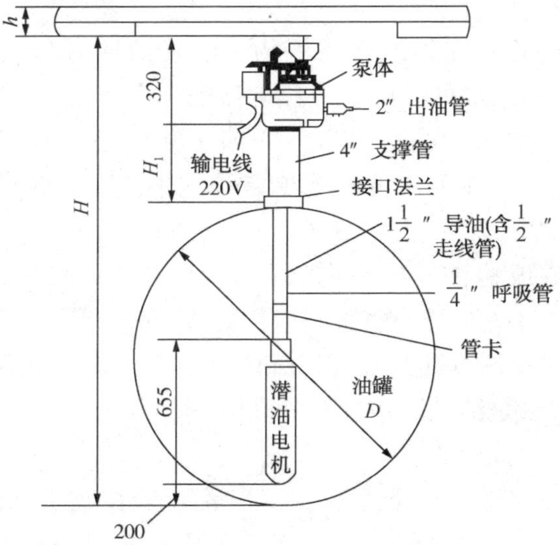

注：1″ =2.54cm

图 3-39　潜油泵安装示意图

在潜油泵安装前需将所使用的油罐规格尺寸提供给加油机厂家以便确定导油管、走线管及通气管尺寸。

潜油泵的接线在泵头内进行。将电源线和地线穿过压力密封胶垫引入接线盒内，压紧密封胶垫，在接线盒内将电源线与泵头内的两根黑线相接，地线用螺钉固定在接线盒内；将走线管引过来的潜油泵马达线(共三根，分别为黑、棕、蓝色)穿过压力密封胶垫，引入电容器盒内，压紧密封胶垫，将黑线与泵头内的一根黑线相接，棕线接电容器的一个插脚，蓝线与泵头的另一根黑线相接后插到电容器的另一插脚上。

60. 加油机安装好后怎样进行调试？

(1) 严禁以水试机，应以实际燃油试机。

(2) 第一次试机前应对加油机进行一次普遍检查，将运输中松动的螺栓螺母拧紧。

(3) 整机流量过大或过小，可调试油泵溢流阀的调整螺钉。若是由于新管线而引起的流量开始正常，后来流量变小，则应反复清洗加油机油气分离器滤网，然后再找其他部位的原因。

(4) 进行电气安装和维修时，必须切断电源，防爆接线盒必须按规定安装完毕封盖后，才能接通电源，严禁开盖试机。

61. 加油机管线可能出现的故障有哪些？应怎样进行维修？

(1) 不出油或出油慢

① 新设管线内常有泥沙、铁屑等物，油泵抽油时易堵塞油气分离器滤网，引起泵音重与不出油的故障，应经常清洗分离器滤网(布)。

② 输油管线严重漏气或两台机器的油泵共用一条管线时，气体大量进入，使管线形不成负压而不出油，现象是排气不止，泵音轻而无油，应检修管线和增加管线。

③ 如果因油罐或输油管线单向阀门卡死、损坏而造成的油泵不能进油(现象为不排气，泵音轻而无油)，则应检修或更换底阀。

④ 油品液位太低超过油泵吸程或罐内液位低于双门底阀时，也会引起不出油故障。解决方法是给油罐进油，升高液位。

(2) 开机没加油就计数

① 输油胶管在一定压力下会膨胀，当胶管较长或不标准时，开机瞬间，胶管进油膨胀较多，超过一定值时，会引起开机不加油就计数，它的特点是每次计数数值基本一样。解决方法是截短或更换胶管。

② 底阀或管道漏油时，在加油间歇时间，分离器与油泵内液位降低，管线向油罐内回油（打开分离器滤网盖，取出滤网可看到），在下次开机时，由于气体进入较多，油气来不及分离而使部分气体进入测量变换器，推动测量变换器转动而计数，特点是间歇时间越长越容易跳数，间歇时间越长跳数数值越多。解决方法是检查底阀、管线有无漏气、漏油情况。有问题及时排除或更换损坏部件。

（3）流速忽大忽小，且准确度误差很大

底阀或管线漏气或罐内液面与底阀相平时，大量气体进入加油机，气体不能完全分离，造成流速忽大忽小，且开枪时有排气现象。解决方法是检修底阀和管线，给油罐进油。

62. 叶片泵的使用与维护应怎样进行？

叶片泵是加油机的动力源，它的性能直接决定了整机的吸油与排油能力。叶片泵由铸铁泵盖、转子、叶片、弹簧片、溢流阀等组成。在使用过程中，应经常对叶片泵进行检查和维护。

（1）经常查看叶片泵运转是否灵活均匀，有无异常杂音，轴端与泵盖处有无渗漏，皮带轮有无过度跳动及摆动等。

（2）在试机及清洗油罐时，不能用加油机吸水或含水的油液，以免油泵及其他部件内部锈蚀和低温时冻裂损坏。

（3）应经常清洗过滤器，一般每周一次，特别是新装的机器及管道更应如此。随着使用时间的增加，油罐及管道内的脏物会减少，过滤器清洁工作的周期可适当延长，但一般不应超过一个月。

（4）三角带张紧力要适当，张紧力过小，皮带易打滑，造成供油不足或不供油，三角带也易磨损；张紧力过大，电机轴与油泵所承受的附加载荷（垂直轴的轴线方向）增大，易加快电机轴承、油泵轴承和油封的磨损。

（5）溢流阀弹簧不可调节过紧，否则会使系统压力过大，噪声和振动增大，并加剧油泵轴承的磨损。

63. 叶片泵的常见故障怎样进行判断及排除？

叶片泵常见的故障现象有：不供油或供油不足、泄漏、噪声和振动异常增大等。下面就这几种故障进行分析。

（1）不供油或供油不足：除油泵故障外，油气分离器和测量变换器、油枪故障也可造成不供油或供油不足。

① 首先进行外部检查。检查电机是否反转、三角带是否打滑、电机是否

不转等。

② 经过上述检查若未发现故障，可检查溢流阀。溢流阀芯被异物卡住关闭不严或溢流阀座松动，都可使油泵正压区内油液通过溢流阀流向负压区，造成不供油或供油不足。

③ 经过前面检修，未发现问题，则可判断为叶片磨损量过大或破碎、弹簧片断裂。解决方法是更换叶片或弹簧片。

由于叶片泵的原因造成不供油或供油不足的具体分析见表 3-13。

表 3-13　加油机不供油和供油不足的故障分析及排除方法

故障原因	排除方法
溢流阀被异物卡住封闭不严	清洗溢流阀芯和阀门，重新安装
溢流阀芯封闭不严	更换溢流阀
溢流阀座松动	用胶将阀座重新粘牢或更换油泵
溢流阀弹簧弹力不足	更换溢流阀弹簧
叶片的磨损或破碎	更换叶片
叶片弹簧的脱落或断裂	重新安装或更换弹簧
泵腔端盖螺钉拧不均匀	重新安装

（2）由于叶片泵的故障，造成加油机噪声和振动增大的原因

产生噪声和振动异常增大的原因较多，既有加油机本身的原因，也有加油机以外的原因。如埋地油罐与加油机之间距离过长、输油管线弯头过多、罐内液位太低，安装输油管时未将内部清理干净等都会造成加油机工作时噪声和振动增大。因此首先应排除加油机以外的原因，再考虑加油机本身的原因。

① 排除了加油机以外的原因之后，下一步检查溢流阀。溢流阀弹簧调得过紧或溢流阀芯被异物卡住打不开，都可造成噪声和振动异常增大。解决方法是清洗溢流阀，排除溢流阀中的异物。另外，不可盲目追求大流量而将溢流阀弹簧调得过紧。

② 清洗溢流阀后若还未降低噪声，则应拆开油泵，查看叶片是否破碎或卡死，弹簧片是否断裂等。解决方法是更换叶片和弹簧片。具体原因及排除方法见表 3-14。

表 3-14　造成加油机噪声和振动增大的原因及排除方法

故障原因	排除方法
溢流阀弹簧调节过紧	重新调节弹簧压力
溢流阀芯被异物卡住打不开	清洗溢流阀芯

(3) 泄漏的原因

叶片泵的泄漏有内、外泄漏两种。内泄漏即油液在压力差作用下从高压区流向低压区造成的泄漏。叶片磨损、弹簧片断裂等都可造成内泄漏增大，降低输出流量。外泄漏即油液从液压系统内渗漏到系统外的泄漏。外泄漏除了影响油泵的工作性能外，还增加了环境的不安全因素。外泄漏多为密封圈或密封垫损坏，发现后应及时更换。

主要故障原因及排除方法见表3-15。

表3-15 叶片泵的渗漏主要故障原因及排除方法

故障现象	故障原因	排除方法
内渗漏	叶片磨损	更换叶片
	弹簧片断裂	更换弹簧片
	溢流阀封闭不严	清洗溢流阀和重新调整
外渗漏	泵轴骨架油封失效	更换骨架油封
	泵腔端盖渗漏	更换垫片

64. 怎样对油气分离器的故障进行判断并排除？

油气分离器常见的故障有：油气不能分离、排气管吐油，另外还有不供油和供油不足、振动和噪音等。

(1) 油气不能分离、出油含气泡。油气不能分离的主要表现是视油器中油液浑浊(油液中混有大量微小气泡所致)。产生油气不能分离的原因很多，分离器挠性管以下的管路、阀门，接头中任一处密封不严，都可能吸入大量气体(因管道是负压)。当吸入的气体量超出油气分离器分离气体的能力时，便产生油气不能分离现象。因此，出现油气不能分离时，首先应检查油罐到加油机之间的输油管线是否有漏油现象，方法是打开分离器过滤器端盖，查看分离器低压腔是否有油，若无油或油液液面缓慢下降，可初步判定为输油管漏油。排除了管道原因后，再检修油气分离器。具体见表3-16。

表3-16 油气不能分离的故障原因及排除方法

故障原因	排除方法
油气分离器出气孔堵塞	清理出气孔
油气分离器低压腔漏气	检查低压腔各密封垫的性能和安装位置
油气分离器出油阀不能封闭	清洗或更换出油阀
油罐到加油机之间的输油管线漏气	检修管线与有关接头、阀件的密封性

（2）排气管喷油。当油罐内油液液面高度高于加油机油气分离器高度时，可造成排气管喷油。因此，在遇到排油管喷油问题时，首先要查看一下加油站所用油罐是否是高架罐或阴阳罐（油罐一半在地面，一半在地下），若油罐内液面高于油气分离器时，可将分离器排气管堵住。若为地下直埋油罐，则主要是油气分离器的原因。具体见表3-17。

表 3-17 排气管冒油的故障原因与排除方法

故障原因	排除方法
加油站使用高架罐	堵塞排气管
回油浮子或球形浮子破损、不能浮起	更换或修复回油浮子、球形浮子
出气阀失效	修理或更换出气阀
平形阀不能开启或堵塞	清理或修复平形阀

（3）不供油或供油不足、振动与噪声大。分离器中过滤器的滤网罩太脏会导致加油机不供油或供油不足、振动与噪声增大，而过滤器网罩又极容易脏（特别是在输油管道不干净或油品质量不好的情况下），因此加油机一旦出现供油不足的情况，应首先考虑清洗过滤网罩。具体检修步骤为：

① 首先外部观察，确定电机及油泵均旋转正常（无反转或不转情况）。

② 卸下分离器过滤器的端盖，取出过滤器，清洗滤网罩，同时查看分离器低压腔，若低压腔内无油，则可判定是输油管渗漏、双门底阀关闭不严或是油罐内无油导致不供油。

③ 经过第二步维修后若故障依旧，下一步则应检修出油阀。出油阀被卡住关不严，可造成油气不能分离和供油慢。出油阀被卡住打不开，可造成不供油或供油不足、噪声和振动增大、排气管吐油。解决方法是卸下出油阀下部弹簧座，清洗出油阀。

65. 怎样判断皮碗活塞式测量变换器的常见故障？怎样排除？

（1）皮碗活塞式测量变换器准确度降低的故障原因与排除方法

造成加油机计量准确度降低的原因较多，既有测量变换器的机械故障，也有双光电板、主板等电子故障，因此遇到计量准确度降低的故障时，一般先重新调整流量系数，再检查电子部分，排除了电子故障原因后，再检修测量变换器。皮碗活塞式测量变换器准确度降低的故障原因与排除方法见表 3-18。

表 3-18 皮碗活塞式测量变换器准确度降低的故障原因与排除方法

故障原因	排除方法
测量变换器调节螺钉螺母松动	重新拧紧
测量变换器传动轴铜套磨损	重新更换
测量变换器缸套及活塞磨损	修复或更换
测量变换器凸轮磨损	更换

（2）由于测量变换器的故障，造成加油机不出油或出油不计数的故障原因与排除方法

由于测量变换器的故障，造成加油机不出油或出油不计数的故障原因与排除方法见表 3-19。

表 3-19 测量变换器的故障造成加油机不出油或出油不计数的故障原因与排除方法

故障原因	排除方法
测量变换器活塞卡死	重新修复或更换
测量变换器传动轴销脱落或损坏	重新安装或更换

66. 拆卸与复装油气分离器应注意些什么？

（1）在维修前必须可靠地切断电源，将三角带从带轮上卸下，准备好接装油液的容器。

（2）在拆卸分离器盖时，严禁用榔头硬敲硬打，以免将分离器壳体或盖震裂，造成泄漏。

（3）在复装分离器时，要仔细检查各密封垫是否破损，以免出现泄漏。

（4）在装配分离器盖上螺钉时，应严格按照对角顺序分两次拧紧。螺钉的拧紧力矩要适当，不可用力过猛，以免损伤分离器壳体上的内螺纹。

67. 自封油枪在使用中应注意些什么？

油枪是加油机液压系统的终端，是向车辆油箱中注油的工具。对油枪的要求是操作方便，供油量可调节，使用安全、可靠。在使用中应注意：

（1）在使用自封油枪加油时，应轻拿轻放，主阀杆部位应经常加注润滑油以保证灵活可靠。

（2）保持自封油枪内油路、气路畅通，防止杂物阻塞油路、气路，防止自封功能失效。

（3）借助限位板加油时，虽然油枪具有加满油自动关枪之功能，但放枪时一定要使挡片脱离限位板，以免下次提枪加油时油液从畅通的油枪嘴喷出

而发生事故。

（4）由于加油过程中，空气不断从枪口小孔中补入，故注油时产生的泡沫较多，当泡沫将枪口淹没时，油箱未满也会自动关枪，需要补注，这是此类油枪的不足之处。

68. 自封油枪会出现哪些故障？应如何排除？

自封油枪的常见故障主要有：油枪不能关闭或关闭后少量漏油、油枪不自封、油枪频繁自封、油枪开枪不出油或出油量小以及油枪本身漏油等，见表 3-20。

表 3-20　自封油枪的故障原因与排除方法

故障现象	故障原因	排除方法
关闭不严或关闭后少量漏油	主阀与阀座间有异物	清洗主阀
	副阀弹簧失效	拉长副阀弹簧或更换副阀弹簧
油枪不自封	上腔塑盖压丝未拧紧	重新拧紧
	副阀座上的 O 型密封圈损坏	更换 O 型密封圈损坏
	开关薄膜的破损	更换开关薄膜
油枪频繁自封	进气孔被脏物堵塞	清除进气孔内污物
	开关膜上腔弹簧力过小	适当拉伸自封弹簧或更换弹簧
开枪不出油或出油量小	油枪滤网堵塞	清洗滤网
	油管接头被异物堵塞	重新截换，安装胶管

（1）油枪不能关闭或关闭后少量漏油。原因是主阀与阀座间有异物或副阀弹簧失效，不起密封作用。解决方法是清洗主阀，拉长副阀弹簧或更换副阀弹簧。

（2）油枪不自封。原因是开关薄膜上腔与外界密封不严，如上腔塑盖压丝未拧紧，油枪嘴内的转接套和副阀座上的 O 型密封圈损坏，使开关膜上下腔间不能形成压力差。解决方法是拧紧塑盖压丝，更换损坏的 O 型密封圈。

油枪不自封的另一种情况是小流量不自封。这是因为在小流量的情况下，流速低，空吸作用弱，开关膜上下腔间的压力差小，无法克服弹簧的弹力使自封杆上移。解决方法是减小开关膜上腔弹簧的弹力。

（3）油枪频繁自封。主要原因是油枪嘴内的进气管被脏物堵塞，进气不畅。另外，开关膜上腔弹簧弹力过小也可造成频繁自封。解决方法是清除进气管内污物，保持进气管畅通；适当拉伸自封弹簧，增强弹簧的弹力。

（4）开枪不出油或出油量小。原因是油枪滤网堵塞或油管接头被异物堵塞。解决方法是清洗滤网，重新截换、安装胶管。

(5) 油枪漏油。油枪漏油多出现在油枪与胶管的活动接头处、油枪嘴与枪体的结合处(此处多是因为使用不当造成损坏)和主阀顶部压盖处。前两处多为O型密封圈损坏，更换O型密封圈即可。主阀顶部压盖处漏油，一般是压盖未拧紧或O型密封圈损坏，拧紧压盖或更换O型密封圈即可。

69. 加油机胶管的结构是怎样的？安装时应注意什么？

加油机胶管的结构分四层：内胶层、织物增强层、导静电金属线、外胶层。

安装时应注意以下几项：

(1) 安装时应使胶管内的导线和两端活接头接触良好，使油液在导管流动时产生的静电通过导线流入接地装置，不至积聚，以保证加油机的使用安全。油枪对地电阻应小于10Ω。

(2) 调整油管护套，避免胶管接地而使胶管过早损坏。

(3) 安装胶管时，不能将碎胶皮残留在胶管内，以免堵塞油枪或垫起加油枪主阀。

70. 加油机胶管在使用中应注意些什么？

(1) 使用加油机加油时，应避免胶管弯折，以防导线折断，影响其静电传导性。

(2) 胶管长度不应随意加长，更不允许用普通胶管代替。因胶管过长和普通胶管在油压下内容积增大过多，使加油机开机时产生跳数等现象，影响计量准确度。另外，普通胶管没有导静电导线，在使用过程中易产生静电积聚，在加油时产生静电放电，危及油站安全。

71. 加油站油气回收系统在维护时应注意哪些方面？

(1) 油气回收加油机配备的加油枪及输油胶管均为同轴双层设计结构，在加油的同时进行油气回收。平时要注意对枪体的清洁保养，避免不正当操作造成枪体的拉伤；同时要注意输油胶管的保护，避免车辆碾压。

(2) 当发生系统报警时，首先应仔细辨认系统监控器的报警类型，如为系统真空度过高报警，则可适度调整真空泵或油气回收枪以恢复系统正常工作，该项工作需要厂家技术人员进行调整，并重新测试回收比率；如果排气管线压力过高报警，则应及时检查通气管的机械呼吸阀是否机械性卡死。

(3) 因意外拉断加油机输油胶管相连的拉断阀时，一般将阀体上的备份销重新安装即可。不可用普通的加油机拉断阀替代。

72. 油气回收设备常见故障原因是什么？一般怎样处理？

（1）加油机未开始加油时，油从油枪油气回收孔喷出。

处理方式：

① 禁止加油员强迫加油；

② 每次加油结束让油枪管上残油流入客户油箱中数秒后，再收油枪。

（2）未加满油箱加油枪频频跳停。

处理方式：

① 有可能因二次加油导致回收气孔积油，建议不要强迫加油。

② 每次加油结束让油枪管上残油流入客户油箱中数秒后，再收油枪。

③ 检查油枪的空气通道内有无积油、杂质或枪管内部 O 型密封圈硬化等。

73. 加油机电子部分的结构及工作原理是怎样的？

加油机电子部分的结构：主要由电源板、税控主板、开关盒、接线板、控制板、传感器板、显示板、键显板、键盘等板块组成。电源板向其他板块提供 5V 或 12V 直流电源，开关盒、传感器板、键盘等向主板提供输入信号，税控主板根据接收到的信号，经过整形、运算、检测、储存处理后，向控制板、显示板发出相应的操作指令信号。

加油机电子部分工作原理：

（1）外电网电源由配电室经防爆接线盒进入防爆电源盒，经防爆电源盒内变压器降压，电源板的整流、滤波、稳压、扩充输出后，通过接线板向主板和其他板块输出稳定的 5V 或 12V 直流电源。这时各电路板进入待工作状态，主板对键盘进行扫描程序，等待接收键盘输入的信号，同时通过显示板显示相关数据。

（2）提起油枪，开关盒内的单光电板或微动开关通过接线板向税控主板发出开机电流信号 SW，税控主板接收到 SW 信号后，向显示板发出清屏指令，同时向电源盒内的控制板发出打开电磁阀和启动电机的指令信号，这时电机启动，加油机进入待加油状态。

（3）开启油枪，油液经流量计时，流量计的输出轴转动带动传感器内的分度盘转动，切割光槽，使双光电板产生计数脉冲信号（每个脉冲信号代表一定体积的油液），信号进入税控主板，然后再显示和储存加油数据。

（4）挂上油枪，开机信号 SW 中断，主板停止向可控硅板或继电器板发出开机指令信号，同时保持显示屏上显示的加油数据不变，一次加油过程结束。

（5）上述加油过程为非预置加油，若为预置加油，则先由键盘向主板输入预置量(升或金额)，当加油数量达到预置量时，主板发出关机指令，完成一次预置加油。

74. 加油机的电气部分结构由哪几部分组成？各自的作用是怎样的？

（1）防爆电机。将电能转化为机械能，是加油机的动力源。

（2）测量变换器。对输出的油液体积进行计量，并将输出的油液体积量转换为测量变换器传动轴的角位移量。

（3）电磁阀。提高预置加油准确度的装置。在预置加油中，由于过冲量(若系统中不设电磁阀，在加油终止的瞬间，由于受液压冲击和电机惯性作用，计数器显示将超过预置加油数，实际加油量超过预置量，通常把超过预置数的油量称为过冲量)的存在，使实际加油量大于显示屏显示的加油量。加装电磁阀可以消除过冲量，提高加油准确度。

（4）脉冲发生器(信号传感器)。将测量变换器排出的油液体积量转换为电脉冲数，供电脑装置进行运算、显示。

（5）电脑装置。是一个装有加油机应用程序软件的小型微机系统，具有计数、运算、控制、通信功能，是加油机的指挥中心。

（6）键盘和显示板。用于输入控制指令和数据，是实现人机对话的装置。大部分加油机的键盘和显示板设置在加油机侧面，而有的型号的加油机电源开关及继电器等控制系统统一配置在配电室的配电柜内，不在加油机侧面。

75. 加油机电源电路的结构是怎样的？

电脑加油机电源电路可分为强电源电路与弱电源电路两部分。前者是电网电源的输入部分，后者是电源板的输出部分。

（1）强电源电路。通常我们把工业用的380V三相交流电与民用的220V交流电称之为强电。电脑加油机的外接电源大部分为380V的三相交流电，通常见到的输电线为4根，就是工业用电中的三相四线制，使用这种电源的电动机为三相异步电动机。

防爆接线盒、防爆接触器盒与防爆电源盒的进线口装有电源线引入部件，可防止电源线在引入处由于弯折和摩擦而产生损伤，防止电源线拔脱或扭转。注意非专业人员不得随意打开或拆装防爆电器，以防止破坏其防爆性能。

（2）弱电源电路。电脑加油机大部分电子电路所需的电源为低压直流电源，不能直接使用380V或220V的外接交流电源，因此，需要一个降低电压的变压器和一块将交流电转换为稳定的直流电的电源板。电源板的作用是将变压器次级输出的18V、15V交流电通过整流、滤波稳压、扩充输出转变为稳定的12V、5V直流电，12V直流电源供主板、显示板、编码板、参数所、当班锁等使用。

76. 显示板的故障处理方法有哪些？

显示板故障表现比较直观，常见的有LCD液晶数字缺划、字符显示模糊、动态不显示、背光块不亮等。

（1）LCD液晶数字缺划。主要是LCD液晶本身损坏造成的，如引脚松动、断裂等。更换LCD的液晶显示即可。

（2）字符显示模糊。主要原因是没有对称方波送入LCD液晶，一般是集成电路及其外围元件损坏造成。解决方法首先更换集成块，若不行再检查其外围电路。

（3）动态不显示。动态不显示表现为加油机显示屏数字不变化，这主要是因得不到驱动信号而不工作。遇到此类故障应首先检查连接主板的排线是否接触良好，主板送来的三路显示字码是否正常，若不正常则为主板故障，再检查驱动电路集成块是否损坏。

（4）背光块不亮。背光块不亮有两种表现形式，一是只是一块背光块不亮，这种情况一般为背光块本身损坏或为其供电的电阻损坏或连接排线接触不良。另一种情况是所有背光块都不亮，这时应先检查12V电源是否正常，再检查主板排线与背光块的连接情况。

77. 加油机漏电，如何进行故障判断？

（1）加油机的电动机因内部线圈绝缘破损而漏电；

（2）接线盒进水或接线板绝缘能力下降；

（3）外电源输入线破皮又与加油机外壳相接触；

（4）加油机未设可靠的接地线与漏电保护电路；

（5）加油机内部电路由于其他原因而造成漏电；

（6）加油机漏电时，极易造成火灾与人身伤害事故，如发现加油机漏电，必须立即拉闸停止使用，待查出漏电部位并彻底解决问题后方可重新投入使用。

78. 加油机顶箱灯光不亮，如何进行故障判断？

（1）防爆灯丝断路；

（2）镇流器与启辉器损坏；

（3）灯阀板损坏造成灯管不亮；

（4）如防爆灯有关配件均正常，应测量接线板上 LP 端子是否有灯光控制电压(12V)输出，如无则为电脑主板或芯片问题。

79. 定量加油时加油机不能自动停机，如何进行故障判断？

（1）首先观察加油机是升定量不停机，还是金额定量不停机，如果金额定量不停机，一般为主板单价丢失，重新输入单价即可；

（2）如果是升定量与金额定量均不停机，一般为主板故障，更换主板。

80. 加油机显示屏在提枪或放枪时有跳数现象，如何进行故障判断？

（1）加油机管线漏油漏气与底阀关闭不严，均会使加油机在提枪时产生跳数现象；

（2）加油机输油胶管随意加长或更换时使用非标准胶管，也是加油机产生提枪跳数的原因之一；

（3）传感器的传动轴转动过于灵活，使加油机产生开机跳数现象，维修时应在传感器轴上套装阻尼油封以降低其转动的灵活性；

（4）传感器中的双光电板(计数板)装配位置错误，也会引起加油机开机时产生跳数；

（5）出油阀弹簧弹力过小，关机时流量计中的油液倒流，带动传感器反转产生关机跳数现象。

81. 加油机电源电路由哪两部分组成？

加油机电源电路可分为强电源电路与弱电源电路两部分。前者是电网电源的输入部分，后者是电源板的输出部分。

（1）强电源电路

通常我们把工业用的 380V 三相交流电与民用的 220V 交流电称之为强电。加油机的外接电源大部分为 380V 的三相交流电，通常输电线为四根，就是工业用电中的三相四线制，使用这种电源的电动机为三相异步电动机。

接线盒、接触器盒、电源盒三者之间的联系如图 3-40 所示。

防爆接线盒、防爆接触器盒与防爆电源盒的进线口装有电源线引入部件，可防止电源线在引入处由于弯折和磨擦而产生损伤，防止电源线拔脱或扭转。注意非专业人员不得随意打开或拆装防爆电器，以防止破坏其防爆性能。

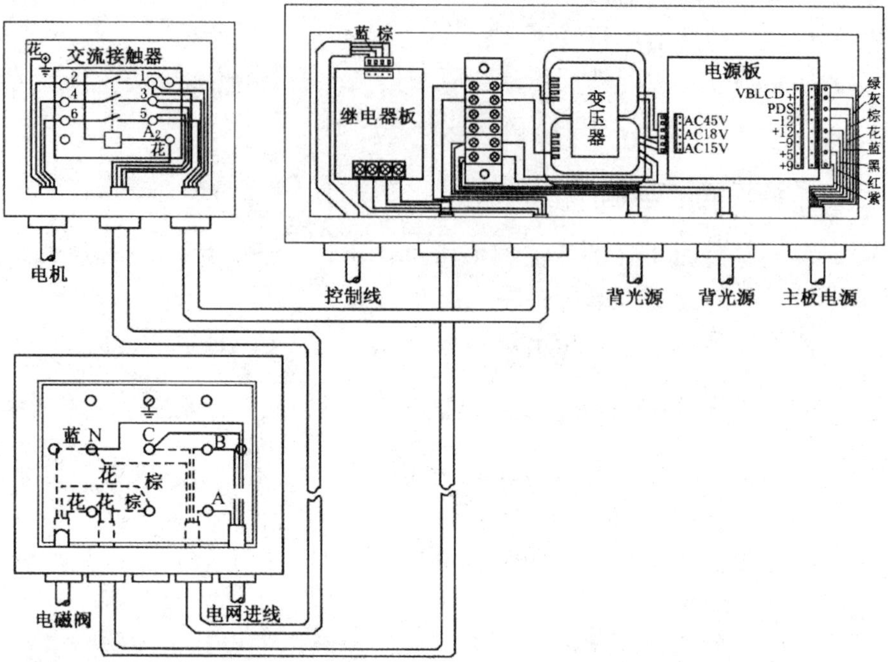

图 3-40　电源接线图

（2）弱电源电路

电脑加油机大部分电子电路所需的电源为低压直流电源，不能直接使用380V 或 220V 的外接交流电源，因此，需要一个降低电压的变压器和一块将交流电转换为稳定的直流电的电源板。

电源板的作用是将变压器次级输出的 18V、15V 交流电通过整流、滤波稳压、扩充输出转变为稳定的 12V、5V 直流电，12V 直流电源供主板、双电光板、开关板、键显板、显示屏的背光源等板块使用，5V 直流电源供主板、显示板、编码板、参数锁、当班锁等使用。

82. 加油机电源电路常见故障有哪些？

电源电路故障分为电源板故障和外接电源故障，一般首先检查外接电源是否有故障，排除了外接电源故障后，再检查电源板故障。电源电路故障的现象一般为加油机整机没电、时开机时不开机或电机启动缓慢。

（1）加油机整机没电

① 外接电源故障造成 380V 交流电源未送到机器上。

② 打开防爆电源盒盖，检查变压器次级是否有 18V 和 15V 交流电压，若

无 18V 和 15V 交流电压，则为变压器损坏，若有 18V 和 15V 交流电压，则为电源板损坏。

(2) 时开机时不开机或电机启动缓慢

电源电路故障、开关故障和机械故障均可造成此类故障，这里只分析电源电路故障。

① 首先检查外接电源。电网电压太低或不稳、自备发电机电压低或不稳，均可造成时开机时不开机或电机启动缓慢的故障。

② 若外接电源正常，按图 3-41 进行检修。

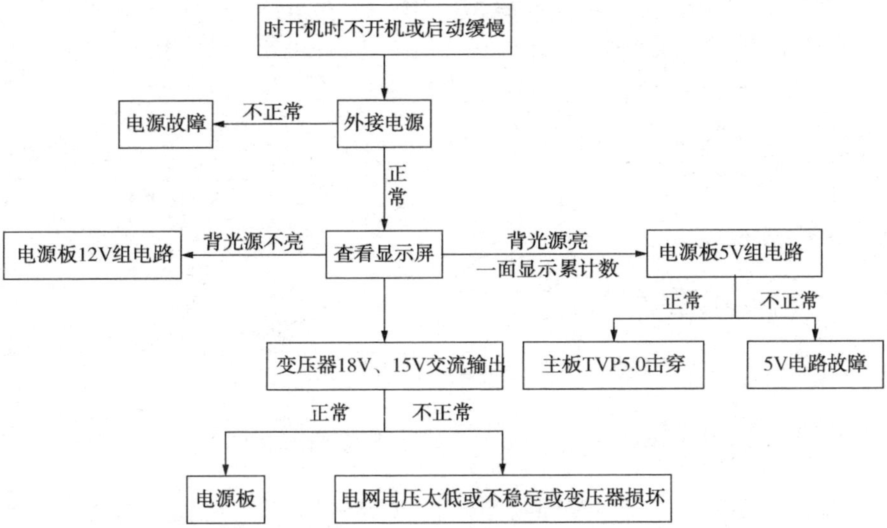

图 3-41　电源板检修流程框图

83. 加油机控制板由哪几部分组成？

加油机控制板有电机控制板、电磁控制板和灯光控制板三种(一般电磁控制板和灯光控制板合并成一个灯阀板)，分别控制防爆电机、电磁阀和防爆灯的开启与关闭，相当于一个无触点电子开关。

84. 加油机电机控制板常见故障有哪些？怎样检修？

电机控制板常见的故障现象有不开机、不关机、时开机时不开机、缺相等。

(1) 不开机的检修步骤

① 首先检查外接电源，排除加油机以外故障。

② 在接线板上检查 MT 信号(11V 左右)，若无 MT 信号，则为主板或开

关板故障。

③ 检查控制板输出端，输出端有380V(或220V)交流输出，一般为电机故障，输出端没有交流输出，可判定为可控硅板故障。

(2) 不关机的检修步骤

首先在接线板上检查MT信号。若有MT信号则为开关板或主板故障；若无MT信号，则可判定为可控硅板损坏，一般是可控硅板被击穿，需更换可控硅板。

(3) 缺相烧电机

烧电机的原因很多，如三相电源缺相、负载过大等。在三路电机控制板中，若有一路断路或两路可控硅板被击穿，也有可能烧坏电机。因此，在更换电机时，一定要检查可控硅板输出口是否缺相。

可控硅板检修见图3-42。

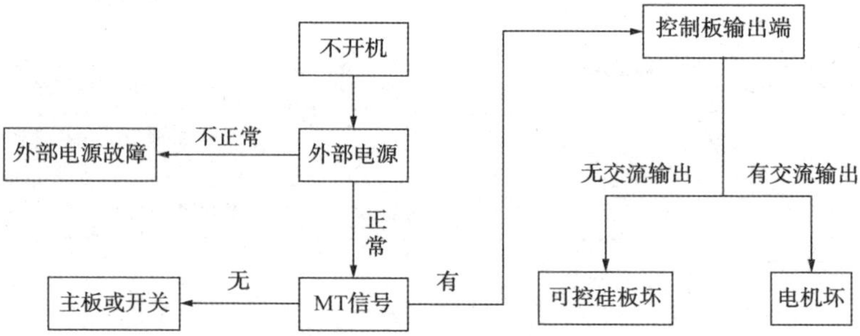

图3-42　可控硅板检修流程图

85. 加油机灯阀板常见哪些故障？怎样检修？

灯阀板有三个控制指令信号，分别为电磁阀主阀信号OA，电磁阀副阀信号TO，灯光控制信号LP。灯阀板是从三相交流电取出一相电，分别进入各自电路的可控硅，所输出的三路火线单独使用，分别与防爆接线盒的零线合并，为电磁阀主副阀及防爆灯提供220V交流电，使电磁阀及顶灯工作。

灯阀板的常见故障有电磁阀打不开、电磁阀关不住和没有小流量(副阀流量)。

(1) 电磁阀打不开

电磁阀是控制油路的一个开关，电磁阀分主、副两个阀。如果电磁阀打不开，首先应判断是电磁阀的原因还是电磁阀控制电路的原因。开关机是否有电磁阀启动的声音及振动，若有说明电磁阀能启闭，应检查控制电路。

(2) 电磁阀关不住

产生电磁阀关不住的原因是在关机状态下，主板不能停止电磁阀主、副阀指令信号，或是灯阀板可控硅击穿。如果在关机时，电磁阀主阀信号 OA 和副阀信号 TO 为 0 电平时，为灯阀板击穿，如果 OA、TO 一直有 11V 左右信号电流，为主板故障。

(3) 没有小流量，即副阀流量

一般情况下为电磁阀的控制信号线或电磁阀主副阀引出线装反，更换即可。

86. 信号电路由哪些板块组成？

信号电路中的板块较多，有主板、单光电板(开关板)、双电光板(计数板)、显示板、键盘等。其中主板为信号电路的核心，它收到其他板块发送来的信号后，对其所包含的信息进行整形处理、运算、储存，再按给定的要求发出指令信号，控制、协调加油机整机的工作。

87. 传感器板常见故障有哪些？怎样检修？

传感器板是测量变换器重要组成部分，它的故障现象主要有加油机出油不计数和计量准确度降低。造成出油不计数和计量不准的原因较多，除了双光电板故障外，还有机械故障、电脑主板故障等，在检修时要注意正确判断。

(1) 出油不计数

首先应检查流量计传动轴是否转动，若不转动，则检修流量计。若转动则检查脉冲输出端有无变化的信号，有脉冲信号，可判定为主板故障；无脉冲信号，可判定为双光电板故障。

(2) 计量不准

同出油不计数一样，计量不准也是多种因素造成的。如流量计内部零件过度磨损等。传感器分度盘倾斜或松动，旋转时忽快忽慢，双电光板的光槽内有污物，均可使传感器输出端计数脉冲信号不准或丢失计数脉冲，造成计数不准。解决方法是重新调整分度盘，紧固松动部分，清除污物或更换光槽。

88. 显示板常见故障有哪些？怎样检修？

显示板故障表现比较直观，常见的有 LCD 液晶数字缺划、字符显示模糊、动态不显示、背光块不亮等。

(1) LCD 液晶数字缺划

主要是 LCD 液晶本身损坏造成的，如引脚松动、断裂等。更换 LCD 的液晶显示即可。

（2）字符显示模糊

主要原因是没有对称方波送入 LCD 液晶，一般是集成电路及其外围元件损坏造成。解决方法首先更换集成块，若不行再检查其外围电路。

（3）动态不显示

动态不显示表现为加油机显示屏数字不变化。这主要是因得不到驱动信号而不工作。遇到此类故障应首先检查连接主板的排线是否接触良好，主板送来的三路显示字码是否正常，若不正常则为主板故障，再检查驱动电路集成块是否损坏。

（4）背光块不亮

背光块不亮有两种表现形式，一种情况是只有一块背光块不亮，这种情况一般为背光块本身损坏或为其供电的电阻损坏或连接排线接触不良。另一种情况是所有背光块都不亮，这时应先检查 12V 电源是否正常，再检查主板排线与背光块的连接情况。

89. 加油机漏电的主要原因有哪些？

（1）加油机的电动机因内部线圈绝缘破损而漏电；

（2）接线盒进水或接线板绝缘能力下降；

（3）外电源输入线破皮又与加油机外壳相接触；

（4）加油机未设可靠的地线与漏电保护电路；

（5）加油机内部电路由于其他原因而造成漏电；

（6）加油机漏电时，极易造成火灾与人身伤害事故，如发现加油机漏电，必须立即拉闸停止使用，待查出漏电部位并彻底解决问题后方能重新投入使用。

90. 加油机顶箱灯光不亮的原因有哪些？

（1）防爆灯丝断路；

（2）镇流器与启辉器损坏；

（3）灯阀板损坏造成灯管不亮；

（4）如防爆灯有关配件均正常，应测量接线板上 LP 端子是否有灯光控制电压（12V）输出，如无则为电脑主板或芯片问题。

91. 加油机放枪时不能关机的原因有哪些？

（1）接线板 MT 无信号，加油机电机控制板上的可控硅击穿；

（2）接线板 MT 有信号，开关板（单光电板）损坏造成加油机不能关机；

（3）主板损坏使 MT 信号失控。

92. 定量加油时不能自动停机怎样处理？

（1）首先观察加油机是公升定量不停机，还是金额定量不停机，如果金额定量不停机，一般为主板单价丢失，重新输入单价即可；

（2）如升定量与金额定量均不停机，一般为主板故障，更换新主板即可。

93. 加油机显示屏在提枪或放枪时有跳数现象的原因有哪些？

（1）加油机管线漏油漏气与底阀关闭不严，均会使加油机在提枪时产生跳数现象；

（2）加油机输油胶管随意加长或更换时使用非标准胶管，也是加油机产生提枪跳数的原因之一；

（3）传感器的传动轴转动过于灵活，使加油机产生开机跳数现象，维修时应在传感器轴上套装阻尼油封以降低其转动的灵活性；

（4）传感器中的双光电板(计数板)装配位置错误，也会引起加油机在开机时产生跳数；

（5）出油阀弹簧弹力过小，关机时流量计中的油液倒流，带动传感器反转产生关机跳数现象；

（6）测量 MT 开机信号是否正常，如无 MT 信号则为主板损坏，更换主板。

94. 加油机在加油过程中，经常有停顿现象的原因是什么？

（1）首先测量接线板 5V、12V 电源电压是否正常，如偏低则应更换电源板；

（2）接线板上接线不良(压线螺钉未拧紧)，致使加油机在加油过程中停顿；

（3）可控硅板损坏；

（4）加油机配线电压不稳。

95. 显示板不显示加油数据，怎样处理？

（1）首先更换不显示加油数据的显示板，看更换新板后显示是否正常；

（2）如更换新板后，故障依旧，更换电脑主板。

96. 键盘失灵或键盘中个别键失灵，怎样处理？

(1) 更换键盘，如更换后正常，一般为原键盘内部断线或黏连造成此故障；

(2) 如更换键盘后故障依旧，应更换主板。

第三节 储 罐

1. 加油站双层油罐(SF/SS/FF)工艺规范标准怎么区分？

SF 双层油罐由钢制内罐和强化玻璃纤维或聚酯材料(PE)外罐组成，储罐具有均匀夹层空间配备相通泄漏检测仪；SS 双层油罐由钢制内罐和钢制外罐组成，储罐具有均匀夹层空间配备相通泄漏检测仪；FF 双层油罐内、外层均使用强化玻璃纤维制造，储罐具有均匀夹层空间配备相通泄漏检测仪。

2. 简述双层油罐的安全特性。

双层油罐如果内罐渗漏，双层间隙内带有一定压力的气体或检测液，会进入常压的内罐；双层间隙内的压力或液位会发生变化，触发声光报警器。储液渗漏进双层间隙后，由于外罐完好，储液并不会漏出。因此，储液、土壤和地下水都是安全的。

如果外罐渗漏，双层间隙内带有一定压力的气体或检测液，会进入土壤。同理，双层间隙内的压力或液位会发生变化，触发声光报警器。此时，由于内罐是完好的，储液安全；进入土壤的只有气体或检测液，因此，土壤和地下水也是安全的。

由于内罐接触的储液与外罐所接触的土壤、地下水，属于不同介质，对罐体材料腐蚀速率不同，在同一时间发生渗漏的概率几乎为零。因此，可以杜绝储液漏出罐外，做到了生产安全和保护环境。

3. SF 双层油罐埋地深度应为多少？

SF 双层油罐设置于非车行道下时，埋深不应小于 500mm；设置于车行道下方时，埋深不应小于 900mm；最大埋深不宜超过 2100mm。当油罐处于车行道下方时，在埋深不小于 900mm 的条件下，油罐应能承受 GB 1589《汽车、挂车及汽车列车外廓尺寸、轴荷及质量限值》规定的六轴汽车最大允许总质量产生的重力载荷。

4. 简述 SF 双层油罐的结构组成?

SF 双层油罐由内层罐和外层罐组成，内层罐壳体为钢制，外层罐壳体为玻璃纤维增强塑料；外层罐应完整包容内层罐、外层罐壳体和内层罐壳体之间应形成连续的贯通间隙、油罐内层罐和外层罐壳体之间应设置可靠的支撑，油罐的典型结构见图 3-43。

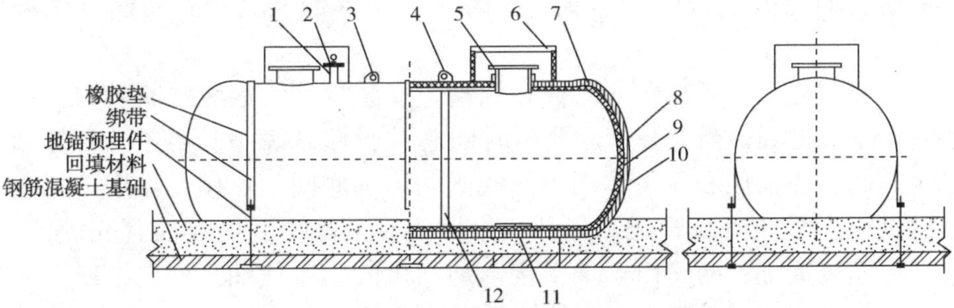

图 3-43　双层油罐典型结构

1—检测立管；2—接管；3—吊耳；4—静电接地标识；5—人孔；6—人孔操作井座；7—支撑结构；8—外层罐；9—贯通间隙；10—内层罐；11—防冲击板；12—加强圈

5. 加油站日常工作中应如何对油罐进行管理?

(1) 经常注意观察罐体有无变形、渗漏。

(2) 在清罐时要注意检查罐体腐蚀程度。罐壁局部的余厚小于 2.5mm 或有严重点腐的应停止使用。

(3) 每个油罐都应有标明所装油品的明显标志，严防混油。

(4) 埋地油罐操作井应经常清理，做到无积油、无积水、无杂物。

6. 卧式埋地油罐有哪些附件? 其作用是怎样的?

埋地卧式油罐主要的附件有：人孔、量油孔、阻火透气帽、进出油管线及阀门、通气管、防静电装置、双门底阀、快速接头、紧急切断阀、卸油防溢阀、安全拉断阀等。

(1) 人孔。卧式埋地油罐的人孔供清罐或修理油罐人员进出及通风排气用，其直径为 700mm 左右，平时人孔盖板上安装有量油孔、通气管及进出油管线等其他各种油罐附件，人孔上方设有人孔操作井保护。

(2) 量油孔。用于计量、采样及观察用。设有铝合金制作的专用量油槽，防止下尺时产生火花，孔盖下设有密封槽并嵌有耐油橡胶垫圈以密封并防止孔盖关闭时因撞击而产生火花。也有的量油孔采用钢管套铜帽(盖)的形式，主要是用铜盖的自重及垫片密封。

(3) 通气管(呼吸管)。用于油品接卸时罐内油蒸气排出罐外和加注油品时吸入空气。

(4) 阻火透气帽。是加油站油罐的配套设备，安装于油罐通气管的顶部。当油罐油品受热膨胀或卸油时，即通过阻火波纹板向外透气。当油罐向外输送油品时，通过波纹板吸入空气，并阻止一切火源从此通过，确保油罐的安全。

(5) 双门底阀。又称单向阀或止回阀，安装于油罐内吸油管管口，距罐底不宜小于0.15m。当加油作业开始时阀芯被吸起，底阀开启进油；加油作业结束，阀芯在油压和重力作用下使底阀关闭。底阀的作用是：用于阻止油品在加油机不吸油时从管道和加油机中回流到油罐内，使吸油管充满油品，保证计量精度准确；防止由于地下罐与加油机的高差使油品回流，使气体进入吸油管，影响油品计量及正常加油作业的进行。

(6) 快速接头。汽车必须采用密闭卸油方式，卸油管与油罐进油口的连接，应采用快速密封接头，即阴阳两端软管接头。油品从油罐车经卸油管快速接头卸入油罐。此接头操作方便、装拆迅速、工作可靠，能减少油气挥发，减轻空气污染，有利于安全。加油站常用CRJ型插入式软管接头总成。

(7) 紧急切断阀。是配合潜油泵使用的安全阀门，安装在加油机的底部管道上。紧急切断阀阀体内有不锈钢弹簧和阀芯，它的作用是在管线断裂时，自动切断管道中流动的油品。

(8) 卸油防溢阀。卸油防溢阀是通过强制切断卸油管路，专门用来防止地下储油罐的溢满。该切断阀属于卸油管路组装件的一部分，用于重力卸油的场合。阀的关闭动作分两个阶段，当液位上升到油罐容积的95%时，主阀被油流冲击自动关闭，通过旁通阀将流量减小到18.925L/min(5gal/min)。卸油员有足够的时间去关闭罐车阀门。如果液位上升到油罐容积的98%以上，卸油仍在卸油，旁通阀会完全关闭。

(9) 安全拉断阀。安全拉动阀(紧急脱离装置)能防止胶管意外断裂造成的泄漏事故。其优点是危险发生时确保触发、瞬间闭合阀门、极少的滴漏和相对小的压力损失。拉断机构“紧急脱离”时使加油机能够自动、快速脱离，防止跑冒等事故发生。安全拉断阀技术要求应满足GB 22380《燃油加油站防爆安全技术》的要求。

7. 油罐附件的管理有什么要求？

油罐附件在管理中，要达到如下要求：

(1) 进出油罐无渗漏；量油口闭合严密、紧固螺栓完好；人孔盖螺栓齐全、连接牢固，垫圈完好不漏气；阀门保持启闭灵活，无渗漏现象。

(2) 呼吸管、阻火器等设备定期检查保养，完好有效。

8. 简述双层罐渗漏检测仪的作用。

双层罐渗漏检测仪是由渗漏检测传感器、渗漏检测仪及相关附件组成。测漏仪具有油水区分和实时监测功能，用于双层油罐夹层间的油水监测。当夹层间发生渗漏时，夹层内的液体会接触到传感器，传感器会发出电子信号给渗漏检测仪，当检测仪接收到传感器发出信号后，程序会自动判断出油水渗漏并进行灯光和声频报警，用户会根据报警情况，及时作出响应并采取响应的应对措施，避免安全隐患和环境污染。

9. 简述双层罐渗漏检测仪测漏感器的工作原理。

测漏感器由压电晶体、振荡电路、整流电路、微处理器等组成。压电晶体与振荡电路产生一定频率的方波，该方波频率是压电晶体的自振频率，属于传感器的物理属性。当传感器的振荡片与液体接触时，振动频率会发生显著变化，这个频率变化被壳体内的微处理器拾取感知，微处理器及周围电路根据频率的变化判断出接触液体是油还是水，以此推断双层罐是内漏还是外漏，并将信号传送至测漏仪进行报警显示。

10. 双层管道线泄漏检测仪的作用是什么？

双层管道线泄漏检测仪是一款用于检测双层管道泄漏的仪器仪表，该检测仪采用的是传感器法检测双层管线，使用光学探杆作为传感元件，用于双层管道线夹层内油、水泄漏的检测。传感器可识别油、水的泄漏，检测仪可同时检测多个双层管道，并自动声光报警，多方位保证储油系统的安全。

11. 油罐通气管的设置有何要求？

(1) 汽油罐和柴油罐的通气孔应分开设置。这主要是防止两种不同种类的油品储罐互相连通，避免冒油时油品经通气管流到另一油罐。对同一类油品，允许共用一根通气立管，但共用时必须考虑避免清洗油罐时，互相影响，发生事故。所以每个油罐最好单独设置通气管。

（2）通气管的管径不宜小于 *DN*50。某些加油站的通气管采用 *DN*25 的管子，阻力太大，延长卸油时间，为缩短进油时间，卸油时打开量油孔排气。若采用 *DN*40 的通气管，向汽车加油时进气没有问题，但自流卸油时，若按 10min 卸一个 $6m^3$的罐车，通气管中的气体流速为 8m/s，显得较大，阻力增加，延长卸油时间。

（3）通气管的管口应高出地面至少 4m。沿建筑物的墙(柱)向上敷设的通气立管管口，应高出建筑物的顶面 1.5m，其与站房门窗的直线距离，不应小于 4m，与站内其他建筑物的门窗水平距离，不应小于 5m，当采用卸油油气回收系统时，通气立管与围墙的距离可不小于 2m。通气管管口应安装阻火器。当采用卸油油气回收系统和加油油气回收系统时，汽油通气管管口还应安装机械呼吸阀。

12. 阻火透气帽的作用是什么？

阻火透气帽是加油站油罐的配套设备，安装于油罐通气管的顶部。当油罐油品受热膨胀或卸油时，即通过阻火波纹板向外透气。当油罐向外输送油品时，通过波纹板吸入空气，并阻止一切火源从此通过，确保油罐的安全，见图 3-44。常用的阻火器是机械阻火器。机械阻火器是利用管子直径或流通孔隙减小到某一程度，火焰就不能蔓延的原理制成的。常用在容易引起火灾、爆炸的设备和可燃气体、易燃液体的通气管上。

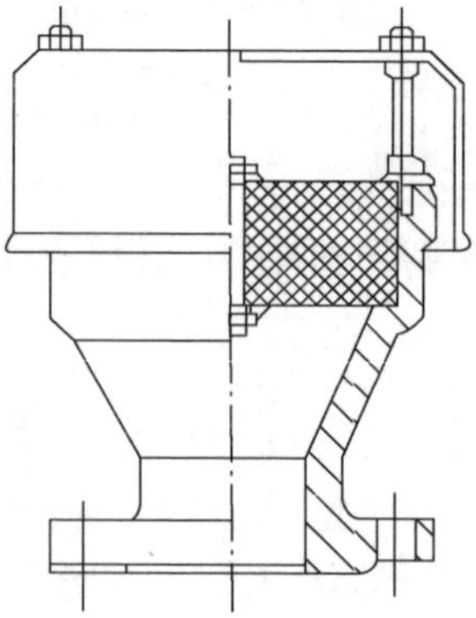

图 3-44　阻火透气帽结构图

13. 压力真空阀的作用是什么？

真空压力阀主要作用是：加油站储油罐在常温、常压的环境中保证油罐密封、油气不泄漏、不污染空气；高温高压环境中，保证修正储油罐内的压力，使之达到标准安全的储油罐内拉力范围内；低温低压时，也使之保证修正储油罐内压力到安全、标准的范围内。安装于油罐排气管道顶部，当罐内压力超过设定压力时呼吸阀将开启自动排气或者吸气，有效防止罐内压力过大或过小。

14. 压力真空阀常见故障及原因有哪些？

压力真空阀常见故障及原因有：

(1) 漏气：一般是由于锈蚀、硬物划伤阀与阀盘的接触面、阀盘或阀座变形以及阀盘导杆倾斜等原因造成。

(2) 卡死：多发生在由于呼吸阀安装不正确或油罐变形导致阀盘导杆歪斜以及阀杆锈蚀的情况下，阀座在沿导杆上下活动中不能到位，将阀盘卡于导杆某一部位。

(3) 黏结：是因为油蒸气、水分与沉积于阀盘、阀座、导杆上的尘土等杂物混合发生化学物理变化，久而久之使阀盘与阀座或导杆黏结在一起。

(4) 堵塞：主要是由于机械呼吸阀长期未保养使用，致使尘土、锈渣等杂物沉积于呼吸阀内或呼吸管内，以及蜂或鸟在呼吸阀口筑巢等原因，使呼吸阀堵塞。

(5) 冻结：是因为气温变化，空气中的水分在呼吸阀的阀体、阀盘、阀座和导杆等部位凝结，进而结冰，使阀难以开启。解决这个问题普遍方法是利用聚四氟乙烯薄膜(疏水性)。

15. 紧急切断阀的作用是什么？

紧急切断阀是配合潜油泵使用的安全阀门，安装在加油机的底部管道上。由于使用潜油泵加油机的工艺管线为正压输油，当发生加油机被汽车碰撞等事故时，如果加油机与地下管道连接处管道断裂，很可能造成大量油品从断裂处喷出，给加油站安全带来极大威胁。紧急切断阀阀体内有不锈钢弹簧和阀芯，它的作用是在管线断裂时，自动切断管道中流动的油品。

16. 双门底阀的作用是什么？

双门底阀又称单向阀或止回阀。双门底阀安装于油罐内出油管管口，距罐底不宜小于0.15m。当加油作业开始时，阀芯被吸起，底阀开启进油；加油作业结束，阀芯在油压和重力作用下使底阀关闭。底阀的作用是：使出油管充满油品，保证计量精度准确；防止由于地下罐与加油机的高差使油品回流，使气体进入出油管，影响油品计量及正常加油作业。见图3-45。

图 3-45　双门底阀外型及构造示意图

17. 加油站工艺管道系统包括哪些？有哪些技术要求？

加油站的工艺管道系统包括输油管、出油管、通气管和量油管，这些管道均从人孔盖上进入油罐。其结构如图 3-46 所示。管道应采用流体输送用无缝钢管，按规定连接方式除与设备的接口采用法兰连接外，其余应焊接。管道应埋地铺设，并采用不低于加强级的防腐蚀保护层。

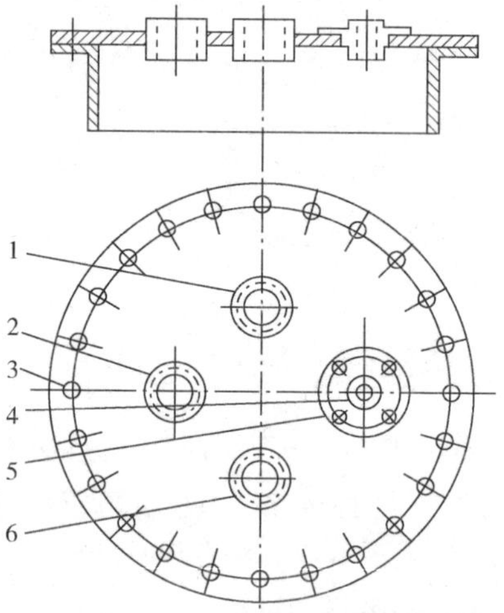

图 3-46　地下油罐人孔开孔图

1—排气孔；2—量油孔；3—ϕ18 钻孔 24 均布；4—吸油孔；5—法兰钻孔；6—进油孔

（1）吸油管：又称出油管，是油罐到加油机之间的输油管路。吸油管距离罐底一般为 0.15m，管道公称直径不应小于 *DN*50，钢管壁厚不应小于 4mm。吸油管应坡向油罐，坡度不小于 0.002，以便于检修时排空管线油品。当采用自吸式加油机时，每台加油机应按加油品种单独设置进油管，油罐与加油机之间的吸油管路应尽量直线布置，减少不必要的管路弯头和管道长度。因为加油机吸油是靠油泵抽真空，产生负压，在大气压的作用下，把油压上来。但潜油泵不受此限制。因此加油站宜采用油罐装设潜油泵的一泵供多机(枪)的加油工艺。

吸油管底部装设有底阀，以便当加油机停止工作时，油品不会倒流至油罐内。安装中应注意，凡是罐底比加油机油泵中心低的油罐，吸油管底部管口距罐底不能太高，否则会有大量油品不能抽出。但距罐底也不能太低，太低会把罐底水分和污物吸入泵内。

（2）卸油管：又称进油管，是将油品从油罐车卸入埋地油罐的管道。为避免接卸油品喷淋飞溅，产生大量的静电积聚，卸油管端部应伸入罐内，距罐底0.2m处。油罐车卸油软管与储油罐连接处应采用快速密封接头，卸油连通软管应采用导静电耐油软管，管径不宜小于*DN*50，进入油罐的管线管径不宜小于*DN*65，接头应设在接卸方便的地方。

（3）量油管：量油管装在油罐人孔盖上，位于油罐纵向长轴线上，靠近油罐顶端的位置，管径一般为*DN*80～*DN*100。它的作用是提供测量油高和水高的测量点，以保证对罐内油品计量的准确性。

（4）通气管：没有安装油气回收装置的加油站，每个油罐宜单独设置通气管，并在管口安装阻火器。通气管管径不宜小于*DN*50。

18. 怎样判断埋地管线是否渗漏？管路维护时应注意什么？

通常出现以下几种情况，必须对埋地输油管线是否渗漏进行分析判断：

（1）一天加油完毕，收油量和发油量存在较大差额。

（2）不加油时，管道内有类似流水般响声。

（3）埋地管线的附近地面或水面有油迹或油花，周围植物出现发黄枯死现象。

管路维护时应注意：

（1）定期观察油品埋地管路的防腐层，如有损坏及时维修；

（2）管沟敷设的管线应保持沙子填实，管沟进入建筑物、构筑物、防火堤或加油机底部，必须设置密封隔断；

（3）经常检查管线及各部件的连接法兰，保持密封良好、无渗漏。

19. 怎样防止埋地输油管线的渗漏？

管线一旦发生渗漏就会造成损失和安全隐患，为了防止管线的渗漏，通常有以下几种防漏措施：

（1）地下管线敷设时应做好防腐措施，并定期检查防腐层是否完好；

（2）使用中每隔1～2年对管线进行一次强度和严密性复检。

20. 管线渗漏怎样修复？

管线渗漏修复的方法主要有焊接法、环氧树脂补漏、密封剂堵漏、管卡堵漏等。以下分别介绍各种修复的方法。

（1）焊接法。这种方法适用于钢管穿孔、裂纹等引起的渗漏。对渗漏管道进行动火焊接，有较大的危险性，要做好隔离防范和消防措施。

（2）环氧树脂补漏。用环氧树脂可以及时修补管道的腐蚀穿孔、沙眼、裂纹等渗漏处，这种方法简单易行，而且安全可靠，大大减少了明火焊接的危险性。补漏应在管内无压力及放空情况下进行。清理管子表面污锈后，先沿渗漏处涂调配好的环氧树脂补漏剂，涂层厚度1~2mm，在涂层上缠绕一层玻璃布带，再在玻璃布上涂补漏剂，重复以上步骤，视管道承压情况缠玻璃布3~5层，最后以补漏剂覆面，干固后即可。

（3）密封剂堵漏。密封剂堵漏是近几年发展较快的一种新型的不动火带压堵漏技术，其施工的一般方法是：当管道出现渗漏时，用专门制作的套管夹具套于管道的渗漏部位，作为固定密封剂的外套，形成防止密封剂外溢的密封空间，用密封剂射枪在高于渗漏介质系统的压力下将密封剂压入密封空间，使密封剂的挤压力与渗漏介质的压力相平衡，并维持一定温度促使密封剂迅速固化，在渗漏部位建立一个新的密封结构，以堵塞渗漏孔隙和通道，从而消除介质的渗漏。

（4）管卡堵漏。这种方法属于临时性应急修复，适用于腐蚀穿孔、需要突击抢修的管道。

21. 接地装置应怎样进行检查和维护？

（1）日常维护

日常维护中应注意：油罐车接卸场地的静电接地应经常进行外观检查，要经常查看接地体周围的环境情况，不应堆放具有腐蚀性的化学物质；明敷的接地线表面所涂的标志漆应完好无损；加油机、油罐、输油管线在每次大修后，应着重检查其接地线连接是否牢固。

（2）定期巡视和检查

正常使用的接地装置一般不进行大修，只对其进行维护和更换。一般情况下，接地装置应每半年定期检查一次，对防雷接地装置在每年雷雨季节前应检查并测试阻值一次。通过巡视与检查发现的问题和缺陷，应及时处理，以确保运行中的安全。巡视和检查内容有：

① 连接螺栓是否齐全、牢固，接地线有无损伤、碰断和腐蚀现象。

② 接地线同接地网的连接处是否接触良好，有无松动脱落现象，跨接部位是否完好有效。

③ 对移动设备的接地线，应在使用前检查其接地线情况，观察有无断股等现象。

④ 在定期检查时，对于接地线地面下 50cm 以上部位，应挖开地面进行检查，观察其腐蚀程度。

⑤ 对含有重酸、碱、盐或金属矿岩等化学成分土壤地带的接地装置部分，一般每 5 年应挖开局部地面进行检查，观察接地体受腐蚀程度，严重的应做处理。定期测量接地装置的接地电阻值，最好在土壤电阻率最大的季节内进行，即夏季土壤干燥时期和冬季土壤冰冻严重时期，判定接地电阻是否达到要求，否则应进行降阻处理。

第四节　电　　气

1. 加油站常用的防爆电气设备有哪些?

能够防止点燃周围爆炸性混合物的电气设备称为防爆电气设备。防爆电气设备按照使用场所的不同分为Ⅰ类和Ⅱ类。加油机防爆电气设备属于Ⅱ类。按照爆炸性气体混合物的最大安全间隙和最小点燃电流的比分为 A、B、C 三级，反映爆炸性气体混合物的易爆程度。汽油蒸气混合物属于 A 级。根据易爆物质的自燃程度，将电气设备的最高表面温度划分为 $T_1 \sim T_6$ 组。加油机属于 T_3 组。根据防爆性能和工作原理分为隔爆型、本安型、增安型、正压型、充油型、充沙型和无火花型等。目前用于加油机的防爆电气设备主要有隔爆型(代号 d，多用于强电部分)、本安型(代号 i，多用于弱电部分)及隔爆与本安混合型。

2. 隔爆型电气设备在安装和维护前，应进行哪些检查?

(1) 设备的型号、规格应符合设计要求，铭牌及防爆标志应正确、清晰；

(2) 隔爆结构及间隙应符合要求，设备的外壳无裂纹、损伤；

(3) 结合面的紧固螺栓应齐全，弹簧垫圈等防松设施齐全完备，弹簧垫圈应压平；

(4) 接地标志及接地螺钉完好。

隔爆型电气设备不宜拆卸。需要拆卸时，应妥善保护隔爆面，不得损伤，隔爆结合面的紧固螺栓不得任意更换，弹簧垫圈应齐全。

3. 加油站用电设备和电力线路有哪些要求？

加油站爆炸危险区域内的电器设备选型、安装、电力线敷设等，应符合现行国家标准 GB 50058《爆炸危险环境电力装置设计规范》的规定。加油站爆炸危险区域以外的站房、罩棚等建筑物内的照明灯具、可选用非防爆型，但罩棚下的灯具应选用防护等级不低于 IP44 级的节能型照明灯具。

电源与加油机连接的电力线路采用电缆，一般是直埋敷设，电缆穿越行车道部分应穿钢管保护。当采用电缆沟敷设电缆时，电缆沟内必须充沙填实。电缆不得与油品、液化石油气和天然气管道、热力管道等敷设在同一沟内。

4. 柴油发电机组有哪些常见故障？应怎样排除？

柴油机发电组常见故障及排除方法见表 3–21。

表 3–21 柴油机发电组常见故障及排除方法

故障现象	故障原因	排除方法
机组振动强烈	(1)地脚螺栓松动或未安装好 (2)轴承损坏 (3)联轴器中心不对 (4)柴油机曲轴不平衡 (5)发电机转子偏心	(1)拧紧螺栓，稳固底盘 (2)修理或更换 (3)调整中心 (4)调整曲轴平衡块 (5)校下转子中心线
电表无读数	(1)保险丝熔断 (2)电表损坏 (3)电路中有断路现象 (4)发电机不发电	(1)查明原因，更换熔丝 (2)检修或更换电表 (3)查找断路处并接好 (4)参考发电机相关资料
接地的金属带电	(1)接地不良，发电机绕组绝缘过低 (2)发电机引出线碰到机壳 (3)电网火线触碰地线	(1)检修接地装置，烘干发电机绕组 (2)用绝缘胶布包扎引出线 (3)查找原因，予以排除
各接头触点过热	(1)接头松动，造成接触不良 (2)触点烧伤	(1)擦净并焊牢松动的接头 (2)用细砂纸擦修触头，并调整其位置，使接触良好

5. 配电箱应怎样进行维护保养？

经常保持配电箱整体清洁、无灰尘、无脱漆；各部件连接螺栓紧固可靠，接地装置完好有效；保持仪表完好有效，开关启闭灵活；电气设备维修时，配电箱断开工作回路的开关上应悬挂警示牌；经常检查配电箱的自动保护系统，使其保持良好的技术状态。

6. 发电机组日常维护保养的内容有哪些?

(1) 经常对发电机进行擦拭,保持发电机的清洁;
(2) 对应该润滑的部位定期润滑,保证其正常工作;
(3) 对发电机的连接部位及地脚螺丝应经常检查,发现松动,及时拧紧;
(4) 内燃机的排烟管口和阻火器应经常检查,是否符合相关要求;
(5) 不经常启用的发电机组,每周必须空载运行一次(10~15min),以确保处于良好状态。

7. 发电机组日常维护保养的内容有哪些?

(1) 经常对发电机进行擦拭,保持发电机的清洁;
(2) 对应该润滑的部位定期润滑,保证其正常工作;
(3) 对发电机的连接部位及地脚螺丝应经常检查,发现松动,及时拧紧;
(4) 内燃机的排烟管口和阻火器应经常检查,是否符合相关要求;
(5) 不经常启用的发电机组,每周必须空载运行一次(10~15min),以确保处于良好状态。

第五节　加油 IC 卡

1. 加油站 IC 卡是什么?

IC 卡(Intergrated Circuit Card,集成电路卡),实际上是将一台除 I/O 设备的计算机装到一张大小和厚度与名片差不多的卡片中。它是一种将具有微处理以及大容量存储器的集成电路芯片嵌装于塑料(一般为 PVC 或 ABS)基片上制成的卡片。1976 年,法国布尔(BULL)公司首先创造出 IC 卡产品,并将这项技术应用到金融、交通、身份证明等多个行业。

2. IC 卡的结构是怎样的?

从外形尺寸看,它的具体结构为:长 85.47~85.72mm,宽 53.92~54.03mm,厚 0.76mm±0.08mm(ISO 标准)。在其厚度范围内有一个小凹室,超大规模集成电路芯片就嵌于该小凹室内,一个特制的极薄的小印刷电路片盖在小凹室上级,并以特殊的黏贴技术固定在卡片上,印刷电路通过线路连接成大规模集成电路,并提供与卡读写器设备的电路接触。当把 ICA 卡插入读写器后，各接点对应接通，IC 卡上的超大规模集成电路就开始工作。

3. IC 卡是怎样分类的？其用途是什么？

根据卡中所镶嵌的集成电路的不同分为三类：存储器卡、逻辑加密卡、CPU 卡。

按应用领域来分，IC 卡有金融卡和非金融卡两种。金融卡又有信用卡和现金卡等。信用卡主要由银行发行和管理，现金卡又称储蓄卡，不允许透支。非金融卡往往用于管理场所。预付费卡，如交通卡、加油 IC 卡等虽然是按卡面值购买，先购买后使用，都兼有电子钱包的功能，但也属于非金融卡。

（1）存储器卡。卡中的集成电路为 EEPROM(Electrically Erasable Programmable Read Only Memory，电可擦可编程制度存储器)。由多个存储电路组成，只具有记忆能力，卡中的集成电路为一标准的串行 EEPROM，它的最大特点就是当对卡中的内容进行读、写、擦除操作时无须核对密码，这种卡不具备安全性能。

（2）逻辑加密卡。除具有记忆能力，卡中的集成电路具有加密逻辑和 EEPROM，它的安全性虽比存储器卡高，但无控制、运算功能，不能执行复杂的加密算法，一般应用在安全性不高的系统中，这种卡因价格低廉，可在要求极低的应用场合使用，被伪造的风险较高，不能大规模应用。

（3）CPU 卡。CPU 卡是一种具有微处理器芯片的 IC 卡，卡中的集成电路包括中央处理器 CPU、EEPROM、随机存储器 RAM 以及固化在只读存储器 ROM 中的卡内操作系统 COS(Chip Operating System)。微处理器与数据存储器一起封装在基片上，有的还带有加密/解密协处理器。它相当于一台微型电脑，有自己的操作系统，具有逻辑和数学运算处理能力，可执行复杂的加密算法。这种卡具有较高的安全性，在硬件上是靠卡内的 CPU 及其特殊的硬件结构来保证的，在软件上是靠 COS 来保证的。引入了先进的“电子钱包”的概念后，CPU 卡的安全性更趋完美。CPU 卡的安全性是它区别于磁卡和存储卡的最重要的优点，也是发展 CPU 卡最重要的原因。严格地讲，只有 CPU 卡才是真正的智能卡。

4. IC 卡的使用有什么特点？

（1）使用方便。体积小，便于携带；

（2）保密性强。IC 卡本身具有硬件安全策略，可以控制 IC 卡内某些区的读写特性，如果试图解密则这些区自锁，即不可进行读写操作。此策略安全性高，使 IC 卡不可复制，所以 IC 卡中数据安全可靠。IC 卡从设计到生产采用一系列严格的加密措施，设置了多级密码，逐级验证以防假冒，具有独特的不可复制且防外部侵入的存储区，并且为用户提供多种数据加密的方法；

（3）网络要求较低。IC 卡安全可靠和大容量的特点，使其在应用中对计算机网络的实时性、敏感性要求降低，可以在脱机条件下使用，也就是说消费终端可以在没有专线的情况下使用，交易数据可以采用拨号联网的方式传送，适合在加油站使用；

（4）适应外界环境能力强。IC 卡防磁、防静电、抗干扰能力很强；

（5）使用寿命长。IC 卡可重复擦写 10 万次以上。

5. IC 卡的安全使用步骤是怎样的？

IC 卡在使用时读写器与 IC 卡要互相确认，以防止伪卡或插错卡，一般来说，使用上一次卡要经历以下步骤。

（1）插卡：读写器向卡加电源，并发一复位信号，令卡进行初始化，做好交易的准备，然后由卡发出应答信号。

（2）读写器鉴别卡的真伪。

（3）卡鉴别读写器的真伪。

（4）检查卡是否列入黑名单，如已列入，将停止使用。

（5）检查上次交易是否正常完成。如果在完成前就拔卡，卡应具有自动恢复数据的功能。

（6）鉴别持卡人的身份。通常采用密码比较方法，即由持卡人输入只有他本人知道的密码，与预先存在卡内的密码进行比较，如比较相符，说明持卡人是卡的主人。

（7）根据应用需求进行交易。

（8）拔卡。

6. 加油 IC 卡的种类及用途？

（1）用户卡。为车辆驾驶员等用户持有的加油 IC 卡。加油卡有个人密码（PIN），加油时，用户需要从加油机键盘输入个人密码，加油卡分为普通用户卡和单位用户卡两类。目前的中国石化加油卡提供两个应用，即电子油票应用和加油积分应用，并预留有银行应用区。

（2）员工卡。加油站普通加油员持有的加油 IC 卡。加油员使用自己的员工卡上岗、下岗，为无卡用户加油。员工卡同样具有个人密码。

（3）管理卡。加油站的管理卡，由加油站站长持有，用于站长权限的管理用油操作。

(4) 验泵卡。由加油站站长或油管员使用、管理，可用于加油机验泵回罐。

(5) 维修卡。由加油站或其上级公司使用、管理，可用于加油机调修回罐，可在一个公司所述的多个加油站范围内使用。

(6) 参数卡。加油机参数，如密度、提前关阀量等参数的设置用卡。

(7) PSAM 卡。PSAM 卡是用于对以上 6 种卡片的合法有效性检验的卡片，PSAM 卡安装在卡机联动加油机的读卡器上，没有 PSAM 卡的加油机是无法使用的，同时 PSAM 卡也是必须严格控制管理的卡片，卡机联动加油机一般都提供多个 PSAM 卡座，以便多种卡应用。

以上是中国石油、中国石化及其他 IC 卡加油项目中使用的 7 种卡片，其中用户卡、员工卡、PSAM 卡是最基本、最必须的加油卡。

7. 加油 IC 卡系统的基本业务有哪些？按照使用对象分为几种？

密钥和发卡管理系统，加油 IC 卡管理业务，加油 IC 卡交易业务以及黑名单管理业务。

加油 IC 卡按照使用对象划分，可以包含用户卡、单位卡、员工卡、站长卡、记账卡、验泵卡和维修卡等。在加油 IC 卡系统中，日常使用较多的主要是用户卡。

8. 用户卡有哪些功能？

用户卡为用户持有，它主要作为个人加油消费的一种便携凭证，可以记录持卡人的一些基本信息，如姓名、身份证号、加油卡号、车号、油品等。同时具有电子油票应用的加油消费功能。

9. 员工卡有哪些功能？

员工卡由加油站的加油员持有，作为信息载体，可存放员工的个人相关资料，可作为员工考核的基本凭证，用于对员工的工作及考勤进行统计管理。而且当客户使用现金或其他有价证券(如油票)加油时，员工卡可以作为加油凭证使用，用于记录并收集该客户加油信息，具有该功能的员工卡也是日常使用最频繁的一种加油 IC 卡。

10. 什么是 IC 卡加油机？

IC 卡加油机是在普通电脑加油机的基础上发展起来的，是为了实现电子货币代替现金或支票交易为目的的运用而生。IC 卡加油机与普通电脑加油机的主要不同是增设了IC卡读写器，即与IC卡配合工作的接口设备IFD(Inter Face Device)。目前，大部分的卡机联动加油机，结构上是将加油机的键盘和读卡器键盘合二为一，连接到读卡器上，保留税控加油机原来具有的全部加油计量和控制功能，读卡器则通过税控加油机的通信口，利用税控加油机与中控机的通信协议，实现对税控加油机的控制，并从加油机读取需要的加油数据，实现加油结算和卡机联动功能。

IC卡加油机具备较多的功能：卡片读写操作、数据处理、安全认证、数据存储和管理、键盘操作、图形显示操作、与计量税控主板交换数据和加油站管理系统交换数据、电源管理等等。

11. IC卡加油机的控制方式有哪些种类？

电脑加油机受控方式分为集中控制和分散控制。集中控制是采用管控机通过通信命令控制加油机，分散控制是在加油机上加装能识别磁卡、IC卡或其他用户标识载体的装置，根据对用户信息的识别情况，控制加油机的操作。

12. IC卡加油机的工作过程是怎样的？

(1) 上电自检

① 计量测控单元自检包括检查存储器、测量变换器、液晶信息显示器等；

② IC卡控制单元自检包括检查存储器、通信等硬件。如果不合格，系统休止，并在IC卡显示器上显示信息。检查员工表、黑名单、油价数据及系统配置数据合法性。如果有错误，向中控机申请数据修复。

(2) 相互握手

① 计量测控单元与IC卡控制单元相互握手，指IC卡系统和计量系统相互握手，确认IC卡系统对油机的控制能力，如果在规定的次数内握手不成功，系统报警，加油机不能加油；

② IC卡控制单元与中控机通信，如果在一定次数内握手不成功，IC卡系统转为脱机工作状态；握手成功，IC卡系统转为连机工作状态。

(3) 加油过程

① 加油卡和IC卡系统之间相互认证。若使用用户卡加油，用户可以自己插卡，或由加油员代客户插卡；若用户无卡，加油员使用员工卡加油；

② 插入IC卡，IC卡系统检查IC卡的合理性，如是卡符合系统要求(不是黑名单、灰名单、过期卡，且是本系统发放的可加油的IC卡，对于设置了密码的IC卡，系统将提示操作者输入密码，并进行密码验证)，IC卡系统显

示卡余额；如果合理，即可授权计量单元可以加油；

③ 加油方式选择，包括选择预置加油方式和预置加油量(随意加油方式无此操作)；

④ 摘枪，对于税控加油机，计量单元必须通知税控单元；系统开启电机和电磁阀，开始加油；

⑤ 挂枪，当加油结束后，扣款，生成交易记录；

⑥ 员工下班时，用所持员工卡在其上班的加油机上做下班注册后，到中控机进行加油统计，并向加油站会计交纳其上班期间所收到的现金及油票等有价证券等。

13. 加油站 IC 卡管理控制系统的组成和功能是什么样的?

加油站 IC 卡管理控制系统由硬件和软件两大部分组成。

(1) 硬件的组成和功能

加油站 IC 卡管理系统的硬件主要包括微机、打印机、UPS 后备式电源、集线器、IC 卡加油机、液位仪、MODEM 等。

由这些设备组成的加油站管理控制系统具备以下功能:

① 对加油站的一系列加油过程、加油机状态和库存状况进行实时监控;

② 对 IC 卡加油机的油价等加油参数进行管理;

③ 通过后台自动处理加油机的加油数据和液位仪的检测数据，对其进行统计管理;

④ 联网传送加油站信息，便于管理部门加强加油站的监控。

(2) 软件功能

加油站 IC 卡管理控制系统的软件主要包括数据采集和统计报表两个系统。

① 数据采集系统主要功能是接收银行传送的黑名单、灰名单信息，接受上级公司的油价信息；向银行和上级公司上传加油交易记录；加油站进、销、存等管理功能。

② 统计报表系统主要功能包括：加油机交接班记录，加油机工作记录，进货记录，油罐检测记录，出入库日报，损耗月报，员工加油量月报等。

14. IC 卡系统的可靠性有什么特点?

COS 的安全保障集成了当今很多的先进和成熟的安全技术，可靠性主要体现在以下三个特性中。

（1）保密性。利用密码技术对信息进行加密处理，防止未授权者进行非法的信息存取和截留。

（2）完整性。防止非法的信息变动。

（3）真实性。系统需要具备一种认证能力，对信息的发送和接收方进行有效的验证，确保收到的信息是由真实的发送者送出的，而发送的信息只能为真正的接收者所获得。

15. IC 卡系统受到的安全威胁有哪些？

在智能卡的生命周期中，可能会受到各种各样的攻击，其中有些是无意识的行为，例如在加油交易过程中可能出现的一些误操作。有些是蓄意的，例如使用非法卡加油作弊、截取并篡改交易过程中所交换的信息等行为。根据各种攻击所采用的手段和攻击对象的不同，一般把它们归纳为以下三种方式：

（1）使用伪造的智能卡，以期进入 IC 卡加油系统。

（2）冒用他人遗失的，或是使用盗窃所得的智能卡，以图冒充别的合法用户进入该系统，对系统进行实质上未经授权的访问。这类行为还包括私自拆卸、改装智能卡的读写设备。

（3）还有一种则是一种主动攻击方式，即对包括对芯片的攻击和对操作系统的攻击。它是直接对智能卡与外部通信时所交换的信息流(包括数据和控制信息)进行截取、修改等非法攻击，以谋取非法利益。

对芯片的攻击需要较高的专业知识，设备投入成本也很高，所以一般黑客不会采用。而对于操作系统的攻击投资成本较低，只需要一台 PC 机、记忆示波器、逻辑分析仪和一定的软件编程能力即可。

16. IC 卡有哪些智能防范措施？

IC 卡的智能防范技术主要包括两个方面：一是卡本身包括芯片的物理安全；二是对信息的交换过程进行保护。

为了保证卡本身的物理安全，在制造卡基时应采用一定的安全技术，例如目前已有的激光雕刻技术、微线条制作技术、荧光印刷技术等。另外芯片的安全技术是卡物理安全的重要内容。针对可能的攻击，现在各芯片生产商已经研究出很多的方法：

（1）对外部电压进行检测；

（2）对低时钟频率的检测；

（3）通过监控程序防止对数据总线的信息截取；

(4) 对存储器进行逻辑加密保护；

(5) 烧断熔丝，使芯片制造商用于芯片检测的测试功能无法再激活；

(6) 为芯片增加加密运算协处理器。

上述安全技术属于硬件安全技术。目前的芯片生产商针对上面的攻击手段，例如SPA和DPA攻击等提供了硬件上的防范手段，但更重要的是在COS的设计上必须考虑安全措施，卡片厂商不能只考虑成本而给应用埋下安全隐患，因为操作系统的安全方法措施势必会占用更多的系统空间。所以无论硬件平台提供何种技术，在软件方面考虑对DPA和SPA的防范都是必要的。

17. 具有IC卡功能的油站管理系统有哪些附加要求？

(1) 系统设置：系统增加了IC卡交易记录形成的设置信息：油站代码、IC卡终端工作方式、IC卡认证方式等设置。

(2) 系统查询和统计：在所有的交易记录的查询、统计和打印中，增加凭卡号、卡的类型索引的项目；增加的灰记录的查询、统计和打印；增加IC卡交易记录的MAC检验记录、脱机黑名单检验记录的处理及分类。

(3) 油站管理：增加员工卡的管理方式、接受员工持卡在IC卡加油机上进行上班和下班操作。

(4) 数据传输：增加了由油站管理系统对灰记录的整理及上传到数据中心的功能；增加了从数据中心下载黑名单、灰名单、IC卡版本索引及单价等信息的功能。

18. 发卡一般流程是怎样的？

发卡过程是从厂商订购已印刷的空白卡开始，变成最终发给持卡人使用的加油IC卡的过程。发卡过程一般分为洗卡、制卡、开卡几个过程。

(1) 洗卡：洗卡是指将空白IC卡进行厂家密钥认证，以确定卡片的合法性和可用性，剔出坏卡、不合法和不合格的产品，注入系统的洗卡密钥。洗卡后的卡片进行入库存放。

(2) 制卡：制卡通常也称为发行商初始化、预个人化等，主要工作就是建立卡片内部应用的文件结构，写入已分配好的卡号，并进行信息(如卡号等)印刷等卡片表面处理，同时应用卡号作为密钥分散因子，从密钥母卡中分散导出并安装正式的应用密钥。经过上述处理的卡片一般也可称为成品卡，而与此对应，往往把未经上述处理过程的卡片称为空白卡、白卡。

(3) 开卡：开卡也称个人化，指向个人发售卡，通过POS终端与后台主机联机办理。开卡过程为：解锁应用，输入持卡人基本资料，对应用的电子油票进行储值。

（4）联合发卡和二次发卡：加油IC卡应用系统的建设可以采取与银行等其他机构合作发卡的方式，以降低系统建设和卡片采购成本，为持卡人提供更大的方便，并扩大应用规模。二次发卡即双方建立各自的发卡中心，一方发卡结束后，将卡片提供给另一方，并将装有卡片主控密钥的密钥传输卡(相当于厂商密钥传输卡)提供给第二方，或先发卡的一方代为建立应用的应用主控密钥的密钥传输卡提供给第二方，供第二方发卡时使用。采用这种方式，每一方的发卡过程与单独发卡类似。

19. 发卡系统有哪些基本功能？

IC卡发卡系统主要包括资料导入、系统查询、发卡、系统设置、柜员管理等五个功能。

（1）资料导入：将发卡数据文件存入到发卡系统数据库中，发卡系统从数据库中获取IC卡个人化信息，并提供统计、查询和报表功能。

（2）系统查询：主要包括发卡资料查询、读用户卡、读SAM卡等功能。发卡资料查询是对已发卡和未发卡的卡资料进行查询，提高发卡管理水平；读用户卡即读取用户卡的资料；读SAM卡即读取SAM卡的资料。

（3）发卡处理：从系统数据库中获取IC卡个人化信息，驱动打卡机批量自动完成IC卡个人化、写磁、打凸字(凹字)、平面印刷的工作；或者驱动POS或IC卡读写器手工操作完成IC卡个人化工作。发卡系统可以完成用户卡、SAM卡的发卡工作。

（4）系统设置：系统设置主要包括用户卡设置、SAM卡设置、端口设置和发卡设备设置。用户卡设置主要是设置用户卡的版本、类型以及发卡人代码等数据；SAM卡设置主要是设置SAM卡的版本、类型以及密钥数等数据；端口设置是对端口的速率、数据位、校验位等的设置；发卡设备设置即设置发卡系统所连接的发卡设备。

（5）操作员管理：用于操作员对操作员管理文件的修改，含增加操作员、删除操作员、修改密码、修改操作员、权限设置等功能。

20. IC卡发卡中心有哪些管理功能？

有12种管理功能，即：购卡，加油IC卡初始化(预个人化)，发卡、储值网点领卡，查询用户账户，发卡储值管理，问题卡确定，黑名单管理功能，账户管理，制订优惠政策，卡片积分管理，销户，发卡中心对发卡、储值网点的管理功能。

21. 数据中心有哪些管理职能?

账户清算，信息查询，批处理，系统安全保障机制。

22. IC 卡的交易业务包括哪些功能?

（1）交易预处理：应用的选择，个人密码 PIN 的校验，灰锁处理。

（2）消费：消费交易允许持卡人使用电子油票的余额进行购油等服务，消费时，消费金额从卡中扣除，并在卡终端中记录交易数据，由加油卡终端将交易数据上传主机。产生灰记录并上送数据中心。每次交易成功完成后，加油 IC 卡终端必须保留交易记录数据，并按规定上传主机。

（3）储值：第一次购卡需向卡中储存一定金额的钱，以供消费使用。卡中金额用完或不足以满足一次加油消费时，客户也需向卡中补充金额，即往卡中储值。

（4）查询：为客户查询 IC 卡余额和读取 IC 卡中存储的交易记录明细，一般脱机进行。持卡人可在加油站、发卡储值点的 IC 卡终端上查询余额，要求验证个人密码 PIN。

（5）积分功能：加油 IC 卡系统中存储有大量客户信息及其加油消费信息，当客户消费累计达到一定值时，该客户可得到一定的奖励。加油 IC 卡为系统积分功能提供了可靠、简捷、安全的实现工具和手段。

（6）应用维护功能：应用功能包括卡片锁定、应用锁定、应用解锁、PIN 解锁、二进制形式修改、更改 PIN、重装 PIN 等功能，所有这些功能均需在拥有相应密钥的设备上进行。

23. IC 卡加油机的灰锁机制是何意思?

加油交易属于支付前消费。灰锁正是针对这种支付方式而产生的一种安全机制。当合法加油卡插入 IC 卡加油机，在开始实施加油之前，IC 卡加油机会给加油卡置上一个未扣款标志，此标志就是灰锁，又称为灰标志。当此次加油过程结束时，IC 卡加油机在正确完成 IC 卡的扣款后，解除灰标志，此过程称为解锁。如果加油卡的未扣款标志因故未被解除，这张带有灰标志的加油卡就是灰卡，IC 卡加油机拒绝为灰卡加油。加油过程非正常结束时，加油卡变成灰卡，同时，IC 卡加油机生成一笔相应的未完成 IC 卡扣款的交易记录，即灰记录。灰记录需要经中控机上传到数据中心。数据中心将各个加油站发来的灰记录处理后，汇集成灰名单，下发到各个加油站的 IC 卡加油机。IC 卡加油机依据灰名单对灰卡实施补充扣款和解除灰锁，这就是补扣解灰。

灰卡经补扣解灰就还原成正常卡。补扣解灰后，IC 卡加油机生成解灰记录，经过中控机上送到数据中心。

24. 什么是黑名单？

黑名单也称止付卡清单，即已停止使用的加油卡清单。产生止付的原因，除常见的挂失止付外，还包括人为止付，如单位决定停止其全部或部分单位卡使用并办理相应的手续，以及发卡机构认为应该停止使用的其他原因。

对列入黑名单的卡片进行交易时，系统将对卡进行卡片锁定，卡内所有应用永久失效，成为死卡。

25. 什么是灰名单？

灰名单是灰记录的清单。加油交易会由于加油机振动、中途拔卡等诸多原因造成加油交易异常中断，没有完成这次交易的正确扣款处理，该加油 IC 卡变为灰卡。对于灰卡，只是被锁定的应用失效，其他应用可正常进行。对于暂时锁定的应用可以使用解锁命令解除对应用的锁定。

加油 IC 卡终端将记录该笔交易的加油 IC 卡卡号、加油 IC 卡终端、卡中余额、加油金额等详细信息，以便对灰卡完成扣款处理，这些详细信息即为一笔灰记录。加油 IC 卡需到加油站或发卡网点将该笔加油款从卡中正确扣除后方可再次使用。

26. 什么是黑卡和灰卡？

黑卡是指卡号在黑名单中的卡片。灰卡即未能正常完成扣款操作的加油卡。

27. 加油 IC 卡的系统环境有什么安全要求？

为确保加油 IC 卡应用系统和持卡人的经济利益不受侵害，IC 卡交易必须在安全的应用环境下进行。IC 卡应用环境的安全是整个应用系统安全的基础和重要保障。应用系统的环境安全主要包括系统主机、交易终端、网络通信三个方面。

（1）系统主机：IC 卡发行、卡交易处理、相关业务处理等操作都必须在安全的系统主机上进行，系统主机的安全直接关系到整个系统的安全，对系统主机的安全要求应从以下几方面考虑：主机的选型，所选设备必须功能完善、性能稳定、硬件与软件相匹配，数据处理能力强、备份可靠、恢复功能完善；配置专用的系统主机房，由专职人员负责主机及系统软件的日常维护和定期检修；机房工作人员采用轮流值班制度，主机房必须24h有人值班，工作人员进出系统主机房需登记并确认身份。

（2）交易终端：交易终端的主要功能是认证IC卡的合法性、完成IC卡的各种交易处理、将交易数据上送系统主机。交易终端必须符合《中国石化加油集成电路(IC)卡应用规范》以及相关技术标准、规范的有关要求；每台终端应建立详细的资料档案，由专人负责终端的出库、入库、发放管理工作；由专责人员负责终端的使用和维护，终端每天必须签到、签退。

（3）网络通信：网络通信主要用于交易记录的传输、资金的清算、密钥的传送、止付名单的上报和下发等操作中。网络系统必须提供鉴别服务和访问控制服务，以确保整个网络系统具有良好的数据保密性和数据完整性；在交易处理和身份认证过程中，采用数据加密机制，在数据传输过程中，采用数字签名机制；针对网络工作人员、网络节点管理、网络传输内容、网络工作方式、网络运行的监控等，制定具体管理措施。

28. 成品卡指的是什么？

成品卡是指已经发行的各种密钥卡、管理卡、员工卡、加油IC卡。

29. 废卡指的是什么？

废卡是指过期、挂失作废或毁损的加油IC卡。

30. 加油IC卡应怎样加强安全管理？

（1）发卡的基本安全要求：在安全的系统环境下进行发卡，一般应设立专用发卡机房；各级发卡机构配备专职人员负责IC卡的发放，发卡现场要求两人工作，一人操作，一人复核记录，严格遵守操作规程；下级机构向上级机构申领IC卡时，必须填写书面申请单，记载领卡详细情况。

（2）发卡的管理办法：严格按照安全操作规程发卡；各种密钥母卡必须入专用保险柜，由专人负责保管；各种管理卡由管理人员自己保管；密钥母卡的使用必须由相应的认证卡来验证其合法性；保管人员应不具备使用密钥卡的权限，实现保管和使用分离的原则；密钥必须以密文方式传递。

（3）空白卡管理：空白卡片统一保管，下级机构逐级向上级领取；制定严格的空白卡入库、出库管理办法，由专责人员负责管理空白卡的使用登记，严格控制卡的去向；配备专门的保险库房和保险柜存放空白卡。

（4）成品卡管理：发卡单位领取的各种密钥母卡必须由专人负责保管和使用；管理卡、员工卡由持卡人自己保管，不得借给他人使用；员工卡只能在规定的加油站使用；持卡人领取已制成的成品加油 IC 卡，要出示本人有效身份证件，在登记簿上签名确认。

(5) 废卡管理：发卡单位建立废卡管理档案，注明回收日期，并将废卡打洞或剪角后统一入库保管，定期销毁。销毁时，应核对确认，由管理部门人员监督销毁，防止作废的加油 IC 卡散失在外。

(6) 卡片在运输、储存中的安全要求：生产商生产 IC 卡时，在卡中安装有制造密钥，只有经过相应制造主密钥卡的认证后方可使用，有效保障 IC 卡在运输中的安全；各种密钥卡、管理卡、员工卡在运输过程中，应由专人负责押运，必须封印完备；生产商交付 IC 卡时，必须有严格的检验手续和书面报告；密钥卡与对应的控制卡必须分别传送。

31. IC 卡交易中应怎样加强安全管理？

为确保 IC 卡交易的安全性，一般采用双卡认证机制。IC 卡脱机交易过程应严格遵循规范，每一步认证必须完成，确保在交易过程中数据不被篡改。每一步认证中的数据加密操作都必须在卡内完成，不能在交易终端上完成，交易终端只负责对加密过后的结果进行处理和传送，而不应参与加密运算。

为防止交易记录数据在终端内或由终端上送给主机的过程中被非法篡改，在处理每笔交易时，使用用户卡上的加以认证密钥为每条交易记录计算交易认证码，附在交易记录数据后上送给系统主机，由系统主机来检验交易记录的合法性。持卡人进行交易时，个人密码错误三次，卡片将自动锁定，终止交易。遗忘个人密码时，应本人带有效身份证到当地发卡网点生成新的个人密码。

32. 油机监控有何功能？怎样操作？

功能：监控油机状态和实时交互信息，并能够与油机进行数据通信。

进入步骤：登录系统→油机监控。

(1) 监控单击“油机状态(数字显示)”标签，以数字形式显示每条油枪当前的工作状态。单击“油机状态(图形显示)”标签，以图形形式显示每条油枪当前的工作状态。单击“交互信息”标签。在“物理机号”中输入需要查看的油机的物理机号，(物理机号是设置“设备信息”时系统产生的编号，设备信息中的功能和操作说明)，单击“执行”按钮，或者同时按下“Alt”键和“R”键，便会在“实时数据”中显示该油机所有油枪当前的工作状态，在“交互信息”中显示油机和管控计算机的相互传送的信息，在“实时交易”中显示经过数据格式转换的交易流水，在“原始数据”中显示从油机传送到计算机的交易流水的原始数据。

（2）传送数据在加油机监控的界面中，单击界面中右侧的任何一个按钮，系统便会弹出一个对话框，在下拉列表中选择操作命令，并输入操作对象，最后单击“执行”按钮，便可执行读累计数、发送油价、取交易记录等操作。返回的结果将显示在下方的网格中(勾对功能在此界面不能使用，该功能在“定点客户交易匹配”中执行，定点客户交易匹配中的功能和操作说明)。

33. IC 卡业务管理如何进行操作?

（1）黑卡查询

功能：查询某时间段的所有黑卡，或查询某卡是否为黑卡。

进入步骤：登录系统→业务管理→IC 卡查询→黑卡查询。

在“黑卡查询”对话框中，填写黑卡卡号、挂失时间，然后单击“查询”按钮。查询结果显示在下方的“查询明细”中。

（2）油品信息查询

功能：查询上级部门下发给本油站的所有油品的基本信息和所有已生效的历史油价、油密度信息。

进入步骤：登录系统→业务管理→系统配置→油品信息。

分别选择“基本信息”“油价信息”“油密度信息”标签。

34. IC 卡管理系统常见的问题有哪些?如何进行处理?

（1）员工卡的挂失。当员工卡丢失，必须进行挂失操作，数据要传到省级公司。

（2）用户卡的挂失。当用户反映用户卡丢失时，员工应立即告知用户必须到发卡办(点)进行用户卡挂失操作。

（3）数据不连续。当管理系统中传输的数据不连续要进行回叫操作，系统会重新下载数据确保数据的完整性。

（4）数据重复。当传送或接受的数据出现了重复时，要进行删除重复数据的操作。

（5）部分数据丢失。当发现数据丢失或不完整时，先关闭电脑，重新启动，进行回叫操作。如果还不能恢复要进行重新传输数据的操作。

（6）死机一般是指显示正常，但是无法进行操作的问题。这时，将鼠标移动到重新启动的按钮上重启电脑。或直接按下电脑上的 Rest 键。

（7）数据漏采。这时显示是否回叫，我们点选 Yes，当前后数据一致则不回叫，当前后数据不一致则回叫。

（8）数据上传出现差错这时需要报告零售管理中心，待零售管理中心派维护人员进行维护。

（9）IC 卡的质量问题当客户将 IC 卡插入加油机显示为灰卡时，要为客户进行换卡操作。客户应将 IC 卡送往发卡办（点）进行解灰操作或自动扣款。无法解灰的灰卡一般作为废卡处理。

（10）客户人为损坏加油 IC 卡提示客户到发卡办（点）进行有偿的换卡服务。

（11）读卡器“吃卡”。可将大头针插进 IC 卡插座上的小孔进行退卡。如 IC 卡插座上没有小孔，则可轻拍 IC 卡插座退卡。如无法退卡，应联系 IC 卡管理系统开发商进行处理。切莫随意处置。

（12）系统出现其他问题当系统出现错误员工无法解决时，可以联系 IC 卡管理系统开发商，待开发商派技术人员来进行维护。

35. IC 卡管理系统的设备如何进行维护与保养？

（1）每天上传数据完备后应立即断开 IC 卡管理系统的通信线路。

（2）在雷雨天气应将 IC 卡管理系统的通信设备全部关闭电源。

（3）IC 卡管理系统的计算机应配备防雷插座和不间断电源（UPS）。

（4）在进行电路维修的时候，要先将 IC 卡管理系统设备全部关停。

（5）注意 IC 卡管理系统设备的防潮。

（6）IC 卡不能接触磁性物质，不能有油、水、划痕等。

（7）IC 卡管理系统的计算机在任何情况下不能强行关机。

第六节　液　位　仪

1. 液位和液位计是指什么？常用的液位检测方法有哪几种？

液位是指容器内液体介质液面的高低，用来检测液位的仪表称为液位计。目前常用的液位检测方法有下列几种。

（1）静压式液位计　根据静力学原理，利用差压来检测液位。

（2）浮力式液位计　利用漂浮于液面上的浮子随位置变化，或者部分浸没于液体的浮力随液位变化来检测液位。

（3）电气式液位计　把敏感元件做成一定形状的电极置于测介质中，则电极之间的电气参数，如电阻、电容等随液位的变化而变化。

(4) 声学式液位　利用超声波在介质的传播速度及在不同相界面之间的反射特性来检测液位。

(5) 射线式液位计　放射性同位素所放出的射线(如 β 射线、γ 射线)穿过被测液体因被其吸收而减弱，吸收程度与液位有关，利用这种方法可实现液位的非接触式检测。

除此之外还有微波法、光学法、重锤法、磁致伸缩法等。

2. 液位检测的原理是什么？

在液位检测中，尽管检测方法所用技术各不相同，但可以把它们归纳为以下几个检测原理。

(1) 基于力学原理。敏感元件所受到的力(压力)的大小与液位成正比，通过受力的大小转换成相应液位高度。它包括静压式、浮力式和重锤式液位计。

(2) 基于相对变化原理。当液位变化时，液位与容器底部或顶部的距离发生改变，通过测量距离的相对变化可获得液位的信息。这种液位检测仪表包括声学式、微波式、光学式。

(3) 基于某强度性物理量随液位的升高而增加的原理来获得液位的信息。例如对射线的吸收强度、电容器的电容量等。

3. 加油站液位检测系统由哪几部分组成？

加油站液位检测系统由三部分组成，即传感及变送系统、计算机系统、通信系统。

4. 传感变送系统的分类及工作原理是怎样的？

传感及变送系统是用于探测并获取闭路系统油罐内液位、界位、温度等原始信息的传感器。加油站中安装的传感器(即探棒)根据其工作原理大致分为磁致伸缩式、压力式、电容式、超声波式、机械式等。目前，前三种传感器特别是磁致伸缩式探棒在国内应用较为普遍。

(1) 磁致伸缩式。磁致伸缩式探棒根据感应原理可以对油位、水位的上升、下降作出诊断，来确定油位、水位的高度，与其他类型的探棒相比，具有精确度更高、使用寿命更长的特点。此技术已被广泛应用于精度和可靠性要求较高的液位测量技术中。且由于 LPG 气罐内均存在压力，用磁致伸缩式液位计不但能在 7MPa 的压力下工作，满足正在发展的“油改气”加气站的压力要求，而且能够满足压力容器“开口越少、越小、越好”的工艺要求。

(2) 压力式。压力传感器探入或接触被测液体，受到一定的介质静压力 p。这种压力与被测液体的高度 h 成正比。即

$$p = 10^{-3}\rho g h$$

式中　ρ——液体的密度，g/cm^3；

　　　g——当地的重力加速度，m/s^2。

对于一定的被测介质和地点，ρ、g 为常数。探测棒将测量的压力信号传输给中间仪表，再送至 PC 机进行处理，将压力信号转换为液面高度，再将液面高度根据油罐容积表转换为存油体积、油罐剩余空间容积等数据。

由于该系统采用压力传感器，测量出压力再分步转换为油高、体积等，在转换时受温度、密度的影响较大，精度受到一定影响。但此种测量方式相对于机械式来说，无机械运动部件，抗过压能力强，可以获得较高的长期稳定性。

(3) 电容式。电容式传感器一般要根据油罐的高度划分为若干段，利用矩阵式或多路转换式开关分时接入某一段，测量电极在空气中和介质中电容的变化，并以电信号的形式输出到中间仪表，经过中间仪表的模数转换后将液位信号输送到 PC 机，实现液位测量功能。电容式探棒原理如下。

两平行极板或类似平行极板(平行圆柱面等)之间的电容量为

$$C = \varepsilon A / d$$

式中　C——电容量；

　　　A——极板面积；

　　　d——极板间距离；

　　　ε——极板间绝缘介质的介电常数。

由上式可知，当 A、d 恒定时，改变介电常数 ε，可使电容量 C 产生线形变化。当两电容极板间充以不同的介质时，就可使 ε 变化，从而使电容量 C 变化。电容式液位计就是根据这一原理工作的。电容式探棒由两个同轴金属套筒组成一个圆柱形电容器，在内外极板圆柱间充有油品和气体两种介质。为使被测介质能流进两个电容极板间隙，在外电极上开有许多小孔，这样就在两个电极间形成了被测油品和上面气体组成的介质。由于液体的介电常数 ε_1 和气体的介电常数 ε_2 不同，若 $\varepsilon_1 > \varepsilon_2$，则当液位上升时，总的介电常数 ε 将随之增大，因而电容量 C 也增大。反之，当液位下降时，ε 将减小，电容量也减小，通过测量电容量的变化，就可测知容器内液位的高低。

当电容式传感器测量黏性油品时，在内外电极板壁上将会产生黏挂现象，

形成虚假液位，因此电容式液位计只适宜于轻油罐的液位测量，在加油站中安装较为适宜。安装电容式探棒金属管要垂直过卧式罐圆截面的中心，并注意远离进油口管线入口，以避免冲击摇晃，产生计量误差。

该系统在计算时能自动修正因油罐倾斜产生的误差。整个系统具有测量精度高、测量参数多、稳定性和重复性好。

5. 简述磁致伸缩液位计的工作原理。

磁致伸缩式探棒由电子头、探测杆和浮子三部分组成。电子头上装有微处理器、可擦写的只读存储器、温度传感器，是直接对油位、水位、温度进行测量、数据存储的组件。探测轴一般是 3 条同轴的圆管组成。外管是由防腐材料组成，中间的圆管装配上一个或多个温度装置，以实现温度监测，内管是一条磁致伸缩材料制成的波导管。测量时液位计电子头产生一小电流询问脉冲，此电流产生一磁场沿波导管内的感应线向下运行，在探测杆外管配有浮子，此浮子沿探测杆随液位而上下移动。由于浮子内有一组永久磁铁而产生一个磁场。当电流磁场与浮子磁场相遇时，即产生一种名为“波导扭曲”的脉冲或简称“返回”脉冲。从询问脉冲开始至返回脉冲被电子头探测到的周期便相对于液位变动位置，这就是磁致伸缩式探棒的工作原理，见图 3-47 和图 3-48。

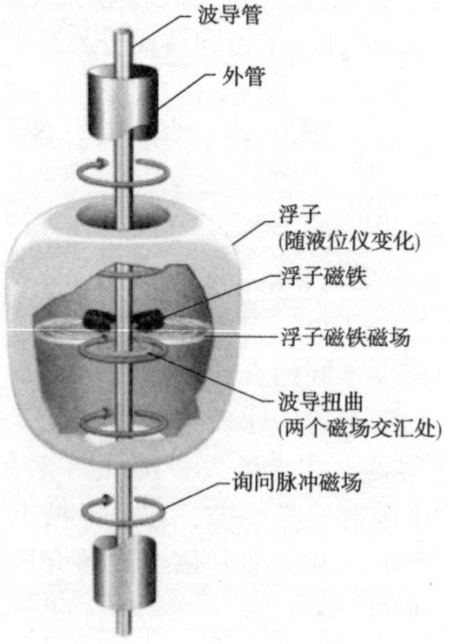

图 3-47　磁致伸缩式探棒透视图

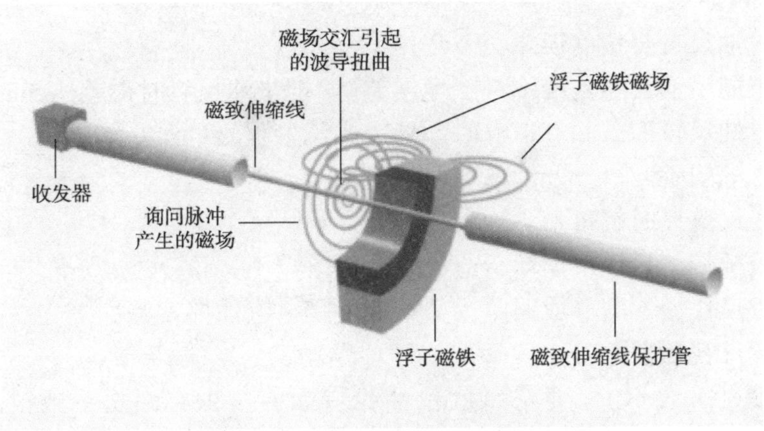

图 3-48　磁致伸缩式探棒剖面图

磁致伸缩式探棒根据感应原理可以对油位、水位的上升、下降做出诊断，来确定油位、水位的高度，与其他类型的探棒相比，具有精确度更高、使用寿命更长的特点。此技术已被广泛应用于精度和可靠性要求较高的液位测量技术中。

6. 磁致伸缩液位计的其他参数应怎样设置?

液位计的其他参数包括油罐信息记录开始时间、油罐周转间隔、液位计地址、通信端口、油罐泄漏测试设置等。使用时进入加油站自动计量管理系统，点击“设置参数”菜单，并选择“其他参数设置”菜单项，将显示“其他参数设置”窗口；或在液位计触摸屏上按下相关按键，在弹出的窗口下进行有关参数设置。

液位计地址未设置或设置不当，液位计通信状态将显示未连接液位计，系统无法运行。通信端口设置错误或端口被占用，通信状态为端口无法使用或全部无法通信。液位计地址与油罐应一一对应，通信端口也有设定范围，以上参数的设置应参照产品用户手册的相关规定进行。

7. 液位计产生误差的原因有哪些?

加油站在实际投尺测量过程中，有时会出现量油尺量油与液位计测量值误差较大(大于 2mm)的情况，即测量对比出现误差，其中原因很多，具体分析如下：

(1) 液位计自身精度误差(±0. 5mm)。

(2) 量油口下部罐底有杂物。

(3) 投尺点不一致(个别油罐，在量油槽内不同位置误差可达 2mm)。

(4) 量油尺。

① 量油尺自身精度误差；

② 不同量油尺零基准不一产生误差(两把量油尺有时误差达 5mm 左右)；

③ 量油尺较旧，并有折痕时，易造成长量程测量误差。

(5) 人为因素。

① 投尺落尺时轻重不一；

② 重锤带动量油尺摆动，造成量油尺落点不一致；

③ 收尺快慢不同造成误差，如柴油上爬，汽油挥发等；

④ 读尺视角误差；

⑤ 投尺次数不够(要求每次量油投三次，至少有两次一致，误差小于 1mm)；

⑥ 油面不稳时投尺(加油机加油过程中、油槽车卸油 30min 以内)；

⑦ 液位计校正零位的投尺人与日常测量人员投尺标准不一致。

若投尺时，测量结果总为一个相对固定的正误差或负误差，表明液位计计量准确。如实测误差总为正误差 3~4mm，说明液位计计量准确，而液位计零点有偏差，重新修正零点即可，不影响正常计量使用。

8. 液位计计算机系统的组成和原理是怎样的?

计算机系统包括硬件系统和软件系统两部分。

(1) 硬件系统

这一系统是由加油站专用液位计做终端的计算机网络系统，见表 3-22。

表 3-22 液位计检测计算机硬件

设　　备	说　　明
计算机及外设(音响、打印机等)	系统的控制系统
安全栅	加油站的安全、防爆要求
Modem 卡(可选用)	远程数据传送及连接其他系统的要求
公告信息板(可选用)	显示加油站当天油品名称、标号、密度、价格等信息
报告装置(可选用)	用于外部报警

(2) 软件系统

这一系统一般是基于 Windows 95、Windows 98 或 NT 4.0 的专用加油站的全中文界面软件。整个软件系统采用组态软件方式，适用于不同用户层次、不同的用户需求，主要有以下功能：

① 系统初始化——用于组成不同系统和参数的设定。

② 油罐检测——实时检测储罐系统液位、水位、单点温度、平均温度、油品密度、油品渗漏等油品状态。

③ 报警设定——提供高、低液位报警，溢出报警等。

④ 油品出入库——油品库存管理。

⑤ 报表——提供各种方式查询，并打印报表。

⑥ 数据管理——对数据文件的维护，实现数据集中管理，提供远程通信。保证数据的安全及保密性，对不同操作者设定不同操作权限。

9. 温度测量仪表有哪些类型?

温度测量仪表按测温方式可分为接触式和非接触式两大类。通常来说接触式测温仪表比较简单、可靠、测量精度较高；但因测温元件与被测介质需要进行充分的热交换，需要一定的时间才能达到热平衡，所以存在测温的延迟现象，同时受耐高温材料的限制，不能应用于很高的温度测量。非接触式仪表测温是通过热辐射原理来测量温度的，测温元件不需与被测介质接触，测温范围广，不受测温上限的限制，也不会破坏被测物体的温度场，反应速度一般也比较快；但受到物体的发射率、测量距离、烟尘和水气等外界因素的影响，其测量误差较大。

10. 油站油罐液位监视系统包括哪些内容?

(1) 油罐液位设置：设置油罐的名称、编号、类型、参数(罐高、容积等)、高度容积对照表(罐表)；设置量油棒数量、液位仪名称等参数。当中控机直接管理量油棒时，则还需设置高液位、低液位、油罐溢出控制及高水位报警等参数。

(2) 进油登记(用于未安装液位仪的系统)：记录每次进油前后油罐的液位高度，系统自动计算进油前后的储油量及此次进油量。

(3) 修改进油数据(用于未安装液位仪的系统)：帮助用户及时更正进油记录，保证无液位仪系统进油记录的正确性。

(4) 油罐测量记录(用于未安装液位仪的系统)：通过人工方式测量油罐的液位高度，并输入此高度时罐的油量。用以校准油罐的高度容积对照表。

(5) 查询进油记录：查询或打印一定时间段内某一油罐或全部油罐的进油记录。

(6) 统计进油情况：统计一段时间内某一或全部油罐的进油量。

(7) 进油分析：根据各种油品的进油记录，给出全年度内所有或单个油品进油情况的曲线图。

（8）油罐信息：给出所有油罐当前的实时数据信息，包括每个油罐的油品、罐高、罐容、油高、油容积、水高、水容积。

（9）报警信息：提供查询所有油罐已经发生的报警信息，包括报警状态、报警发生时间、报警解除时间、报警的油罐和液位仪等数据。

第七节 电视监控

1. 加油站视频监控系统由哪几部分组成，各自的功能是什么？

目前主流的加油站视频监控系统一般由前端设备、传输线路、控制及显示设备三大部分组成。前端设备主要包括摄像机、云台、解码器，以获取监视目标的信息；传输线路通过视频线、通信线将前端设备所获取的信息传送至控制中心，并通过电源线为前端设备供电；显示设备主要包括主机、录像机、交换机、防雷器、电源等前端设备，负责对传送回来的信息进行处理、切换和控制。

2. 加油站视频监控系统对摄像机的安装数量、安装位置、照射范围有什么要求？

加油站视频监控系统摄像机的安装数量、安装位置、照射范围应当按照加油站管理规范要求，结合实际情况，确保油站的重要位置在监控系统摄像头的照射范围内。目前加油站视频监控系统摄像头照射范围主要为油站出入口、加油区、收银台、油罐区(操作井和卸油口)、便利店、办公室(财务室)等位置，部署标准大致如下：

（1）加油站进、出口的配置

加油站进、出口应分别配置一台高分辨率智能一体化摄像机，应能广角监控加油加气站进、出口整体情况，包括汽车车型，汽车驶入、驶出的路径，行人走入、走出的动作、行为。

（2）加油区的配置

加油区应根据加油机加气机的数量配置一定数量的高分辨率摄像机，应能全面监控加油加气操作工位中加油人员具体操作及现金交易情况，并能在某一焦点清晰看出汽车车牌。

（3）卸油口油罐区的配置

应在站房外墙上或单独设置的立杆上安装摄像机，应能对卸油口及整个油罐区域进行全面监控，并能清晰看到卸油员具体操作动作。

(4) 财务办公室的配置

应在财务办公室内墙顶部，与办公室入口成斜对角的适当位置安装高分辨率日夜转换变焦半球摄像机一台，全面监控办公区域、保险柜及工作人员开启情况、办公人员进出情况。

(5) 便利店收银服务区的配置

应在便利店内墙顶部，与收银服务区成斜俯视角度的适当位置安装高分辨率日夜转换变焦半球摄像机一台，并在适当位置安装拾音器，全面监控收银服务区域，应能清晰看到顾客相貌、衣着特征，收银员与顾客现金交易、商品买卖详细情况，收银员往投币口投币情况及收银服务区商品。

(6) 便利店销售区的配置

应在便利店内墙顶部安装一定数量的高分辨率日夜转换变焦半球摄像机，全面监控便利店商品、顾客选择商品的动作、便利店人员进出及流动情况。

3. 加油站监控系统发现某个摄像机在监控系统显示器的画面上无图像，仅有“无视频信号”或“无网络视频”的提示，可能是什么原因？

基本可以断定是因为前端视频信号没有正常传送至控制设备所致。可能是由于以下几种原因：①摄像机未正常供电，没有工作。②BNC头焊接不牢靠或水晶头没做好，视频线或网线断路，不能正常传送信号等。

4. 加油站监控系统发现监控系统画面上会出现木纹状干扰情况是什么原因，如何处理？

加油站监控系统有时监控系统画面上会出现木纹状干扰情况，这种干扰轻微时不会淹没正常图像，但严重时就无法观看图像，甚至会破坏同步。产生该现象的原因比较复杂，存在以下几种可能性：①视频传输线的质量不佳，尤其是屏蔽性能差(屏蔽网不是质量很好的铜线网，或屏蔽网过稀而起不到屏蔽作用)造成的。②线路电阻过大，造成信号产生衰减是加重故障的原因之一。③供电系统的电源不“洁净”，这里所指的电源不“洁净”，是指在正常的电源上叠加有干扰信号，而这种电源上的干扰信号，多来自本电网中使用的其他设备，另外如果系统附近有很强的干扰源也会导致不“洁净”。处理方法也因原因而异：若是电源线质量问题，最好的办法当然是将电源线路换成符合要求的电缆。若是供电系统不“洁净”引起的，只要对整个系统采用净化电源就基本上可以解决问题。若是系统附近有很强的干扰源，解决的办法是加强摄像机的屏蔽，以及对视频电缆线的管道进行接地处理等。

第四章　施工作业安全许可

第一节　动火作业

1. 动火作业的定义？

直接或间接产生明火的工艺设备以外的禁火区内可能产生火焰、火花或炽热表面的非常规作业，如使用电焊、气焊(割)、喷灯、电钻、砂轮等进行的作业。

2. 加油站动火级别怎样确定？

固定动火区外的动火作业一般分为二级动火、一级动火、特级动火三个级别，遇节日、假日或其他特殊情况，动火作业应升级管理。

特级动火作业：在生产运行状态下的易燃易爆生产装置、输送管道、储罐、容器等部位上及其他特殊危险场所进行的动火作业，带压不置换动火作业按特级动火作业管理。

一级动火作业：在易燃易爆场所进行的除特级动火作业以外的动火作业。

二级动火作业：除特级动火作业和一级动火作业以外的动火作业。凡生产装置或系统全部停车，装置经清洗、置换、分析合格并采取安全隔离措施后，可根据其火灾、爆炸危险性大小，经所在单位安全管理部门批准，动火作业可按二级动火作业管理。

3. 固定动火作业区的定义？

固定动火作业区是除特级、一级、二级动火范围外，从没有火灾危险性区域划出固定动火作业区。在二级以上动火区域内，不得设固定动火作业区。

4. 加油站动火作业现场基本要求有什么？

一是动火作业应有专人监火，作业前应清除动火现场及周围的易燃物品，或采取其他有效安全防火措施，并配备消防器材，满足作业现场应急需求；

二是动火点周围或其下方的地面如有可燃物、空洞、窨井、地沟、水封等，应检查分析并采取清理或封盖等措施；对于动火点周围有可能泄漏易燃、可燃物料的设备，应采取隔离措施；三是凡在盛有或盛装过危险化学品的设备、管道等生产、储存设施及处于甲、乙类区域的生产设备上动火作业，应将其与生产系统彻底隔离，并进行清洗、置换，分析合格后方可作业；四是拆除管线进行动火作业时，应先查明其内部介质及其走向，并根据所要拆除管线的情况制订安全防火措施；五是在有可燃物构件和使用可燃物做防腐内衬的设备内部进行动火作业时，应采取防火隔绝措施；六是在生产、使用、储存氧气的设备上进行动火作业时，设备内氧含量不应超过23.5%；七是动火期间距动火点30m内不应排放可燃气体；距动火点15m内不应排放可燃液体；在动火点10m范围内及动火点下方不应同时进行可燃溶剂清洗或喷漆等作业；八是铁路沿线25m以内的动火作业，如遇有装有危险化学品的火车通过或停留时，应立即停止；九是使用气焊、气割动火作业时，乙炔瓶应直立放置，氧气瓶与之间距不应小于5m，二者与作业地点间距不应小于10m，并应设置防晒设施；十是作业完毕应清理现场，确认无残留火种后方可离开；十一是五级以上(含五级)天气，原则上禁止露天动火作业，因生产确需动火，动火作业应升级管理。

5. 动火分析的要求是什么？

动火分析的监测点要有代表性，在较大的设备内动火，应对上、中、下各部位进行监测分析；在较长的物料管线上动火，应在彻底隔绝区域内分段分析。

在设备外部动火，应在不小于动火点10m范围内进行动火分析。

动火分析与动火作业间隔一般不超过30min，如现场条件不允许，间隔时间可适当放宽，但不应超过60min。

作业中断时间超过60min，应重新分析，每日动火前均应进行动火分析；特殊动火作业期间应随时进行检测。

使用便携式可燃气体检测仪或其他类似手段进行分析时，检测设备应经标准气体用品标定合格。

6. 动火作业动火分析合格标准是什么？

当被测气体或蒸气的爆炸下限大于或等于4%时，其被测浓度应不大于

0.5%(体积)；当被测气体或蒸气的爆炸下限小于4%时，其被测浓度应不大于0.2%(体积)。

7. 什么是“三不动火”？

没有经过批准的不动火；没有动火监护人或动火监护人不在场不动火；防火措施不落实不动火。

8. 加油站动火作业安全措施有什么？

在正常运行生产区域内，凡可用可不用的动火一律不动火，凡能拆下来的设备、管线均应拆下来移到安全地方动火，严格控制一级动火。

各级动火审批人应亲临现场检查，督促动火单位落实防火措施后，方可审签许可证。

一张动火作业许可证只限一处动火，实行一处(一个动火地点)、一证(动火作业许可证)、一人(动火监护人)，不能用一张许可证进行多处动火。

许可证有效时间为一个作业周期。国标 GB 30871《化学品生产单位特殊作业安全规范》规定，特级和一级动火作业有效时间不超过 8h，二级动火作业有效时间不超过 72h。若中断作业超过 1h 后继续动火，监护人、动火人和现场负责人应重新确认。固定动火作业区，每半年检查认定 1 次。

在动火前应清除现场一切可燃物，并准备好消防器材，满足现场应急需求。动火期间，距动火点 30m 内严禁排放各类可燃气体，15m 内严禁排放各类可燃液体；在动火点 10m 范围内及下方不应同时进行可燃溶剂清洗或喷漆等作业。

动火点周围或其下方的地面如有可燃物、空洞、窨井、地沟、水封等，应检查分析并采取清理或封盖等措施；对于动火点周围有可能泄漏易燃、可燃物料的设备，应采取隔离措施。

使用气焊、气割动火作业时，乙炔瓶应直立放置，与氧气瓶之间间距不应小于 5m，二者与作业地点间距不应小于 10m，并应设置防晒设施。

五级以上(含五级)天气，原则上禁止露天动火作业，因生产确需动火，动火作业应升级管理。

拆除管线进行动火作业时，应先查明其内部介质及其走向，并根据所要拆除管线的情况制定安全防火措施。

9. 加油站安全动火管理的范围包括哪些?

加油站火灾爆炸危险场所内进行以下作业或使用其中设施均应纳入安全动火管理范围。

(1) 各种焊接、切割作业;

(2) 使用喷灯、火炉、液化气炉、电炉;

(3) 烧、烤、煨管线、锤击(产生火花)物件和产生火花的作业;

(4) 临时用电、使用不防爆的电动工具和不防爆的电气等。

10. 动火监护人的资格有哪些?

应参加由安全监督管理部门组织的动火监护人培训班，考核合格后由安全监督管理部门发放动火监护人资格证书，做到持证上岗；了解动火区域或岗位的生产过程，熟悉工艺操作和设备状况；有较强的责任心，出现问题能正确处理；有处理应对突发事故的能力。.

11. 动火监护人的职责是什么?

在接到动火作业许可证后，应在安全技术人员和单位领导的指导下，逐项检查落实防火措施；检查动火现场的情况；动火过程中发现异常情况应及时采取措施；监火时应佩戴明显标志；动火过程中不得离开现场，确需离开时，由监护人收回动火许可证，暂停动火。

12. 动火监护人的权限是什么?

当发现动火部位与许可证不相符合，或者动火安全措施不落实时，动火监护人有权制止动火；当动火出现异常情况时有权停止动火；对动火人不执行“三不动火”又不听劝阻时，有权收回许可证，并向上级报告。

13. 动火作业的危害识别步骤是什么?

动火作业前，用火作业申请单位应会同施工单位针对现场和作业过程中可能存在的危害因素，运用JSA(工作安全分析)等方法进行风险分析，制定相应的作业程序及安全措施。动火作业前风险分析的内容，要涵盖作业过程的步骤、作业所使用的工具和设备、作业环境的特点以及作业人员的情况等。未实施作业前风险分析、预防控制措施不落实，不能进行作业。制定的安全措施在许可证中应进行落实确认。

第二节　受限空间作业

1. 受限空间的定义是什么?

受限空间是指进出口受限，通风不良，可能存在易燃易爆、有毒有害物质或缺氧，对进入或探入人员的身体健康和生命安全构成威胁的封闭、半封闭设施及场所，如反应器、塔、釜、槽、罐、炉膛、锅筒、管道以及地下室、窨井、坑(池)、下水道或其他封闭、半封闭场所。

2. 进入受限空间前，对受限空间安全隔离的要求是什么?

与受限空间连通的可能危及安全作业的管道应采用插入盲板或拆除一段管道进行隔绝；与受限空间连通的可能危及安全作业的孔、洞应进行严密地封堵；

受限空间内用电设备应停止运行并有效切断电源，在电源开关处上锁并加挂警示牌。

3. 进入受限空间前，安全教育及安全措施应包含什么内容?

基层单位及施工单位现场安全负责人应对现场监护人和作业人员进行必要的安全教育。至少包括有关安全规章制度；可能存在的危险、危害因素及应采取的安全措施；个体防护器具的使用方法及注意事项；事故的预防和自救知识；相关事故的经验和教训。

制定安全应急预案或安全措施，其内容包括作业人员紧急状况时的逃生路线和救护方法，监护人与作业人员约定联络信号，现场应配备的救生设施和灭火器材等。现场人员应熟知应急预案内容，在受限空间外的现场配备一定数量符合规定的应急救护器具(包括空气呼吸器、供风式防护面具、救生绳等)和灭火器材。出入口内外不得有障碍物，保证其畅通无阻，便于人员出入和抢救疏散。

4. 进入受限空间照明及用电安全要求是什么?

进入受限空间作业应使用安全电压和安全行灯。进入金属容器和特别潮湿、工作场地狭窄的非金属容器内作业，照明电压不大于12V。潮湿环境作业时，作业人员应站在绝缘板上，同时保证金属容器接地可靠。需使用电动工具或照明电压大于12V时，应按规定安装漏电保护器，其接线箱(板)严禁带入容器内使用。作业环境原来盛装爆炸性液体、气体等介质的，应使用防爆电筒或电压不大于12V的防爆安全行灯，行灯变压器不得放在容器内或容器上；作业人员应穿戴防静电服装，使用防爆工具，严禁携带手机等非防爆通信工具和其他非防爆器材。

5. 进入受限空间作业应注意哪些要求？

进入受限空间作业，不得使用卷扬机、吊车等运送作业人员；作业人员所带的工具、材料须登记，禁止与作业无关的人员和物品工具进入受限空间。

在特殊情况下，作业人员可戴供风式面具、空气呼吸器，必要时应拴带救生绳等。使用供风式面具时，必须安排专人监护供风设备。

进入受限空间作业期间，严禁同时进行各类与该受限空间有关的试车、试压或试验。

发生人员中毒、窒息的紧急情况，抢救人员必须佩戴隔离式防护面具进入受限空间，严禁无防护救援，并至少有1人在受限外部负责联络工作。

作业停工期间，应在入口处设置警告牌，严禁入内，并采取措施防止人员误进。作业结束后，应对受限空间进行全面检查，清点人数和工具，确认无误后，施工单位和基层单位双方签字验收，人孔立即封闭。

所有打开的人孔分析合格之前及非作业期间必须要用人孔封闭器进行封闭并挂严禁进入警示牌，严禁私自进入。

作业期间发生异常变化，应立即停止作业，经处理并达到安全作业条件后，需重新办理作业许可证，方可继续作业。

6. 进入受限空间前气体浓度检测标准？

氧含量为18%~21%，富氧环境下不应大于23.5%。

可燃气体浓度的范围：当被测气体或蒸气的爆炸下限大于或等于4%时，其被测浓度应不大于0.5%(体积分数)；当被测气体或蒸气的爆炸下限小于4%时，其被测浓度应不大于0.2%(体积分数)。

7. 受限空间“三不进入”是什么？

即无进入受限空间作业许可证不进入，监护人不在场不进入，安全措施不落实不进入。

8. 受限空间作业时现场监测的要求有哪些？

作业前30min内，应对受限空间进行气体采样分析，分析合格后方可进入，如现场条件不允许，时间可适当放宽，但不应超过60min。

监测点应有代表性，容积较大的受限空间，应对上、中、下各部位进行监测分析。

分析仪器应在校验有效期内，使用前应保证其处于正常工作状态。

监测人员深入或探入受限空间采样时应采取规定的个体防护措施。

作业中应定时监测，至少每2h监测一次，如监测分析结果有明显变化，应立即停止作业，撤离人员，对现场进行处理，分析合格后方可恢复作业。

对可能释放有害物质的受限空间，应连续监测，情况异常时应立即停止作业，撤离人员，对现场处理，分析合格后方可恢复作业。

涂刷具有挥发性溶剂的涂料时，应做连续分析，并采取强制通风措施。

作业中断时间超过30min时，应重新进行取样分析。

9. 加油站进入受限空间作业应采取哪些防护措施？

缺氧或有毒的受限空间经清洗或置换仍达不到要求的，应佩戴隔离式呼吸器，必要时应拴带救生绳。

易燃易爆的受限空间经清洗或置换仍达不到要求的，应穿防静电工作服及防静电工作鞋，使用防爆型低压灯具及防爆工具。

高温的受限空间，进入时应穿戴高温防护用品，必要时采取通风、隔热、佩戴通信设备等防护措施。

低温的受限空间，进入时应穿戴低温防护用品，必要时采取供暖、佩戴通信设备等措施。

10. 受限空间作业现场监护人员的职责？

作业监护人应熟悉作业区域的环境和工艺情况，有判断和处理异常情况的能力，掌握急救知识。

作业监护人在作业人员进入受限空间作业前，负责对安全措施落实情况进行检查，发现安全措施不落实或不完善时，有权拒绝作业。

作业监护人应清点出入受限空间的作业人数，在出入口处保持与作业人员的联系，严禁离岗。当发现异常情况时，应及时制止作业，并立即采取救护措施。

作业监护人应随身携带许可证。

在受限空间外应设有专人监护，作业期间监护人员不应离开或做与监护无关的事。

在风险较大的受限空间作业时，应增设监护人员，并随时与受限空间内作业人员保持联络。

11. 进入受限空间作业人员的职责？

持有效的许可证方可施工作业。

作业前应充分了解作业的内容、地点(位号)、时间和要求，熟知作业中的危害因素和安全措施。

许可证中所列安全防护措施须经落实确认、监护人同意后，方可进入受限空间内作业。

作业人员在规定安全措施不落实、作业监护人不在场等情况下有权拒绝作业，并向上级报告。

服从作业监护人的指挥，禁止携带作业器具以外的物品进入受限空间。如发现作业监护人不履行职责，应立即停止作业。

在作业中发现异常情况或感到不适应、呼吸困难时，应立即向作业监护人发出信号，迅速撤离现场，严禁在有毒、窒息环境中摘下防护面罩。

12. 受限空间作业许可证的有效期限？

许可证的有效期为24h。当作业中断1h以上再次作业前，应重新对环境条件和安全措施进行确认；当作业内容和环境条件变更必须重新办理许可证。

第三节 临时用电

1. 简述临时用电的定义。

正式运行的电源上所接的非永久性用电。

2. 临时用电要求有怎样的安全措施？

(1) 有自备电源的施工和检修队伍，自备电源不得接入公用电网；

(2) 安装临时用电线路的电气作业人员，必须持有电工作业证；

(3) 动力和照明线路应分路设置。

(4) 在开关上接引、拆除临时用电线路时，其上级开关应断电上锁并加挂安全警示牌。

(5) 临时用电应设置保护开关，使用前应检查电气装置和保护设施可靠性。所有临时用电设备均应设置接地保护。

（6）临时用电设备和线路必须按供电电压等级和容量正确使用，所用的电气元件必须符合国家规范标准要求。

3. 临时用电电源施工、安装必须严格执行电气施工安装规范，并有良好接地并满足哪些要求？

（1）在防爆场所使用的临时电源、电气元件和线路要达到相应的防爆等级要求，并采取相应的防爆安全措施。

（2）临时用电线路及设备应有良好的绝缘，所有的临时用电线路应采用耐压等级不低于500V的绝缘导线；临时用电线路经过有高温、振动、腐蚀、积水及产生机械损伤等区域，不应有接头，并应采取相应的保护措施。

（3）临时用电架空线应采用绝缘铜芯线，并应架设在专用电杆或支架上。其最大弧垂与地面距离，在作业现场不低于2.5m，穿越机动车道不低于5m；架空线必须架设在专用电杆上，严禁架设在树木和脚手架上。

（4）对地埋敷设的电缆线线路必须设有“走向标志”和“安全标志”，电缆埋深不得小于0.7m，穿越公路时必须加设防护套管。

（5）对现场临时用电配电盘、箱要有编号，要有防雨措施，盘、箱、门必须能牢靠关闭。

（6）行灯电压不得超过36V，在特别潮湿的场所或塔、釜、槽、罐等金属设备作业装设的临时照明行灯电压不得超过12V。

（7）临时用电设施应安装符合规范要求的漏电保护器，移动工具、手持式电动工具应逐个配置漏电保护器和电源开关。

4. 办理临时用电作业许可证时，是否需要同时办理动火作业许可证？两证的有效期是否一致？

在运行的生产装置、罐区和具有火灾爆炸危险区场所内一般不允许接临时电源。确属生产必须时，在办理临时用电作业许可证的同时，按规定办理动火作业许可证。临时用电作业许可证有效期与动火作业许可证一致。临时用电时间一般不超过15天，特殊情况不应超过一个月。用电结束后，用电单位应及时通知供电单位拆除临时用电线路。

5. 临时用电作业许可证办理程序？

施工单位负责人持《电工作业操作证》、施工作业单等资料到配送电单位办理许可证。配送电单位在销售企业一般为油库或加油(气)站等。

配送电单位负责人应对作业程序和安全措施进行确认后签发许可证。

施工单位负责人应向施工作业人员进行作业程序和安全措施交底。

作业完工后，施工单位应及时通知配送电单位停电，并作相应确认后，拆除临时用电线路。

在运行的生产装置、罐区和具有火灾爆炸危险场所内不允许随意接临时电源。确属装置生产、检修施工需要临时用电时，在办理许可证前，按规定办理“动火作业许可证”。

第四节 高处作业

1. 什么是高处作业？

在距坠落基准面 2m 及 2m 以上有可能坠落的高处进行的作业。

2. 高处作业是怎样分级的？

（1）高处作业高度在 2~5m 时，称为一级高处作业。

（2）高处作业高度在 5m 以上至 15m 时，称为二级高处作业。

（3）高处作业高度在 15m 以上至 30m 时，称为三级高处作业。

（4）高处作业高度在 30m 以上时，称为特级高处作业。

3. 高处作业直接引起坠落的客观危险因素？

（1）阵风风力五级（风速 8.0m/s）以上；

（2）气温达到或超过 35℃的高温作业；

（3）平均气温等于或低于 5℃的作业环境；

（4）接触冷水温度等于或低于 12℃的作业；

（5）作业场地有冰、雪、霜、水、油等易滑物；

（6）作业场所光线不足或能见度差；

（7）摆动，立足处不是平面或只有很小的平面，即任一边小于 500mm 的矩形平面、直径小于 500mm 的圆形平面或具有类似尺寸的其他形状的平面，致使作业者无法维持正常姿势；

（8）存在有毒气体或空气中含氧量低于 19.5%的作业环境；

（9）可能会引起各种灾害事故的作业环境和抢救突然发生的各种灾害事故。

4. 高处作业是怎样分类的？

高处作业的种类分为一般高处作业和特殊高处作业两种。其中特殊高处作业包括以下几个类别：

（1）在阵风风力六级（风速10.8m/s）以上的情况下进行的高处作业，称为强风高处作业。

（2）在高温或低温环境下进行的高处作业，称为异温高处作业。

（3）降雪时进行的高处作业，称为雪天高处作业。

（4）降雨时进行的高处作业，称为雨天高处作业。

（5）室外完全采用人工照明时进行的高处作业，称为夜间高处作业。

（6）在接近或接触带电体条件下进行的高处作业，统称为带电高处作业。

（7）在无立足点或无牢靠立足点的条件下进行的高处作业，统称为悬空高处作业。

（8）对突然发生的各种灾害事故，进行抢救的高处作业，称为抢救高处作业。

5. 高处作业需采取的安全措施有哪些？

（1）作业人员应配戴符合GB 6095《安全带》要求的安全带。

带电高处作业应使用绝缘工具或穿均压服。

Ⅳ级高处作业（30m以上）宜配备通信联络工具。

（2）高处作业应设专人监护，作业人员不应在作业处休息。

（3）应根据实际需要配备符合GB 26557《吊笼有垂直导向的人货两用施工升降机》等标准安全要求的吊笼、梯子、挡脚板、跳板等，脚手架的搭设应符合国家有关标准。

（4）在彩钢板屋顶、石棉瓦、瓦棱板等轻型材料上作业，应铺设牢固的脚手板并加以固定，脚手板上要有防滑措施。

（5）在临近排放有毒、有害气体、粉尘的放空管线或烟囱等场所进行作业时，应预先与作业所在地有关人员取得联系、确定联络方式，并为作业人员配备必要的且符合相关国家标准的防护器材（如空气呼吸器、过滤式防毒面具或口罩等）。

（6）雨天和雪天作业时，应采取可靠的防滑、防寒措施；遇有五级以上强风、浓雾等恶劣气候，不应进行高处作业、露天攀登与悬空高处作业；暴风雪、台风、暴雨后，应对作业安全设施进行检查，发现问题立即处理。

（7）作业使用的工具、材料、零件等应装入工具袋，上下时手中不应持物，不应投掷工具、材料及其他物品。易滑动、易滚动的工具、材料堆放在脚手架上时，应采取防坠落措施。

(8) 与其他作业交叉进行时，应按指定的路线上下，不应上下垂直作业，如果确需垂直作业应采取可靠的隔离措施。

(9) 因作业必需，临时拆除或变动安全防护设施时，应经作业审批人员同意，并采取相应的防护措施，作业后应立即恢复。

(10) 作业人员在作业中如果发现异常情况，应及时发出信号，并迅速撤离现场。

(11) 拆除脚手架、防护棚时，应设警戒区并派专人监护，不应上部和下部同时施工。

6. 安全帽使用应符合哪些安全要求？

(1) 进去施工现场的人员必须正确佩戴安全帽；

(2) 现场使用的安全帽必须是符合国家相应标准的合格产品。

7. 安全网使用应符合哪些安全要求？

(1) 在建工程外侧应使用密目式安全网进行封闭；

(2) 安全网的材质应符合规范要求；

(3) 现场使用的安全网必须是符合国家标准的合格产品。

8. 安全带使用应符合哪些要求？

(1) 现场作业人员必须系挂安全带；

(2) 安全带的系挂应符合规范要求；

(3) 现场作业人员使用的安全带应符合国家标准。

9. 水平安全绳使用应符合哪些要求？

(1) 手扶水平安全绳设置在高处作业和临边作业的特殊部位，一般采用钢丝绳或带有塑胶套的纤维芯钢丝绳，其技术性能应符合 GB 8918《重要用途安全绳》的要求。

(2) 钢丝绳两端应固定在牢固可靠的构架上，在构架上缠绕不得少于 2 圈，与构架棱角处相接触时应加垫承；

(3) 钢丝绳端部固定连接应使用绳卡（也叫钢丝绳夹头），绳卡压板应在钢丝绳长头的一端，绳卡数量应不少于 3 个，绳卡间距不应小于钢丝绳直径的 6 倍；安全夹头安装在距最后一只夹头约 500mm 左右，应将绳头放出一段安全弯后再与主绳夹紧；

(4) 钢丝绳固定高度应为 1.1～1.4m，每间隔 2m 应设一个固定支撑点，钢丝绳固定后弧垂应为 10～30mm；

(5) 手扶水平安全绳仅作为高处作业特殊情况下，为作业人员行走时的扶绳，严禁作安全带悬挂点使用。应经常的检查固定端或固定点有否松动现象，钢丝绳有否损伤和腐蚀、断股现象。

10. 高处作业人员职责？

(1) 持有经审批同意、有效的许可证方可进行 15m 以上（含 15m）高处作业。

(2) 在作业前充分了解作业的内容、地点（位号）、时间和作业要求，熟知作业中的危害因素和许可证中的安全措施。

(3) 对许可证上的安全防护措施确认后，方可进行高处作业。

(4) 对违反本规定强令作业、安全措施不落实的，作业人员有权拒绝作业，并向上级报告。

(5) 在作业中发现情况异常或感到不适等情况，应发出信号，并迅速撤离现场。

11. 高处作业许可证办理的要求？

(1) 许可证是进行高处作业的依据，不得涂改；如确需修改时，应经签发人在修改内容处签字确认。许可证应妥善保管，保存期为一年。

(2) 许可证的有效期为作业项目一个周期，最长有效期不得超过 3 天，当作业中断，再次作业前，应重新对环境条件和安全措施予以确认；当作业内容和环境条件变更时，需要重新办理许可证。

第五节 动土作业

1. 什么是动土作业？

挖土、打桩、钻探、坑探、地锚入土深度在 0.5m 以上，使用推土机、压路机等施工机械进行填土或平整场地等可能对地下隐蔽设施产生影响的作业。

2. 动土作业需注意的事项？

(1) 作业前，应检查工具、现场支撑是否牢固、完好，发现问题应及时处理。

（2）作业现场应根据需要设置护栏、盖板和警告标志，夜间应悬挂警示灯。

（3）在动土开挖前，应先做好地面和地下排水，防止地面水渗入作业层面造成塌方。

（4）作业前应首先了解地下隐蔽设施的分布情况，动土邻近地下隐蔽设施时，应使用适当工具挖掘，避免损坏地下隐蔽设施。如暴露出电缆、管线以及不能辨认的物品时，应立即停止作业，妥善加以保护，报告动土审批单位处理，经采取措施后方可继续动土作业。

（5）作业人员在沟(槽、坑)下作业应按规定坡度顺序进行，使用机械挖掘时不应进入机械旋转半径内；深度大于2m时应设置人员上下的梯子，保证人员快速进出设施；两人以上作业人员同时挖土时应相距2m以上，防止工具伤人。

（6）作业人员发现异常时，应立即撤离作业现场。

（7）在化工危险场所动土时，应与有关操作人员建立联系，当化工装置发生突然排放有害物质时，化工操作人员应立即通知动土作业人员停止作业，迅速撤离现场。

（8）施工结束后应及时回填土石，并恢复地面设施。

3. 动土作业前需采取的安全措施？

（1）动土前，施工单位应按照施工方案，逐条落实安全措施，并对所有作业人员进行安全教育和安全技术交底后方可施工。动土作业涉及到电力、电信、地下供排水管线、生产工艺埋地管道等地下设施时，施工单位应安排专人进行施工安全监督。

（2）破土开挖前，施工单位应做好地面和地下排水工作，严防地面水渗入作业层面造成塌方。动土开挖时，应防止邻近建(构)筑物、道路、管道等下沉和变形，必要时采取防护措施，加强观测，防止位移和沉降；要由上至下逐层挖掘，严禁采用挖空底脚和挖洞的方法。在动土开挖过程中应采取防止滑坡和塌方措施。

4. 动土作业过程需采取的安全措施？

（1）作业人员在作业中应按规定着装和佩戴劳动保护用品。

（2）对施工过程中，出现下列情形，应及时报告建设单位，采取有效措施后方可继续进行作业：

① 需要占用规划批准范围以外场地。

② 可能损坏道路、管线、电力、邮电通信等公共设施。

③ 需要临时停水、停电、中断道路交通。

④ 需要进行爆破的。

(3) 在道路上(含居民区)及危险区域内施工，应在施工现场设围栏及警告牌，夜间应设警示灯。在地下通道施工或进行顶管作业影响地上安全，或地面活动影响地下施工安全时，应设围拦、警示牌、警示灯。

(4) 在施工过程中，如发现不能辨认物体，不得敲击、移动，应立即停止作业，并报建设单位，待查清情况、采取有效措施后，方可继续施工。

(5) 在雨期和解冻期进行土方工程作业时，应及时检查土方边坡，当发现边坡有裂纹或不断落土及支撑松动、变形、折断等情况应立即停止作业，经采取可靠措施并检查无问题后方可继续施工。

(6) 在动土开挖过程中，出现滑坡、塌方或其他险情时，要做到：

① 立即停止作业。

② 先撤出作业人员及设备。

③ 挂出明显标志的警告牌，夜间设警示灯。

④ 划出警戒区，设置警戒人员，日夜值勤。

⑤ 通知设计、工程建设和安全等有关部门，共同对险情进行调查处理。

5. 挖掘坑、槽、井、沟等作业，应遵守哪些规定？

(1) 挖掘土方应自上而下逐层挖掘，不应采取挖底脚的办法挖掘；使用的材料、挖出的泥土应堆放在距坑、槽、井、沟边沿至少0.8m处，挖出泥土不应堵塞下水道和窨井；

(2) 不应在土壁上挖洞攀登；

(3) 不应在坑、槽、井、沟上端边沿站立、行走；

(4) 应视土壤性质、湿度和挖掘深度设置安全边坡或固壁支撑。

(5) 在坑、槽、井、沟的边缘安防机械、铺设轨道及通行车辆时，应保持适当距离，采取有效的固壁措施，确保安全；

(6) 在拆除固壁支撑时，应从下而上进行；更换支撑时，应先装新的，后拆旧的；

(7) 不应在坑、槽、井、沟内休息。

6. 动土作业许可证办理的要求？

(1) 许可证一式三联，第一联交由建设单位留存，第二联交施工单位，第三联交现场施工基层单位(油库或加油站)。

(2) 一个施工点、一个施工周期应办理一张作业许可证。

(3) 严禁涂改、转借动土作业许可证、不得擅自变更动土作业内容、扩大作业范围或转移作业地点。

(4) 许可证保存期为1年。

第六节 起重作业

1. 什么是起重作业?

利用各种吊装机具将设备、工件、器具、材料等吊起，使其发生位置变化的作业过程。

2. 起重作业的分级?

起重作业按照吊装重物质量 m 不同分为:

(1) 一级吊装作业: $m>100t$;

(2) 二级吊装作业: $40t\leqslant m\leqslant 100t$;

(3) 三级吊装作业: $m<40t$。

3. 起重作业采取的安全措施?

(1) 吊装现场应设置安全警戒标志，并设专人监护，非作业人员禁止入内。

(2) 不应靠近输电线路进行吊装作业。确需在输电线路附近作业时，起重机械的安全距离应大于起重机械的倒塌半径并符合 DL 409《电业安全工作规程(电力线路部分)》的要求；不能满足时，应停电后再进行作业。吊装场所如有含危险物料的设备、管道等时，应制定详细吊装方案，并对设备、管道采取有效防护措施，必要时停车，放空物料，置换后进行吊装作业。

(3) 大雪、暴雨、大雾及六级以上风时，不应露天作业。

(4) 作业前，作业单位应对起重机械、吊具、索具、安全装置等进行检查，确保其处于完好状态。

(5) 应按规定负荷进行吊装，吊具、索具经计算选择使用，不应超负荷吊装。

(6) 不应利用管道、管架、电杆、机电设备等作为吊装锚点。未经土建专业审查核算，不应将建筑物、构筑物作为锚点。

（7）起吊前应进行试吊，试吊中检查全部机具、地锚受力情况，发现问题应将吊物放回地面，排除故障后重新试吊，确认正常后方可正式吊装。

（8）指挥人员应佩戴明显的标志。

4. 起重作业机械操作人员应遵守哪些原则？

（1）按指挥人员发出的指挥信号进行操作；任何人发出的紧急停车信号均应立即执行；吊装过程中出现故障，应立即向指挥人员报告。

（2）重物接近或达到额定起重吊装能力时，应检查制动器，用低高度、短行程试吊后，再吊起。

（3）利用两台或多台起重机械吊运同一重物时应保持同步，各台起重机械所承受的载荷不应超过各自额定起重能力的80%。

（4）下放吊物时，不应自由下落(溜)；不应利用极限位置限制器停车。

（5）不应在起重机械工作时对其进行检修；不应有载荷的情况下调整起升变幅机构的制动器。

（6）停工和休息时，不应将吊物、吊笼、吊具和吊索悬在空中。

（7）以下情况不应起吊：

① 无法看清场地、吊物，指挥信号不明；

② 起重臂吊钩或吊物下面有人、吊物上有人或浮置物；

③ 重物捆绑、紧固、吊挂不牢，吊挂不平衡，绳打结，绳不齐，斜拉重物，棱角吊物与钢丝绳之间没有衬垫；

④ 重物质量不明、与其他重物相连、埋在地下、与其他物体冻结在一起。

5. 起重作业完毕应做的工作？

（1）将起重臂和吊钩收放到规定位置，所有控制手柄均应放到零位，电气控制的起重机械的电源开关应断开；

（2）对在轨道上作业的吊车，应将吊车停放在指定位置有效锚定；

（3）吊索、吊具应收回，放置到规定位置，并对其进行例行检查。

第七节　盲板抽堵作业

1. 盲板抽堵作业的定义是什么？

在设备、管道上安装和拆卸盲板的作业。

2. 盲板抽堵作业的要求?

（1）应预先绘制盲板位置图，对盲板进行统一编号，并设专人统一指挥作业。

（2）应根据管道内介质的性质、温度、压力和管道法兰密封面的口径等选择相应材料、强度、口径和符合设计、制造要求的盲板及垫片。高压盲板使用前应经超声波探伤。

（3）作业单位应按图进行盲板抽堵作业，并对每个盲板设标牌进行标识，标牌编号应与盲板位置图上的盲板编号一致。生产车间(分厂)应逐一确认并做好记录。

3. 盲板抽堵作业的安全措施?

（1）在有毒介质的管道、设备上进行盲板抽堵作业时，作业人员应选用合适的防护用具。

（2）在易燃易爆场所进行盲板抽堵作业时，作业人员应穿防静电工作服、工作鞋，并应使用防爆灯具和防爆工具；距盲板抽堵作业地点 30m 内不应有动火作业。

（3）在强腐蚀性介质的管道、设备上进行盲板抽堵作业时，作业人员应采取防止酸碱灼伤的措施。

（4）介质温度较高、可能造成烫伤的情况下，作业人员应采取防烫措施。

（5）不应在同一管道上同时进行两处及两处以上的盲板抽堵作业。

（6）盲板抽堵作业结束，由作业单位和基层单位专人共同确认。

（7）作业时，作业点压力应降为常压，并设专人监护。

4. 盲板抽堵作业许可证管理要求?

（1）一块盲板、一次作业办理一张许可证。

（2）许可证由基层单位生产管理岗位人员负责办理。

（3）保存期限为 1 年，涉及受限空间、动火特殊作业的《盲板抽堵作业许可证》《盲板确认汇总表》应随相应作业许可证保存。

（4）作业许可证严禁涂改，作业内容、地点、范围等变更时，必须重新办理许可证。

第五章　加油站日常作业安全

第一节　油品应用知识

1. 我国轻质柴油标准有哪些？

目前，我国柴油标准为 GB 19147—2016《车用柴油》，此标准仅适用于以石油为原料的不同炼制工艺组分调和而成并加有少量添加剂的燃油。

除此之外，我国在多种能源利用政策下，还利用煤、生物质原料生产柴油组分，如已经发布实施的标准包括 GB/T 31090—2014《煤炭直接液化柴油组分油》、GB/T 29720—2013《煤基费托合成柴油组分油》、GB 25199—2017《B5 柴油》等。

2. 普通柴油与车用柴油（Ⅴ）有何区别？

（1）适用范围不同

普通柴油适用于拖拉机、内燃机车、工程机械、船舶和发电机组等压燃式发动机，也可用做三轮汽车和低速货车的燃料。

车用柴油适用于压燃式高速柴油机，如设计车速高于 70km/h 的四轮柴油汽车。

（2）质量指标不同

① 色度。由于炼制工艺或有不同，普通柴油保留色度指标，而要达到车用柴油所有指标要求，色度不再成为问题，故色度不作为车用柴油控制指标。

② 硫含量。普通柴油降硫的速度要慢于车用柴油，2017 年 1 月 1 日车用柴油执行硫含量不大于 10mg/kg 的要求。普通柴油于 2018 年 1 月 1 日执行此要求。

③ 多环芳烃。车用柴油（国Ⅴ）规定了多环芳烃含量不大于 11%（质量分数），普通柴油标准中无此要求。

④ 着火性。质量升级的关键指标，车用柴油（国Ⅴ）提高了十六烷值（指数）要求，对于 0 号柴油，规定为不小于 51（49），普通柴油十六烷值（指数）

规定为不小于45(43)，而采用环烷基和中间基原油炼制的柴油允许其十六烷值(指数)不小于40。

⑤ 密度。密度与炼制工艺密切相关，达到国Ⅳ、国Ⅴ等级的车用柴油密度相应减小，由于密度降低会减少排放、提高燃烧性能，故车用柴油(国Ⅴ)对5号、0号、-10号柴油规定20℃密度为810~850kg/m^3，其他牌号的柴油密度为790~840kg/m^3。而普通柴油对柴油密度仅要求报告值。

3. 油品颜色能代表油品质量吗？

在生产过程中，色度可以间接表明油品的精制程度；在储存过程中，色度的变化可以间接衡量油品的安定性。

对成品油来说，随着油品质量的升级换代，正规炼厂的柴油颜色呈现逐步浅化的现象，即由原来的浅棕色发展到黄棕色，再到微黄绿色或无色，也就是说标准等级越高，颜色越浅。石油产品的颜色与原油的性质、加工工艺、精制深度等因素有关。从炼制工艺来讲，未经加氢的焦化柴油、催化柴油颜色都比较深，直馏柴油基本无色，加氢精制柴油呈微黄绿色，加氢裂化的柴油基本无色。成品柴油作为调和产物，颜色深表明含胶质、大分子、芳烃较多，不一定不合格，但是非理想组分较多。

从经验看，符合国Ⅳ、国Ⅴ标准的柴油应该是淡黄色(淡绿色、无色)、透明，略微带有荧光，荧光是由多环芳烃被加氢后生成的化合物带来。若颜色发棕色，就需要查明原因。混浊发白的柴油一般是混入了水分。

对普通柴油来说，因为其十六烷值较低、硫含量较高，对多环芳烃含量没有限制要求，因此需要以色度来辅助控制颜色或油品组成。

4. 如何简单判断柴油的好坏？

(1) 观察外观透明度

合格柴油应清澈透明、无肉眼可见的杂质，不应浑浊乳化。

(2) 看颜色

国Ⅳ、国Ⅴ的柴油应该是淡黄绿色(略微带荧光)或无色、透明，普通柴油应为淡黄色或浅棕色的透明液体，颜色深暗表明可能含有非常规组分。

(3) 闻气味

炼制柴油有独特的混合烃类味道，酸、臭、刺鼻等明显异常的气味均表明柴油中可能有非常规组分。

（4）手捻

感觉应有轻微黏性，不应干涩或黏稠，挥发不能太快或无挥发。

（5）测密度

可采用质量/体积方法大致测定密度，密度在 800～880kg/m^3 范围外的柴油应引起注意。

（6）从发动机的状况判定

如听发动机声音，有敲缸声，说明可能十六烷值较低或混有轻质油品，如汽油或煤油等；看尾气，排黑烟或白烟，可能是十六烷值过大或过小，或油品含水；凭感受，加速无力抖动、油耗高，可能的原因是油品含杂质多，滤网堵塞或某一油路供油不畅；或润滑性差，堵塞喷油泵；或十六烷值过小或过大，燃烧不良；或堵塞喷嘴，雾化不良。

5. 如何确定柴油是否合格？

柴油是否合格的判断依据是相应的国家标准或协议标准，但是由于标准中的指标并不能完全保证柴油的使用性能，如添加的某些化合物，并不会导致柴油指标不合格，但会使汽车出现故障。所以对于正规大公司生产的柴油，可以将国家标准作为判定合格与否的依据，对于其他置信度不高的供应商提供的油品，需要增加判定依据，如内控指标。对于公司内部交接，作为流程性材料，在过程可控的情况下，应按照流程中油品可能受影响的风险点确定接收准则，如不同地市间的移库可采用外观、密度比对方式判定，油库至油站的配送可采用外观、水杂、气味、密度比对等指标来判断。对于任何一批柴油，在确定样品具有代表性后，只要一个项目检验不合格即判定该批油品不合格。

6. 劣质柴油主要表现在哪些方面？

（1）市场上的劣质柴油主要表现

① 化工原料或燃料油勾兑，如不达标的生物柴油、煤化工制油，甲醇、乙醇、聚甲氧基甲缩醛[$CH_3O(CH_2O)_nCH_3$]、乙二醇二甲醚、二乙二醇单甲醚等化工产品；组分不连续，十六烷值分布不均匀，蒸馏曲线显示局部过陡、不平缓等。

② 馏分过轻或过重，如 T95 低于 300℃ 或 T50 小于 250℃（非煤制油）；密度偏大或偏小（低于 820kg/m^3 或高于 890kg/m^3）；或密度和馏程不能呈现常规柴油的相关性。

③ 加热过程中变色，如含有较多十六烷值改进剂的柴油，在 100℃ 即产

生“可乐”状颜色，表明基础柴油十六烷值较低，加入的十六烷值改进剂较多。

④ 外观浑浊，肉眼可见水杂或污染物多，水分离性能不好，遇水浑浊；颜色较深虽无肉眼可见污染但堵塞倾向性大。

⑤ 有刺激性气味或有臭味。

⑥ 闪点偏低或偏高，黏度偏大或偏小，冷滤点和浊点相差较多，如大于5℃。

⑦ 润滑性差。

(2) 在发动机上的表现

① 燃烧不完全、产生积炭、堵塞气门，冒黑烟、排放增大、污染环境。

② 燃烧粗暴，有明显敲击声，缩短发动机寿命。

③ 损坏发动机的供油系统(包括高压泵、高压油轨、喷油器)，造成输油管及滤清器堵塞。

④ 车辆抖动、熄火，冷启动困难。

⑤ 污染物堵塞喷油器喷孔，使喷油器工作压力降低，雾化不好，燃烧不充分、排放恶化，动力下降，燃油消耗增加。

⑥ 润滑性差，燃油泵、喷油器磨损，油路系统受损，降低喷油压力，供油不足、动力下降，排放增大。

⑦ 产生腐蚀。

⑧ 使用性能差，包括动力性差、排放超标、油耗大。

7. 为什么柴油标准中规定“应无肉眼可见的水杂”？

水杂会对储设施、汽车造成什么危害？研究表明，在较强的光线照射下，人的肉眼可以分辨的最小微粒约在10μm，所以，“无肉眼可见的杂质”可理解为柴油中即使含有杂质其大小也基本在10μm以下；而柴油机燃油滤清器的孔径一般在4~18μm，即肉眼分辨率几乎等同于滤清器的过滤能力。无肉眼可见杂质的油品对滤清器基本不会造成显著影响。

油品中过多的水杂会引起以下问题：水分会引发油品变质，加速油品的氧化和生胶；溶解在水中的含硫及酸性、腐蚀性物质会对油品储运设施产生腐蚀；水会促使油中的极性添加剂乳化，堵塞供油系统的管线和过滤器；水分还会将溶解于水中的盐带入汽缸内，生成积炭，增加汽缸的磨损；在低温情况下，燃料中的水分会结冰堵塞发动机油路，影响供油。杂质会加快发动机喷油泵、喷油器等精密偶件的机械磨损，严重时会造成车辆事故。

8. 柴油色度大会产生什么问题?

颜色是油品安定性的直观表现，柴油颜色与原油性质、加工工艺和精制深度密切相关，刚出装置的柴油馏分一般无色，在受到光、热等外界条件的影响下会发生氧化、聚合反应，生成复杂的带色分子，这些分子常常既带有双键又含有硫氮氧及金属离子，易形成共轭体系，如柴油中的吡咯及其衍生物，很易聚合生成黑色胶状物质，使柴油显深色。所以柴油色度大意味着其中含有较多的胶质和硫氮氧等杂质化合物，这种柴油易生成沉淀物和胶质，沉积在燃烧室和喷油嘴上，使活塞黏结并加大磨损，进而造成燃烧不完全、油耗增加、排放恶化等不良现象。

9. -10#车用柴油能否保证在气温-10℃时使用?

柴油的牌号是按照凝点划分的，但是凝点与实际使用温度并没有很好的对应性，具有良好对应性的项目是冷滤点。冷滤点一般比凝点高 4~5℃，因此-10#油品一般适于在最低气温为-4~-5℃的环境下使用。当然，柴油的实际使用性能还与车辆的供油管路结构、滤清器的清洁程度和使用寿命等因素有关。对于燃油滤清器较长时间没有更换和滤清器孔径特别小(如 4μm)的车辆，在低温下，柴油中析出的蜡加上长期积累的污垢，更易堵塞滤清器，从而造成供油不畅。部分车辆的输油管暴露在空气中，在低温下输油管堵塞，也会造成供油中断。

10. 清净剂(燃油宝)的作用是什么? 油品升级后还需要加燃油宝吗?

燃油清净剂如燃油宝，主要作用是保证汽车油路系统、进气系统(包括喷油嘴、进气阀和气缸)的清洁、抑制并逐渐清除油泥、积炭和沉积物，还具备一定的防锈、抗氧化、润滑等作用。使用清净剂可以改善发动机工况，减少有害物质的排放，降低噪声，并在一定程度上节省燃油。

汽柴油均是由各种烃类化合物和少量合适的添加剂组成，在发动机中燃烧时不可避免会产生积炭，虽然随着油品质量升级，其中的硫氮氧等杂质含量大幅减少，且烃类组成更有利于提高燃料燃烧性能，但有资料表明，硫氮氧杂质的减少可能导致烃类化合物热安定性变差；另外升级油品的添加剂也在变化，如柴油中必须加入的抗磨剂，这些新组分的生胶倾向具有不确定性；另外一些不良驾驶习惯、城市道路开开停停的路况、在用车的车况等等，都会或多或少影响积炭的生成。而且随着环保要求的提高，与油品质量同步升级的汽车排放法规对汽车性能提出更高的要求，如在满足排放要求的前提下为减少油耗和保持动力性能，高压共轨柴油机的应用越来越普遍，而高压喷射使得更需要精密计量的喷油器处于更苛刻的温度压力环境下，而且环保、经济和动力三方面的协调进步更依赖于喷油器的清洁性，因此，油品升级后定期使用燃油宝清理积炭还是非常必要的。

11. 为什么车用柴油需要使用尾气处理液？尾气处理液的作用是什么？使用不良尾气处理液或不使用有什么危害？

研究表明，国内满足国Ⅳ、国Ⅴ排放的柴油机通常采用SCR后处理技术来降低NO排放，上述的控制策略允许柴油机采用较早的喷油时刻，因而柴油机的比油耗、炭烟、HC、CO相对较低，可直接满足国Ⅳ排放法规要求，而只有NO_x排放较高，需要采用后处理技术才能满足NO_x排放标准；另一方面，燃油质量方面也提高了十六烷值、降低了硫含量，控制了密度和多环芳烃范围，但是燃油质量的提高可以大幅降低HC、炭烟、CO排放，对NO_x的降幅在较早喷射时刻下的影响较小，因此在机外净化NO_x排放成为共识，而尿素即是一种理想的处理柴油机NO_x排放的选择。

柴油机尾气处理液是应用于国Ⅳ以上排放等级且使用SCR技术的柴油机中，用来减少柴油车尾气中氮氧化物的液体。其原理是尾气处理液和尾气中的氮氧化物在SCR催化剂载体上发生氧化还原反应，生成无污染的氮气和水蒸气排出。处理液的组成为32.5%的高纯尿素和67.5%的去离子水。使用此处理液可使尾气中至少80%的氮氧化物转化为无害的氮气。

尾气处理液的质量非常重要。不达标的处理液纯度较低，其中若含有重金属，可以迅速削弱SCR催化剂活性，甚至中毒失效；其中的杂质颗粒物，可能堵塞车用尿素喷射系统和催化剂载体(催化剂载体一旦受损，不能修理，也不能再生)，减少有效面积，增加排气阻力，降低发动机性能；杂质还会在排气管中引起结晶，产生块状固体，堵塞排气管，甚至损害发动机，这些损坏都会给车主造成巨大经济损失。

如果国Ⅳ以上排放等级汽车不使用尾气处理液，拆掉SCR系统或长期不使用，其中的化学物质会很快氧化，堵塞处理液喷嘴，致使整套系统报废；再者不加处理液的柴油车NO_x排放量比加处理液的柴油车高出4倍以上，严重污染环境。

12. 如何鉴别柴油尾气处理液是否合格？

首先可以依据GB 29518《柴油发动机氮氧化物还原剂　尿素水溶液(AUS 32)》对规定的项目进行检测，包括尿素含量、密度、折光率以及杂质含量，如缩二脲、醛和金属离子含量等；二是通过使用验证，优质的柴油车尾气处理液不会损坏后处理系统，不会发生尾气处理液质量问题引起的故障报警；而劣质产品因不能有效转化 NO_x 排放可能会引起系统报警。另外，如果使用劣质产品导致尾气中 NO 超标，发动机会限制扭矩输出，导致发动机动力不足。因为普通消费者仅通过观察外观不足以鉴别产品质量，故选择正规的销售商至关重要。

13. 汽油牌号表征什么性质？选择牌号越高越好吗？

汽油牌号是按表征汽油抗爆性能的研究法辛烷值确定的，牌号越高，抗爆性能越好，与清洁性、质量优劣等其他性能无关。

选择匹配的辛烷值对发动机耐久性和使用性能是非常关键的，汽油标号越高，其抗爆性越好，与之匹配的应该是较高的压缩比；反之，低标号汽油适用于较低的压缩比。

用户按照汽车说明书的要求选用合适的汽油即可将发动机的动力、油耗、排放、驾驶等性能发挥到最佳水平。不可否认的是，在大部分普通工况下，选用适当高辛烷值的汽油，发动机在加速和高速运转时，燃烧稳定性、产生的动力及加速性能可能会更好，但在汽车不产生爆震的情况下使用过高辛烷值的燃料并不能提高动力、经济等性能，相反由于燃油燃烧速度慢，还可能导致油耗增加、功率下降。

因此，汽油的辛烷值越高其性能不一定越好，应需合理匹配压缩比、燃烧室和辛烷值，不应盲目追求过高的辛烷值。

14. 汽油颜色与油品质量有关吗？

石油产品的颜色与原油性质、加工工艺、精制深度等因素有关。随着质量升级，原油的加工深度增加，硫氮氧杂质逐步减少，饱和烃含量逐步增多，油品安定性增强，汽油颜色也经历了棕色、淡黄、黄绿或无色等颜色变化。目前正规炼厂的国Ⅳ、国Ⅴ、国Ⅵ汽油，基本呈现黄绿、无色等颜色，而有些调合汽油颜色还停留在原泛黄色水平上。颜色不同，只能代表油品组成有区别(如催化汽油组分呈黄色，烷基化油基本无色，重整汽油略带绿色)，不能代表油品是否合格，一些非常规油品虽然颜色不深，但是质量指标可能不符合标准要求。

15. 汽油密度与辛烷值有怎样的关系？

对传统的催化组分为主的汽油，密度大，辛烷值相对较高，添加含氧高辛烷值组分时，由于这些组分密度较大，密度大辛烷值高的说法可以成立，但是当汽油中异构烷烃组分较多时，该关系不再成立，即高辛烷值汽油，密度并不高，如烷基化组分也具有较高的辛烷值，但是密度较小（小于 $700kg/m^3$）。

研究法辛烷值与密度虽然有一定相关性，但密度更大的汽油，研究法辛烷值并不一定更高。

16. 车用汽油与车用甲醇汽油、乙醇汽油的区别主要体现在哪里?

车用甲醇和乙醇汽油是由甲醇或乙醇与汽油组分油按照一定的体积比（如乙醇 10%，甲醇 85%或 15%）调合而成的产品，两种醇类汽油的主要特点如下：

① 与常规汽油比，可降低 CO、HC 和炭烟排放（冷启动除外），如乙醇汽油 E10 平均可减少 30%以上，使用甲醇汽油 M15（甲醇体积分数为 15%）在高速时排气温度会偏高。

② 氧含量高。如乙醇汽油 E10 氧含量（质量分数）高达 3.5%，甲醇汽油 M15 氧含量（质量分数）达 7.5%。

③ 热值稍低。因为甲醇和乙醇的热值与常规汽油相比偏低，车用乙醇汽油和甲醇汽油热值也会稍有降低。理论上讲，甲醇汽油和乙醇汽油油耗稍有增加、动力略下降，但因醇中含氧会促进原汽油中不能完全燃烧部分的充分燃烧，使尾气中 CO 降低，从而使油耗相应减少，两者相抵，使总体油耗持平或略有下降，导致实际使用没有明显区别。

④ 减小积炭生成。一是低碳醇的加入减少了汽油中烯芳烃的含量，二是甲醇、乙醇燃烧充分，可有效减少火花塞、燃烧室、气门等部位积炭的形成，优化运行工况。

⑤ 甲醇和乙醇汽化相变焓大。理论上讲，汽化潜热大会导致汽油挥发性差，会影响燃气混合比，同时影响发动机低温启动性能，并造成冷机启动时排放增大，但是在目前的电控发动机精确的闭环控制下，低碳醇较高的汽化潜热对动力、经济性的影响并不明显。

⑥ 具有一定腐蚀性。乙醇汽油在燃烧的过程中会产生乙酸，酸性液体对金属有腐蚀作用，所以对车辆零件有影响。

⑦ 与其他材料的兼容性差。乙醇具有极性，很容易对油路系统中的橡胶或者其他合成材料造成一定的侵蚀溶胀。

⑧ 容易产生气阻。乙醇的沸点在 78.4℃，因此车辆发动机在正常工作温度下很容易产生气阻，使燃料供给量降低或者中断供油。

⑨ 具有吸水性。甲醇或乙醇汽油容易吸水，当达到一定含量时，就会形成明显的分层或浑浊，从而影响产品质量。试验表明，体积分数小于0.4%的水含量不会对乙醇汽油的腐蚀性造成影响，但延长储存时间，乙醇汽油有产生腐蚀的趋势。

⑩ 甲醇的毒性大，会损坏视神经，对中枢神经系统有麻醉作用，进人体内会引起酸中毒，

17. 如何简单判断汽油的好坏？

(1) 看外观

合格国Ⅳ、国Ⅴ、国Ⅵ汽油应该清澈透明，呈现无色或黄绿色，其他浑浊、含杂质、发白、颜色发深等都表明汽油存在问题或精制程度不足。

(2) 摇动观察

合格油品摇动后气泡应很快消失。

(3) 吹气观察

手指蘸少量，缓缓吹动，合格油品应快速挥发。

(4) 闻气味

正常汽油具有特有的芳香味道，其他异常气味包括发臭、刺鼻、发酸等气味，都表明汽油组成中含有非常规组分，如硫醇、硫化氢等有臭味，塑料轮胎裂解油有烧焦味，甲醇汽油具有类似酒精的味道。

(5) 使用打火机点燃用汽油浸过的无灰滤纸

观察燃烧情况。迅速燃烧并不留硬质灰分为正常汽油，点不着、烧不尽或有硬质残渣说明汽油有异常。

(6) 从发动机状况判断

听发动机声音，如敲缸，可能汽油辛烷值低；打不着火，可能汽油含水；驾驶感受，如加速无力、突然熄火、油耗高，有可能是汽油中杂质较多，堵塞滤清器，或馏分轻产生气阻等；观察尾气颜色，如白烟、黑烟，表明油中含水或馏分重、胶质多，燃烧不良，或油中非常规元素导致氧传感器失效。

18. 目前市场上的劣质汽油的特征有哪些？

劣质汽油通常指掺杂有杂质(比如水、可见颗粒等)或者存在某项指标不满足法规限值的汽油。劣质汽油特征主要表现在以下方面：

① 含有非常规组分，如含甲缩醛、酯类、醚类、酚类等化学品或石脑油、重质芳烃等混合组分；

② 颜色发深或加热后颜色变深，如黄棕色，气味异常，外观浑浊，肉眼

可见水杂或污染物多，水分离性能不好，遇水浑浊或显异常颜色；

③ 密度过小或过大，或密度和馏程不能呈现出常规汽油的相关性；

④ 溶剂洗胶质、未洗胶质偏大、安定性差，如有些废旧轮胎炼制的再生油；

⑤ 含有硅、金属元素、氯及其他异常添加物；

⑥ 蒸气压异常，蒸馏曲线局部过陡或过平；

⑦ 硫含量高。

19. 高压缩比必须使用高辛烷值汽油吗？

高压缩比汽车需要匹配高辛烷值汽油。发动机的燃烧室是将汽油燃烧的化学能转变为动能的场所，发动机的压缩比越大，对燃烧室内混合气体的压缩力就越大，能量的释放和冲击力更强，燃用抗爆性强的高标号汽油，才会避免爆震，以提供更好的燃烧平稳性和高的热效率，也才能确保汽车的动力性、加速性、最高车速达到预期性能。

此外，由于低标号汽油燃烧不完全，使用低标号汽油还会造成发动机气缸和油嘴积炭增加，使汽车的故障率和维修次数提高，尾气排放劣化。

但随着电喷、直喷技术的改进，如多点顺序电喷、稀薄燃烧等技术的普及，简单将发动机压缩比与标号对应已经不那么准确了。通常来讲，高压缩比需要加注高辛烷值汽油，但是相对低的压缩比结合增压后，也需要加注高辛烷值汽油。所以，最好严格按照汽车使用说明书要求进行加注。

20. 海拔高度、气温、湿度对辛烷值需求有影响吗？

受汽车混合气中空气密度的影响，原则上汽车的抗爆需求随着海拔高度、大气温度、湿度的不同而变化，但这种情况随着汽车控制系统的不断改进而变化，新型汽车装配了可以随着气温和大气压变化而调整的精密电控系统，具有可以测量各种参数的传感器，将汽车设计成在所有海拔高度均具有相同抗爆需求的模型，并降低对大气温度变化的敏感度。这就意味着现代汽车可以不考虑高度和温度的变化，在不同地域使用相同辛烷值的汽油。

以往的老汽车或未装自动调整系统的发动机装置则会受到海拔高度和大气条件的限制。老汽车或装置对抗爆性能的需求随着海拔高度的升高而降低，原因在于大气压降低后混合气的密度减小。

老汽车抗爆指数需求随着大气温度升高而升高，平均幅度为0.097 MON/℃。

对老汽车和新汽车，抗爆需求随着比湿度增大而降低，幅度约0.245 MON/($g_{水}$/$kg_{干空气}$)。

21. 什么是车用汽油清净剂？清净剂的作用是什么？

汽油清净剂是添加到车用汽油或车用乙醇汽油中用来防止发动机进气系统产生沉积物或者可带走沉积物的物质，通常是含有一些聚合体的无灰有机物，如聚异丁基胺、聚醚胺等极性高分子表面活性剂。

车用汽油清净剂主要作用是抑制并清洗进气系统的沉积物，控制燃烧室沉积物的增加量在可以接受的程度，保证汽车进气系统包括喷油嘴、进气阀等部位和发动机燃烧室的清洁，以达到改善发动机工作状况和燃烧性能、减少有害物质排放、节省燃油、延长维保周期的目的，消除沉积物可能引起的汽车怠速不稳、加速不畅、油耗增大、排放增加等现象。同时，一些优良的清净剂补充了一定的防锈、抗氧化、润滑作用。文献表明，汽车累计行驶80000km后，清除燃烧室沉积物会减少HC排放量达10%以上，CO排放量达4%以上，NO_x排放量达15%以上。

但是不可忽略的是，清净剂在起到清洁进气系统的同时，对燃烧室沉积物却有不利的一面，主要在于，相比于基础汽油，有些清净剂的加入通常会增加燃烧室沉积物的数量，如含有较高比例矿物油载体的清净剂配方；而若使用较高质量的合成油载体和聚醚胺(PEA)混合物，则会减少燃烧室沉积物的生成，因此添加剂配方应优化并与排放要求匹配，以达到减少排放和油耗的目的。

22. 车辆在初次加入燃油宝(清净剂)后，出现加速无力、排气管冒黑烟、车辆抖动等现象，是怎么回事？

多年未使用过清净剂的汽车，在初次添加有效清净剂后，可能会将油路系统中长期积累的沉积物、积炭清洗下来，这些沉积物或积炭有些被清净剂的极性溶解成液体，有的会以固体状脱落进油流中，在随着油品流动过程中，固体或黏稠液体可能积聚在燃油系统的瓶颈部位或过滤网，产生局部堵塞，造成供油不畅、个别喷嘴堵塞；而积炭溶解后的液体也是芳烃、烯烃聚合物或重质组分及杂质的混合物，汽油中短期内混入大量这种重质组分，会出现燃烧不完全情况；堵塞、燃烧性能差，进而会造成动力不足、冒黑烟、车辆抖动甚至油耗增大等现象，这表明清净剂起到了作用，连续添加燃油宝2~3次后，这个现象就会逐渐消失。

23. 汽油中掺混乙醇对汽车油耗和排放有什么影响？

乙醇和甲醇性质类似，当在汽油中添加乙醇时，其油耗会相应升高，但当量油耗去除热值影响的折算油耗呈现降低趋势，CO_2、HC 和 NO_x 排放降低。但 CO 排放在发动机缸内温度水平较高的稳态工况时，基本不随乙醇掺混比例升高而变化，在 NEDC 循环下的 CO 排放会随着乙醇掺混比例升高而升高，这同样是因为其汽化潜热较高造成的，较高的汽化潜热使冷启动阶段性能变差，热机时间更长，相应在整个 NEDC 循环的当量油耗甚至会因此而轻微升高。

第二节　油品储运

1. 如何确保加油站付出油品的清洁性和质量？

汽柴油是流程性材料，在物流储运环节中不可避免会混入水杂，作为供应的终端环节，加油站的质量维护主要在于对运输来的油的外观、数量的核查以及罐中储存油品的防护，加油站既要确保加注油品符合标准又得兼顾加油速率。为保证出枪油品没有肉眼可见的杂质，油站通常配置 2~3 级过滤系统，首先是在油罐底部安装粗滤器，然后在加油机上配置有细滤器，加油机上的过滤器孔径一般是 40~60μm，实践证明，这种配置既可满足加油速率又能确保无肉眼可见水杂。

2. 柴油在储运过程中变质的现象和原因有哪些？容易造成哪些问题？

柴油变质后的表观现象包括色度变深、出现乳化、絮状物、沉淀物等，其他质量变化需要开展试验分析。柴油在储运过程中发生变质的原因有很多，主要包括以下几个方面。

（1）蒸发

无论汽油还是柴油，蒸发现象是随时存在的，且蒸发的数量和速度与温度、气压、空间、空气流动速度等因素密切相关。蒸发损失的直接影响就是轻组分损失、密度增大。

（2）储存环境和时间

如温度、湿度、水分、金属催化等。较高的储存温度会加剧燃料变质，优选的地下储存方式可以减小温度的影响；水会促进容器腐蚀以及水油界面的微生物增长，产生絮状物，严重时造成过滤网堵塞。湿度大会增大油品的水含量，空气充足会加大油品的氧化速度，因此，无论取样还是储存应尽量装满以限制氧气接触以及罐的呼吸。

储运器具的金属材质也是造成油品变质的因素之一，铜以及含铜合金应避免使用，铜会加速燃料的变质并产生硫醇盐凝胶，含锌涂层会与油中的水或有机酸反应形成快速堵塞过滤器的凝胶。

储存时间越长，油品变质的倾向越大，因此应注意遵循先进先出的原则，并对储存时间较长油品进行周期检验。

（3）油品组成性质

中间馏分的稳定性与原油性质、精制程度、使用的添加剂、是否采用附加的炼油处理工艺等因素密切相关。不同工艺炼制的中间馏分其组成和稳定性是不同的，如加氢裂化与渣油加氢工艺组分油的组成相差较远。而且不同来源油品的混合可能会相互作用，混油的稳定性不如单个燃料的稳定性好。中间馏分燃料中可能含有挥发性低的可溶性胶质，如少量含硫、氧、氮的化合物，这些物质通过复杂的化学反应易碳化形成沉积物，苛刻使用条件下如高负荷状态会引起燃料过热。另外含有的添加剂或组分若不稳定，会增加生胶或污染倾向，严重时会造成喷嘴结焦、滤网堵塞、动力不足等现象。

（4）操作不当

如开错阀门产生混油、罐存余油未清除干净、容器清洁度不足引入水杂等都会导致油品质量下降，严重时导致油品质量事故。

3. 防水滤芯的作用是什么？

防水滤芯是专门为加油机设计的一种具有除水功能的新型滤芯，当油品中含水量较大时，可通过缩小过滤孔切断油路，防止水分通过滤芯。潮湿地区的油站地罐中或多或少会含有一定水分，为防止边卸油边加油过程中搅起的水杂进入油箱，采用防水滤芯可以起到控制水杂的作用。但应该注意的是，防水滤芯只能起到预防作用，为确保万无一失，还应注意及时排出地罐底部积水，控制水位在较小范围，并定期检查防水滤芯的完好性并定期更换，因为防水滤芯采用纸质材质，强度必然弱于金属材质，容易变形、失效。

4. 加油过程中频繁跳枪的原因是什么？

加油枪头部都装有自封装置（俗称感应器），是防止油品溢出的一种防护措施。一般情况下，当所加油品要溢出的时候，或者空气快速排出的时候，油品或空气流冲击自封装置，自封装置受到力的挤压，使加油枪挡位自动弹起，停止加油，所以气流和油品冲击都是导致跳枪的原因，任何导致影响气流的因素都可能引起跳枪，如在加油管路存在堵塞、气阻、过油不畅以及油箱因受外力影响导致变形等情况。

5. 为什么实际加油量大于汽车标称容量？

汽车生产厂家说明书中给出的油箱容量，是油箱的标称容量，而不是油箱的最大容量。根据国家标准，油箱的安全性能要求“额定容量应控制在燃油箱最大液体容量的95%以下”，通常为最大容量的80%~90%。因此，实际加油量大于汽车油箱的标称容量的现象是正常的。

6. 为什么油箱不能加的太满？

（1）温度的差异

地罐温度与外界环境温度有一定差异，尤其是夏天，曝晒后的油箱温度可能高于地罐油温20~30℃，相对低温的燃油加入汽车油箱，随着温度升高体积会膨胀增大，因柴油膨胀系数为0.0012/℃，拿50L柴油来讲，若油温升高20℃，体积将增长1.2L，如果加的太满，膨胀的油品就会从油箱口溢出，形成巨大的安全隐患。

（2）其他原因

如果加的太满或膨胀的太多，还会存在以下问题：①较高的油面会堵住加油口下方的单向保护阀，如果发生侧面冲撞事故或翻车事故，单向保护阀就不能起到防止燃油泄漏的作用；②油量太多会影响汽车炭罐的功能，炭罐用来平衡外部和油箱内部的压力并储存油箱排出的燃油蒸气，过多的液体燃油直接进入炭罐，除严重降低炭罐性能外还会导致油箱变形、发动机发抖、油耗上升等问题；③燃油量过多也会因车重增加而加大油耗。因此，应严格控制加油量在安全容积内。

7. 为什么加油站在卸油时不宜对车辆加油？

加油站长期使用的油罐底部可能存在少量的杂质和水分，卸油时罐中油品会发生搅动，此时若同时对外加油，会把搅起的水分、杂质一起随油付出，很可能堵塞加油机滤网或使付出油品含水；卸油时流动的油品会产生静电聚集，如果不及时疏散会形成安全隐患。通过稳油可以确保罐底的水分和杂质沉降到底部，静电得以释放，从而确保安全作业和油品合格。但若应急需要付油时，应做好安全和水杂防范措施。

8. 汽油在储运过程中变质的现象和原因有哪些？容易造成哪些问题？

汽油变质后的表观现象包括颜色变深、出现乳化、絮状物、沉淀物等，其他指标的变化如密度、胶质、蒸气压等需要开展试验分析，汽油在储运过程中发生变质的原因有很多，主要包括；

（1）蒸发

汽油组分较轻，轻组分的蒸发随时存在，蒸发数量和速度与温度、气压、空间、空气流动速度等因素密切相关，因此油库储罐均应采用内浮顶罐。蒸发损失的直接影响就是轻组分损失，密度增大、蒸气压减小，T_{10}升高。

（2）储存环境

如温度、湿度、水分、金属催化等。高的储存温度会加剧燃料变质；水促进容器腐蚀以及水油界面的微生物增长，产生絮状物，严重时造成油站滤网堵塞。湿度大会增大油品的水含量，空气充足会加大油品的氧化速度，因此，无论取样还是储存，储罐应尽量装满，以限制与氧接触以及罐的呼吸。

（3）储运容器的材质

金属材质也是造成油品变质的因素之一，铜以及含铜合金应避免使用，铜会加速燃料的变质并产生硫醇盐凝胶，含锌涂层会与油中的水或有机酸反应形成快速堵塞过滤器的凝胶。在高温和金属催化作用下，会使油的胶质升高。

（4）油品添加剂或组分

乙醇、汽油清净剂、抗氧剂、抗静电剂等可能应用于汽油中，这些物质的性质会受汽油中游离水的影响并对汽油抗腐蚀性能提出更高要求，水会造成乙醇汽油分层、与油中酸性物质结合产生腐蚀，添加剂与残存油的结合会产生不溶物堵塞管路或滤网等。

（5）操作失误

如开错阀门、卸错油，产生混油、罐存余油未清除干净、容器清洁度不足引入水杂等都会导致油品质量下降，严重时导致油品质量事故。

9. 汽车油箱的油位为什么不能太低？

电喷发动机的汽油泵一般都安装在汽车油箱内，汽油泵高速旋转时泵体发热，主要靠汽油来冷却。油箱的油位过低（低于汽油泵高度的2/3）会使汽油泵润滑不良，极易烧蚀汽油泵触点及线圈，所以油箱应有充足的余油。一般油箱液位警报灯亮起时还有50km的续航里程，但还是建议油箱液位未报警前去加油，首先，在有些情况下，如高速转弯使车辆大幅度倾斜，或在斜坡处停车等，若车内油量较少，有可能由于油泵处缺乏汽油而导致供油不畅，致使汽车熄火或打不着火；其次，液位报警后，并不确定是否能够在续航里程内找到加油站，形成损害油泵和油量传感器的风险。因此，建议在油箱油量剩余1/4前及时添加汽油。

10. 加油站加满油跳枪时是加到额定容量吗？油箱还有富余空间吗？

根据 GB 18296《汽车燃油箱安全性能要求和试验方法》，汽车油箱的额定容量一般是指油箱最大液体容量的 95%，为确保安全，汽车说明书上的额定容量通常为最大液体容量的 80%～90%，剩余的 10%～20%容量是给环境温度变化引起燃油膨胀提供足够的空间，同时保障油箱在使用过程中的安全。

一般油箱在额定容量处会有一个油箱液位控制阀，当液位到达液位管口时，加油换气回路(排气)被燃油堵住，油位会在油枪管里累积触动跳枪；在加油站的油枪上边也有触发装置。跳枪加油量基本是油箱的额定容量，此时油箱还有较大的富余空间，根据车型不同，有时富余量会高达 10 多升。为安全起见，通常不建议把油加满到油箱口。

11. 早晚加油比中午加油分量足吗？

根据热胀冷缩原理，在早晚有温差的情况下，同样升数的汽油，温度低时汽油密度大、质量多。分析油站实际情况，加油站的油罐一般都埋在地下至少 1m 以下，温度变化不大，全天基本都在±(2～4)℃范围内变化，对于一箱 50L 汽油来讲实际温差 2～4℃导致的体积差异也就 0.12～0.24L，基本可以忽略。

12. 哪些环节会使汽油混入水？如何预防？

作为流程性材料，汽油从生产到运输再到客户汽车油箱内，在不同环节都可能混入水，如：①生产过程中在较高温度下的溶解水，随着环境温度降低，若油品温度降低达到饱和度，汽油将会析出水分；②大雨或设备损坏进入游离水；③水蒸气在舱壁或罐壁的冷凝；④输油管道混入水；⑤在昼夜循环中，燃油箱的呼吸会将潮湿的空气吸入油箱，水凝结进入燃料。

预防游离水的混入需要基于特定的罐型、地域经验、燃料的生产过程和当地的气候来制定相应的管理规定，关注以下环节：①油库接收新入库油品应验收水杂；②对油库储存油品要开展周期检验，每次出入库油品计量时同步检验罐中水位，自动计量装置时时监视罐底水位；③油站接收入站油品应检查外观水杂，定期对地罐水位进行监测，雨雪天密切关注罐内水位变化，自动液位仪均应能监测并显示水位，付油装置加装吸水过滤器。无论油库还是油站，水位超标都应该及时清理。

13. 乙醇汽油的调合储运使用注意事项是什么?

应注意以下事项：①乙醇的极性和溶水性能强，需要添加合适的腐蚀抑制剂；②乙醇汽油对汽车内和储运过程中接触的橡胶等弹性材料有轻微的溶胀作用，如果条件允许，输油软管可以使用丁腈橡胶，密封件应使用含氟橡胶等耐乙醇材料，当然目前10%的乙醇添加量对弹性材料的影响可以忽略；③乙醇的沸点低，与车用汽油相比，乙醇汽油蒸发排放要增加约12%，其中包括燃油从油路系统中的弹性材料(橡胶塑料)渗透出去的部分，包括乙醇和HC的渗透，且随温度升高，渗透量增加，因此，无论从环保还是燃油损耗来讲，都应注意乙醇汽油的蒸发损耗；④由于乙醇的高蒸发性，为防止气阻产生，乙醇汽油调合组分油的挥发性应适当控制，我国组分油国V标准规定T_{50}不大于113℃，比车用汽油标准规定的110℃高3℃，美国标准规定乙醇汽油调和组分油的T_{50}下限为77℃；⑤乙醇中的杂质如酸性物质、残留钠金属化合物会导致输油管道或燃油系统损坏，因此乙醇质量应完全符合标准要求；⑥乙醇汽油容易氧化产生胶质，同时容易吸水导致分层，蒸发性强使潜在损耗增大，因此不利于储存，宜现调现供；⑦使用初期，油路系统的沉积物可能剥落下来，导致滤清器堵塞，换用乙醇汽油前期，需要时可采用清净剂对油路系统进行清洗，同时使用过程中应注意检查油箱内是否含有游离水，以防水分进入燃烧室，引起点火困难。

14. 如何维护以确保汽油质量?

汽油在离开炼油厂后的储运过程中，如果维护不好会出现各种问题，如设备维护和储存设施投入不足，造成挥发、泄漏、颗粒或水污染；油站的不规范操作，如不及时更换滤芯、不检查油罐水位，会使汽油含有水杂等。因此，应采取适当的措施确保储运过程中的质量管理：①制定全环节油品质量监控措施并执行；②对接收的油品应验收关键指标或全项指标，了解油品的性质，因为温度对物质的溶解度有影响，所以外观检察应在大气温度下进行；③鉴于油品性质可能变化，尽量做到先进先出，有变化倾向的尽快销售；④避免运输过程中的污染风险；⑤付油装置必须安装尽可能细的过滤器，如不大于10μm的过滤器；⑥及时排出罐中水，监测潜在的生物污染；⑦定期清洗油罐，如果日常管理到位，可适时延长清洗时间；⑧无论油库还是油站对外付油前应将罐中油品充分沉降稳定，如果需要收油时付油，应采取预防措施，如接收前罐底水杂的检查、两种油品混合前的质量确认，接收后付油前的检查等；⑨对乙醇汽油，水的存在会引起相分离，并引起原调合汽油的乙醇含量不足，以及乙醇的清洗作用引起的铁锈颗粒的产生，应采取措施预防乙醇汽油的腐蚀性和相分离；⑩应采取适当措施减小污染元素的混入，包括铜锌钠等。

第三节 卸油作业

1. 油罐车卸油前应做好哪些安全准备工作？

(1) 卸油人员按规定着防静电服装等劳保用品，不得穿高跟鞋和露趾凉鞋，关闭一切通信设备或集中保管；

(2) 油罐车进站后，卸油员立即检查油罐车安全设施是否齐全有效；

(3) 核对罐车油品与交运单记载的品种、数量是否相符，检查确认罐车铅封是否完好；

(4) 连接好防静电接地装置；

(5) 按规定备好消防、警戒器材；

(6) 接卸监护。司机和卸油员不准离开卸油现场，要随时检查油罐车、卸油胶管和所有操作孔盖、阀门，无漏油、漏气、溢油迹象。监护卸油现场不得有闲杂人员进入。在接卸过程中，如有明显油气味请及时查找油气源头；

(7) 将罐车静置5min确认卸油罐的空容量后准备接卸。

2. 在哪些情况下，加油站不得进行卸油作业？

(1) 油罐车设施存在安全缺陷；

(2) 油罐车油品与交运单记载的品种、数量不符；

(3) 油罐车铅封已开启；

(4) 没有确认卸油罐的空容量；

(5) 防静电接地装置没有与油罐车进行有效连接；

(6) 卸油员不在现场或油罐车司机远离卸油场地时；

(7) 雷雨天气时。

3. 水上加油站安全作业规程有什么要求？

水上加油站作业规程首先应满足油船作业规程，如遇雷雨、大风或高温产生气阻的天气，应暂时停止作业。

装油作业规程：

(1) 水上加油站接到业务部门装油通知后，通知计量员、司泵员及码头操作人员做好装油准备。

(2) 连接卸油胶管和接好静电接地线，做到接头结合紧密，装油胶管自然弯曲。

(3) 通过计量检测确认舱内(罐内)的空容量，防止跑、冒油事故的发生。

(4) 通知加油员和司泵员停止加油作业。

(5) 经安全员检查确认无误后，开启阀门，准备装油。

(6) 装油过程中，应与码头操作密切配合，随时观察仪表读数变化情况，严禁脱岗。

(7) 装油结束，关闭阀门，卸开卸油胶管和静电接地线，计量出装油量。

(8) 清理现场，填写进货登记表。

加油作业规程：

(1) 当船舶驶入加油站时，加油员主动引导船舶进入加油位置。

(2) 船舶停稳，发动机熄火后，连接好静电接地线。

(3) 加油员询问加油数量和品种，同时将加油机泵码回零(用流量计加油的，请客户确认流量计读数)，并请客户确认。

(4) 将加油枪插入船舶加油口，确认无误后打开加油枪进行加油。

(5) 加油完毕，加油员请客户确认数量后，方可收回油枪。

(6) 把油箱盖拧紧，关上油箱盖板。卸开静电连接线。

(7) 收取现金、加油票，结算工作同陆上加油站相同。

(8) 及时引导船舶离开。

4. 简述汽油油罐车卸油作业流程。

第一步：引车到位。引导油罐车停在指定卸油位置(车头宜朝向加油站出口)，关闭引擎和电门，拉起手刹，在车轮下放置防滑设备。

第二步：安全防护。穿戴好个人防护用品；拉好警戒线，摆放警示牌和消防器材；将卸油静电报警器连接至油罐车接地扁铁。

第三步：安全检查。检查静电接地报警器完好；检查静电接地夹与油罐车车体有效连接；检查卸油管静电导通合格；检查油罐车无异常，并按要求时间执行稳油。

第四步：卸前确认。确认油罐车铅封完好(电子锁处于正常的上锁状态)；核对《油品移库单》提货单号、油品名称、来油数量、站名等内容是否相符；从油罐车底部取样，确认油品质量；确认地罐对应油枪停止加油；通过液位仪控制台确认卸油后不超过地罐安全容量。(卸前确认可在油罐车稳油期间同步进行)

第五步：油品接卸。承运司机连接油气回收管、卸油管和油罐车油气回收口、出油口接头；卸油员连接油气回收管、卸油管和地罐油气回收口卸油口接头，双方复核确认；检查地罐计量孔关闭严密；在液位仪站级系统中勾选“油枪已停止付油”和“卸前已稳油”选项，点击“开始卸油”按钮，由系统自动记录地罐卸油前油水总高、水高及罐内油温等相关数据；解除油罐车卸油口铅封，通知承运司机按先打开油气回收口、后打开卸油口顺序开阀卸油。

第六步：接卸监护。承运司机和卸油员不得离开卸油现场，承运司机不得进入驾驶室。随时检查油罐车、卸油管线和所有操作孔盖、阀门，无漏油、溢油迹象；监护卸油现场无闲杂人员进入。

第七步：进货验收。确认油品卸尽，通知承运司机依次关闭相关阀门(先关闭油气回收阀门、后关闭卸油阀门)。在拆除卸油胶管时，驾驶员先拆除油罐车侧卸油管接头，将卸油胶管内的余油顺流至地罐内，卸油员再拆除地罐侧卸油管接头，并收好卸油胶管；拆除回气管时，加油员先拆除地罐侧管接头，驾驶员后拆除罐车侧接头，并收好回气管；在液位仪站级系统中点击“结束卸油”按钮，进入稳油 5min 倒计时(期间杜绝加油站进行油枪付油操作)，稳油结束，液位仪自动测量地罐油水总高、水高、油温，计算油水总升数和净油升数。在液位仪站级系统点击“完成卸油”按钮，结束系统操作。油品数量确认，如确认进油数量达标，填制《加油站地罐交接计量单》，交接双方签字确认。如出现超过交接允差，加油站填制《××公司加油站地罐交接计量超差(耗)确认单》，经加油站站长、承运司机签字，报县公司和市公司零售管理部做入账处理。

第八步：卸后处理。盖好地罐卸油口帽并上锁；通知恢复加油；卸油员给油罐车施打反向铅封，引导油罐车出站；收好静电接地装置，收起警戒线、警示牌和消防器材。

5. 简述油罐车油品取样作业要求。

(1) 作业准备

按规定着防静电服装等劳保用品，关闭一切通信设备或集中保管。及时检查并备好带球阀的防静电放油管、1L 棕色磨口玻璃瓶、1L 广口烧杯、消防器材、静电接地报警仪、防爆手电筒、安全警示带、牌等相应物品。

(2) 安全防护

车辆须在押运人员和加油站卸油员共同引导下停车入位。车辆须停在划线车位内，车头朝外，确保车身与卸油口平行(半挂车车身与车头笔直)，车辆与卸油口之间留够一定空间便于监管卸油过程。油罐车到站，卸油员在固定部位连接罐区静电接地。地罐交接稳油 5min。检查静电接地报警器完好；检查静电接地与油罐车车体有效连接。除油罐车卸油口一端，罐车车身均要摆好警戒线、警示牌、消防器材。

（3）油品取样

确认交运单上站名、品号和数量相符；确认地罐对应加油机停止发油。达到稳油时间 5min 将底部取样器皮管接到油罐车卸油口。确保防静电皮管的阀门处于关闭状态。将油罐车卸油阀微微打开，测试接口是否漏油，防静电底部取样皮管内盛满油(约 1 升)。关闭罐车卸油阀门，打开皮管另一头的阀门，将油品放至白色透明烧杯中(汽柴油分开)，目测油品外观是否清澈透明、有无水杂及气味有无异常。将白色透明烧杯中的油样倒入干净的棕色小口瓶中，完成留样。

第四节　加 油 作 业

1. 加油员在加油工作中应遵守哪些安全作业规定?

（1）进入操作现场必须穿防静电工作服和防静电工作鞋，不得穿化纤、毛料服装和使用该类物质的墩布，不得穿带有铁钉的鞋；

（2）加油时要做到精心操作，油枪要牢固地插入油箱的灌油口(汽油枪集气罩要紧扣油箱口，达到良好收集油气效果)，防止油品渗漏、溅洒，油气飘散；同时要观察周围情况，发现驾驶员掏打火机、打手机、用打火机照明观察油箱油位、使用闪光灯照相等行为要及时严肃制止；

（3）加油员必须亲自操作加油机，不得转折加油软管，不得将软管拉到极限位置；

（4）加油过程中随时注意加油机的运转情况，发现异常，应立即停止加油，排除故障后方可继续操作；

（5）发现或发生危及加油站安全的情况，应立即停止加油；

（6）卸油时相对应的油机停止加油；

（7）加油时现场油气明显应立即停止加油，分析检查油气回收泵、气相管、油枪管等是否正常，问题及时处理；

（8）加油结束立即取下加油卡，做好现场监督、检查，防止擅自汽油灌桶；

（9）雷雨天气、高强电闪或雷击频繁时，停止加油作业；

（10）车辆必须熄火加油。

2. 加油机的操作流程(加油原理)是怎样的?

加油时，提起油枪，开关发出信号送入电脑装置，电脑装置发出开机信号，启动电机，打开电磁阀，将显示板原有数据清零。电机带动油泵工作，油液经过滤进入油泵，加压后，送入油气分离器进行油气分离，气体被排入大气，压力油进入测量变换器，经电磁阀、导静电胶管、油枪注入受油容器。同时压力油经过测量变换器计量后，经传感器将机械运动转换为电脉冲信号，送入电脑装置进行运算、显示。加油完毕挂上油枪，开关中断开机信号，电脑装置发出关机信号。

若为预置加油，则先由键盘输入预置数，再提枪加油，当加油量达到预置数值时，关闭电磁阀和电机，停止加油。

3. 加油机在正常工作状态下怎样操作?

取下油枪时(有的机型需将枪托板抬起)，枪套处的接通开关即接通，向电脑系统发出了启动信号，电脑首先作显示器检测，显示全“8”、全“0”、全“白”三种状态之后，启动电磁阀、电动机，这时打开油枪阀门即开始加油计数，金额和升将自动从0开始计数，单价行显示当前单价值。

4. 加油机任意加油怎样操作?

(1) 摘下油枪启动加油机；

(2) 开油枪阀门即开始加油，加油金额根据所设单价自动计算出加油金额，并和加油容量数在加油机的正反面(或当面)显示器上同时显示；

(3) 关闭油枪阀门即停止加油计数，显示器上保留已加油的计数显示；

(4) 放回油枪则电机停转，加油机停止工作。

5. 加油机预置加油怎样操作?

(1) 金额预置按“￥”键，预置显示屏左方箭头指向“￥”；容积预置按“升”键，显示屏左方箭头指向“加油量”。

(2) 按“数字键”输入所需加油量值。预置整数时，由于预置显示器小数点后始终保留两位，所以必须补满0；例如，预置1元钱或1升，操作时应按1、0、0三个数字键。输入时如按错数字，可按“清零”键后重新输入。

(3) 按“确认”键后，预置的数字值将在预置显示器上停止闪动。如加油员忘记此步操作，预置数值仍闪动，预置加油将无效。

(4) 摘油枪，启动加油机。

(5) 开油枪阀门开始加油计数。这时预置显示器上预置数值停止闪动，但一直保留。当加油计数值接近加油预置数时，加油计数从显示器上看，将有明显的变慢过程，尽管油枪阀门仍在最大开启位置，流量却明显变小，直到达到预置值时自动停机。

(6) 放回油枪，预置显示器将自动清零。

6. 加油机怎样在显示器上观察加油机总累计值？

加油机整机外侧板上开有机械累计窗口，只能看升累计值。在显示器上则可分别观看“金额”“容积”两种累计值。再次定量加油时，即使是同一量值，也必须重新置入。开机状态下，不加油时间不宜超过 5min，以保护机器，再加油时需重新启动。

操作顺序：按“金额总累选择键”→按“数字键”选面→按“数字键”选油品之后自动显示金额累计值。

按“容积总累”选择键后，同上选择顺序，最后显示升累计值。

7. 加油作业的操作指南？

(1) 加油前准备：加油员在上岗前须按规定着装；严禁携带易燃易爆品和通信工具；班组长认真做好班前训导；安全员须认真检查设备和环境卫生状况，确保安全运行。

(2) 加油作业：

a. 引导车辆进站。当车辆驶入站时，加油员主动引导车辆进入加油位置；

b. 问候顾客。问候顾客，提醒熄灭发动机，询问加油品种、数量或金额；

c. 打开油箱。车辆停稳，发动机熄火后，加油员应主动将油箱盖、油箱盖板打开(带锁的可等顾客开锁后再行打开)；

d. 加注油品。将加油机泵码回零，并请顾客确认。定量或非定量加油。

e. 擦拭车窗。状况允许，征得顾客同意后，可擦拭车窗玻璃。

f. 盖油箱盖。请顾客确认后，收回油枪，拧紧油箱盖，关上盖板。

g. 结算货款。结算油款时，加油员、收款员要认真辨别人民币、加油单等，避免收取假钞假币；做到唱收唱付，按实找零，提供正规票据。

h. 引车出站。车辆出站时加油员要按照规范化服务标准，以及加油站现场管理规定，自觉使用文明用语；正确引导车辆出站，提醒司机缓行，确保车辆安全。

（3）加油后清理：按照职责清理现场，发现异常问题及时汇报，班结离岗。

第五节　计量作业

1. 油罐计量操作的注意事项是什么？

（1）先量油高，再测水高、油温。

（2）计量员不准穿铁钉鞋和着化纤服装，应穿戴防静电服装和鞋帽。

（3）禁止携带打火机、手机及金属物件进行计量作业。

（4）在作业场所不准穿脱或拍打衣服。

（5）站在上风口轻轻打开油罐量油口。

（6）晚上计量，必须使用安全防爆灯具照明。

（7）严禁在油罐接卸过程中和油罐油品静置时间内进行计量。

（8）对储油罐投尺必须在计量孔导尺槽内进行。

（9）计量用取样筒、温度计的系绳必须是铜链或纯棉绳，不得使用含有化纤材料的制品。

（10）遇有雷雨、闪电等恶劣天气时，应停止计量操作。

（11）有集液罐的要计量集液罐内油高：加油站应定期对集液罐内油高进行计量，时间间隔不超过 3 天，并做好计量记录；当集液罐内油高高于规定的高度时，加油站应通知专业维修队进行抽油，抽出的油应回到加油站低标号汽油罐。

2. 加油站油罐计量作业有哪些要求？

（1）按照顺序进行数据检测。先量油高，再测水高、油温。

（2）油高测量。稳油后沿下尺槽下尺，当尺铊将要接触油面时粗略估计油高，将估计高度处擦净，然后慢慢下尺。尺铊离罐底约 15~20cm 时，慢慢降低手腕高度，当手感尺铊触底后，核对总高，迅速提起读数，先读小数，后读大数，尺带不应平放或倒放。测量两次误差不超过±1mm，取小的读数，若超过±1mm，重新测量。测量完毕及时将数据记录在原始记录本上。

（3）水高测量。在估计水高处涂上试水膏，当量油尺触底时，停5~6s，然后提尺读数。遇油水界面不清晰、不平直，应重新测量。测量完毕及时将数据记录在原始记录本上。若下雨天气，雨停后必须立即增测水高一次，并及时将数据记录在原始记录本上。

(4) 油温测量。在油高的中部测一点油温。日常操作在油高的1/2处测一点油温。轻油最少为 5min。读取温度时要平视，保温盒不得离开量油口，盒内油品保持满的状态，读数时间不超过 10s，手工计量加油站每日测量油温不得少于 3 次。

3. 简述液位仪加油站测量操作流程。

(1) 油高测量。收发油前后稳油 5min 后，从液位仪操控台读取油高测量值。液位仪测量值与手工测量比对超过±2mm 则以手工测量为准。

(2) 水高测量。从液位仪操控台读取水高测量值。液位仪测量值与手工测量比对超过±2mm 则以手工测量为准。原则上水高测量在不进货状态下每三天测量一次，由于液位仪水高测量存在一定盲区，每次进货作业时必须手工测量水高。能自动测量的则以自动取数为准，无法自动测量的则以手工测量数据进行水高录入。手工测量操作同非液位仪站。

(3) 油温测量。从液位仪操控台读取油温测量值。液位仪测量值与手工测量比对超过±0. 2℃则以手工测量为准。

4. 液位仪使用有哪些要求？

(1) 加油站站长是液位仪使用管理的第一责任人。

(2) 液位仪的初始化数据经验收确认后，其油罐的油高、水高、计量温度、净油体积数据作为加油站日常交接班、库存和相关的实物数据台账的登统依据。

(3) 加油站每月不少于一次检查和分析液位仪计量数据准确性。

每天检查液位仪运行情况，保证液位仪数据可调部位施封完好有效。

每月至少进行一次液位仪计量数据与人工计量数据比对，两者数据差异应不超过规定值。如超出规定值，应按规定程序调校处理。

加油站液位仪计量罐出量与加油机走字数差额比较分析，若当日差额大于 0. 5%时，加油站应查明原因，分析处理。

(4) 液位仪准确性不能满足计量要求需要进行数据调整，应报市分公司零售与数质量部门，并协调厂家按要求进行调整。严禁加油站和其他人员自行调整液位仪参数。

第六节　发电作业

1. 发电作业操作流程及注意事项?

(1) 按要求着防静电工作服、帽、鞋、耳塞等，按指令做好发电前准备(发电人员须持证)。

(2) 检查机组各部位是否正常，有无螺丝松动、漏水、漏油，润滑油是否符合要求，补充燃料油，加足冷却水(液)。

(3) 检查电瓶电压是否达到使用要求，有无不良现象，符合要求后，合电瓶闸刀通电。

(4) 按下减压启动器，旋转钥匙点火，启动发电机组。机组启动后注意观察各仪表是否准确正常。

(5) 机组预热正常后，加大机组转速待各仪表反映为正常参数时，方可合闸送电(送电时必须确认总配开关在自发电档)，做好现场监控。

(6) 接外电恢复供电通知后，通过控制油门供油量逐渐减速达到熄火目的，严格执行倒闸程序先停止供电后停机再切断电瓶线路，防止电瓶馈电。

(7) 发电机每周应空载试运行至少 15min，使机组始终保持良好的状态，同时对电瓶充电。若试运行发电机严禁对配电柜供电。

2. 当加油站突然停电怎么办?

(1) 加油时突然停电，及时向加油站站长报告。

(2) 停电后，应查明情况确认无故障后，启动备用电源，检查确认发电机的燃油、润滑油、循环冷却液是否充足，启动发电机，待电压、电流稳定后合闸送电。

(3) 向顾客耐心解释，待来电后加油机显示泵码和管控机确认升数。

(4) 当来电时，停止作业，切断发电电源，关闭发电机，切换电源，恢复正常营业。

3. 加油站送电作业有哪些要求?

(1) 拆除停电指示牌，检查检修工具;

(2) 先合总闸开关，再合总负荷开关，后合各分路开关;

(3) 监视电压电流情况，发现问题及时处理。

第七节 巡检作业

1. 加油站巡检作业操作指南?

加油站巡检作业主要由巡检准备、巡检和巡检记录三个步骤组成。

(1) 巡检准备

a. 按规定着装，认真履行巡检职责；

b. 严禁携带易燃易爆品及通信工具。

(2) 巡检

a. 定期对安全巡检员进行教育；

b. 及时监督和纠正上岗人员的不安全行为；

c. 及时监督和纠正出入站人员及车辆的不安全行为；

d. 对站内设备随时进行巡检；

e. 确保消防器材到位有效；

f. 确保报警系统完好有效；

g. 及时整改巡检中发现的隐患问题或加强控制措施。

(3) 巡检记录

a. 做好巡检记录；

b. 对查出的问题及时整改或报告。

2. 加油站巡检作业注意事项

(1) 及时按检查重点内容巡检，巡检无盲点；

(2) 巡检异常要迅速处理并上报；

(3) 巡检记录及时记录在相对应的台账内。

3. 加油站交接班作业流程

(1) 班前准备

交班。交班人员应提前 30min，对加油站现场管理进行检查整理，内容包括加油站卫生状况、消防设备、现场使用的低值易耗品、油罐区、加油站固定资产等。并及时做好相关电子记录。

接班准备。接班人员应提前 10~30min 到站。按规定着统一工作服装，配戴工号牌、安全员标识牌。员工服装整洁、仪表端庄，不得穿高跟鞋。

岗前。上岗备好零钞、发票、计算器等相应物品。

接班。在视频监控下接班班组站队，由站长(或班长)利用班前会对员工进行形体训练、文明用语训练、安全工作安排，交代注意事项(包括上级发文、通知等，重要安全要点、情况分享，设备设施情况，“七想七不干”安全提示)。

(2) 交接

泵码交接。由接班员工和交班员工双方共同抄录加油机字码并签字，由交接两班班长共同核对并签字确认。

库存交接。在抄录加油机字码的同时，由交接两班班长，按《计量作业指导书》共同对油罐进行计量，检测油高、水高及油温，计算罐存量并进行V20账务处理。使用液位仪计量交接时，发现大盈大亏，立即按《计量作业指导书》进行人工测量，查明原因，及时上报。

润滑油交接。交接班双方员工共同对润滑油进行清点、计件(称重)，并签字确认库存数量。

非油品交接。交接班双方员工共同对非油品进行清点、计件，并签字确认库存数量。

票证交接。由交接两班收银员对找零现金、小票、发票进行清点交接。

现金交接。由交班收银员将现金清点后交账管员核对、入账，根据现金缴款单和销售日报表核对情况通过零管系统登记资金上缴记录。

设备交接。交、接班双方员工对消防器材、设备设施(包括红外线报警器)等逐一清点进行交接，交班方说明有关情况及注意事项，接班方对此进行检查、确认，做到责任明确。

卫生交接。交班员工向接班员工交清了卫生包干区域的卫生。

(3) 责任交接。交班不清，接班方可不接班，此时所发生的一切责任由交班方负责；接班方已接班，即认可交班方的工作，此时发生的一切责任由接班方负责。做表签字。由交接两班班长双方《加油站交接班表》签字确认。

4. 加油站检维修作业有哪些要求？

(1) 维修前，维修人员应首先向站内当事人询问故障发生部位，故障发生的前后情况，并进行停电、验电、悬挂警示牌等。

(2) 维修时，应参照设备使用说明书等有关资料进行维修。使用仪表测试电路时，应先调好仪表相应档位，确认无误后，才可进行测试。

(3) 进行维修作业时，必须使用防爆工具，穿戴防静电工作服，不准用汽油擦洗设备和穿戴有铁掌的鞋，不准酗酒上岗。

(4) 维修过程中，如需要进行用火、用电、盲板抽堵等作业时，则必须在按照规定程序办理相应作业许可证后，由持证专业特种人员进行维修作业。

(5) 需要更换的零部件必须是原设备专用配件，不得随意更换，需要厂家进行维修的联系厂家维修。

(6) 维修结束时，必须清点所带工具、零件，清除工作场地所有杂物，以防遗留在设备或管线内造成事故。检维修、清洁设备产生的固体废弃物应集中统一处理。

第八节 油站管理系统操作

1. 何谓油站管理系统？

油站管理系统是指由中控机控制的、可以实现加油机售油管理及油罐进油、储油管理等的油站自动化管理系统。油站管理系统的核心设备是中控机，包括管理软件和微型计算机。

2. 油站管理系统的操作员设置功能有哪些？

(1) 操作员变更：更换和修改操作员的信息。

(2) 权限设置

站长级：可操作除中控机系统设置外的所有项目，包括设置其他员工的权限分配、预置油价、更改系统时间、主控/监控加油方式切换等。

操作员级：操作员不能进行加油站的系统设置，可进行主/监控加油、查询、统计报表、数据维护、付款结账等操作。

加油工级：只能进行上下班注册、加油和修改本人密码操作。

(3) 系统时间设置：更改和设定系统的时间。

3. 油站管理系统运行参数设置有哪些内容？

(1) 油站信息：输入加油站的全称、简报(报表抬头使用)和油站地址(交易凭证中使用)。

(2) 油品表：设置油品数、油品名称、油品简称、当前密度值。

(3) 油罐油品对照：设置罐号、油品。

(4) 加油位设置：设置每个加油位包含的油枪数及每枪连接的罐号及每个加油位对应端口号及通信地址。

(5) 员工设置及班次设定：设定员工姓名、编号、职位、年龄、性别、身份证号、上班日期、联系方式等信息；设定班次及每个班次的上班时间。

（6）收款方式设置：可设置为室内收款或室外收款。室内收款还可以分为现金、油票、银行卡、记账等类别。

（7）折扣处理设置：设定折扣算法或折扣表。

（8）员工密码管理：修改员工密码。

4. 油站管理系统加油操作有哪些设置？

（1）加油工上、下班及结账操作：在中控机上完成上班和下班操作。下班时，自动进入结账状态，自动计算所有室外付款的总额及员工上缴的现金、油票等有价证券。可以选择立即打印结账凭证。

（2）加油机控制模式：分为主控加油和监控加油。主控加油即让中控机控制所有加油机，每次抬枪后，由操作员在中控机上对油枪授权才能加油，主控界面可实时显示交易状态，此种加油模式主要适用于自助加油的加油站。监控加油即是中控机监视所有加油机加油过程，每次抬枪加油时，中控机自动授权抬枪加油点，主控菜单上实时显示交易状况，加油结束后，保存交易结果。两种模式可以人工切换。

（3）预置加油：在主控加油模式下，可以由操作员通过中控对任何一个加油位的任何一条枪进行定额和定量预置。

（4）停止加油：不论在主控模式还是监控模式下，中控机的操作员都可以停止某一条枪、某几条枪乃至所有加油位的加油操作。

（5）室内收款操作：当设定了室内收款模式，当每一笔交易结束时，中控机自动弹出收款窗。系统默认为现金方式，收款员可以选择其他付款方式（包括记账方式及账号）。如果此用户有折扣，则按折扣计算，并给出提示。可以选择打印收款凭证。

（6）查看泵码：中控机可以读出某一或某几条枪的加油量和金额累计。

（7）预置油价：根据油品表为某个或几个油品设置新的油价及油价的生效时间。

5. 油站管理系统加油记录查询和统计分析报表有哪些内容？

（1）查询交易记录：可按照油品范围、加油位、加油工、日期范围和客户信息五个查询项目自由组成查询条件进行查询。查询的结果显示出来，可以打印报表。

（2）显示打印班报：可以选择日期、班次统计生成班报表，并可选择打印报表。

（3）显示打印油站日报表：可以按油品、加油工及加油枪统计班报信息，并可选择打印报表与否。

（4）加油数据统计：可以按日、旬、月、季、年或任意时间段的加油数据统计及按油品、员工和加油枪等组合条件进行统计，并以报表、直方图、饼图三种显示和打印方式输出结果。

（5）加油数据分析：加油分析是对油站某天按时段、某月按日和某年按月销售进行统计分析，画出每日(月)销售走势图，可以画出整个油站每月(年)销售量(金额)走势图，也可以画出某个油品每月(年)销售量(金额)走势图，并可打印出来。

（6）油品进销存管理：给出指定日、月、年的油站进油、出油统计报表。

（7）日志操作：提供查询一段时期内各加油机及中控机的工作情况，便于寻找油站管理人员所需要的数据，能将系统所作的各项工作以及对操作人员进行跟踪并记录存档，以便需要时查询或打印，其中主要包括进出系统日志和油价变化记录。

（8）客户管理：提供实行室内收款的油站的客户消费累计记录。

6. 客户管理如何进行操作？

（1）定点客户信息

功能：定点客户资料的维护及查询。

进入步骤：登录系统→客户管理→定点客户→定点客户信息。

维护完成定点客户资料的新增和修改，单击“维护”标签页，在“定点客户信息”对话框中，首先单击“新增”按钮。接着输入定点客户的基本资料(带*的文本框为必须填内容)，最后单击“保存”按钮，保存客户的资料。系统提示保存成功，单击“OK”确认。在“定点客户信息”中可以单击“修改”按钮，修改客户的资料，或者单击“取消”按钮，取消这次输入。

查询单击“查询”标签页，在“定点客户信息”对话框中，填写查询的条件，然后单击“查询”按钮。查询到的定点客户的资料显示在下方的网格中。

（2）定点客户建账

功能：为已经建立客户信息的定点客户建立不同油品、不同记账类型的账户，并能查询某个定点客户的账户信息。

进入步骤：登录系统→客户管理→定点客户→定点客户建账。

维护：单击“维护”标签页，在“定点客户建账”对话框中，首先单击“新增”按钮。接着输入客户的账务信息(带*的文本框必须添内容)，最后单击“保存”按钮，保存客户的账务。或在“定点客户建账”中单击“取消”按钮，取消这次输入。如果想注销这个账号，单击“注销”按钮，注销这个账号。

查询：单击“查询”标签页，在“定点客户建账”对话框中，填写查询的条件，然后单击“查询”按钮，查询客户的建账信息。查询结果显示在下方的“客户建账信息”网格中。

7. 员工管理如何进行操作?

（1）员工信息维护

功能：对本加油站员工的信息进行维护及查询。

进入步骤：登录系统→员工管理→员工管理→员工信息维护。

维护步骤：单击“维护”标签页。在“员工信息维护”对话框中，首先单击“新增”按钮。接着输入员工的信息(带＊的文本框为必须填内容)，日期的输入格式为年-月-日，如2003-2-10，单击“保存”按钮，保存员工的基本资料。保存后的信息可以单击“修改”按钮，修改员工的基本资料；单击“作废”按钮，作废此次输入。

查询：单击“查询”标签页，在“员工信息维护”对话框中，输入员工编号，单击“查询”按钮，查询该员工的详细信息。双击网格中的某条记录，则跳到“维护”标签页能够做进一步处理。

（2）员工权限维护

功能：给加油站员工分配不同的角色。

进入步骤：登录系统→员工管理→员工管理→员工权限维护。

在“员工权限维护”对话框中，从下拉列表中选择操作员，再从角色列表中选择角色并单击角色名册左侧的小方框，使对应的选择框里打上勾，最后单击“保存”按钮，为所选员工分配所选角色。

8. 交接班时如何进行操作?

（1）班次维护

功能：手动维护班次。系统会自动进行交易流水的终端交易序号的连续性校验，交易流水的泵码连续性校验，若有不连续的终端交易序号或泵码，系统会弹出提示信息，提示油机上送入库数据有问题，需要进行回叫处理，系统会把相应校验信息记录下来，通过业务管理模块中的“校验日志查询”可查询到校验的详细信息。

进入步骤：登录系统→交接班→交接班→班次维护。

在“班次维护”对话框中单击“手动维护”按钮。显示另一窗口，有“油枪班次维护”和“查询”两个标签。

“油枪班次维护”标签。系统默认选中“按油枪班次维护”。在左边的油枪列表里选择某一油枪，右边显示当前选中的油枪从“开始时间”到“截止日期”的加油交易记录信息。

操作步骤：点击左边的“油枪 1”。对需要班结的加油员的交易记录进行选择，这时每一条加油流水数据前面的方框都打“√”，点击“保存”。此时会出现提示，点击“Yes”。然后在出现的提示中点击“OK”。按照以上的方法，把剩下的油枪都做一遍手工处理。每条油枪都做完以后，点击右下角的“退出”。

以下为按钮功能说明：

①“全选”：选中列表中所有交易记录。

②“清除”：清除列表中选中的记录。

③“默认下班”：把交易流水明细列表中选中的记录下班。

④“回叫”：弹出“交易流水报警”窗口进行回叫。

⑤“保存”：对交易记录信息进行保存。

⑥“作废”：将选中的加油交易记录信息作废。

⑦“退出”：退出班次维护窗口。

查询标签。在“班次维护”对话框中选择班次号，单击“查询”按钮，上面列表中显示班次信息，在列表中选中某一班次，下面列表中显示该班次的详细交易流水明细。

(2) 泵码交接

功能：交接泵码和查询泵码交接信息。

进入步骤：登录系统→交接班→交接班→泵码交接。

在“交接班”对话框中，填写相应的数据后(班次号由系统产生，不需输入)。在“泵码交接”对话框中，填写查询的条件，如日期、油品名称等，在“显示”下拉列表中选择“全部”、“正常”、“作废”或“已复制”，然后单击“查询”按钮，查询泵码的交接记录。

(3) 油罐交接

功能：油罐的交接录入和查询。

进入步骤：登录系统→交接班→交接班→油罐交接。

油罐交接录入：单击“油罐交接录入”标签，进入“油罐交接录入”界面。首先在左边的“油罐信息”列表中选择油罐号，系统便会在右下方的“油罐进油明细”中显示该油罐所有未交接的进油单的信息，选中需要交接的记录，并在“交班油高”中输入数据，如果已经完成油罐容积表设置，系统会自动计算出“交班升数”。如果没有自动计算则需要手工录入“交班升数”。当输入完毕后，单击“保存”按钮，则保存当前输入的内容；单击“取消”按钮，则放弃当前输入的内容。当保存完毕后，如果要取消某一油罐交接记录，先在“油罐交接录入明细”中选择要取消的记录，然后单击“作废”按钮；如果对输入内容确认无误并且有复核权限，则单击“全部复核”按钮进行复核，一旦复核以后，此次油罐交接则不能作废(必须进行复核，否则不能正常交接班)。

查询：单击“查询”标签，进入“查询”页面。在“油罐交接”对话框中，填写查询的一个或多个条件，在“显示”下拉框中，选择显示的范围，然后单击“查询”按钮，查询油罐的交接流水；在查询中，还可以对多笔交接流水进行复核和作废，单击“多笔复核”和“多笔作废”按钮即可。

(4) 班结

功能：统计本班次进油、销售、回罐等进销存信息，生成交接班报表。系统会自动核对交接班报表数据与交易流水数据。交接班报表数据、交易流水数据都是按付油类型统计的，主要核对以下几项内容：现金付油升数、笔数，油票付油升数、笔数，记账付油升数、笔数。IC 卡付油升数、笔数，IC 卡积分付油升数、笔数，汇总合计升数。并且系统会把相应校验信息记录下来，通过业务管理模块中的“校验日志查询”可查询到校验的详细信息。

进入步骤：登录系统→交接班→班结。

在出现的画面中点击右下角的“下一步”。接着连续点击右下角的“下一步”，最后点击右下角的“交接班”。在出现的提示框里点击“OK”。

9. 日结如何进行操作？

(1) 日结功能：能够根据用户选择的班次号对所选的所有班次的进销存信息进行分类汇总，并产生各类日报表所需的各类数据(一天内可以允许多次日结)，并能够查询已经日结过的班次信息。在日结时，系统会自动进行加油流水和日结报表的校验，日结报表间数据的校验，日结文件的校验，并把校验结果保存起来，通过业务管理模块中的“校验日志查询“可查询到校验的详细信息。加油流水和日结报表的校验：校验当日加油流水的付油总数和当日付油日报总付油数，校验当日加油流水的销售总数和当日销售日报销售总数。日结报表间的数据校验：校验加油流水中现金、IC 卡、IC 卡积分三种消费的升数，校验加油流水中现金、IC 卡、IC 卡积分三种消费的金额与销售日报中现金、IC 卡、IC 卡积分三种消费的金额。日结文件的校验：校验数据库中已日结流水笔数、未日结流水笔数、错误流水笔数分别和已日结流水文件中的交易笔数、未日结流水文件中的交易笔数、错误流水文件中的交易笔数。

① 日结登录

进入步骤：登录系统→日结系统→日结菜单→日结标签页。

在界面的左边会列出等待日结的班次号，用户可以选择需要参与日结的所有班次号，通过鼠标给班次号旁边的方框打上勾即可表示选择，当用户选择一个班次号后会在界面的右边网格中按油枪或加油流水方式显示当前选择的班次的所有加油信息，用户在确认选择无误后单击“日结”按钮进行日结处理。在日结时会出现一个进度条，此时不可关闭程序，否则会造成日结无法完成。

② 日结查询

进入步骤：登录系统→日结模块→日结菜单→查询标签页。

用户可以输入想要查询的日结的具体日期，然后在旁边的日结时间下拉框中选择要查询的日结时间，最后点击“查询”按钮，则会在下方左边的列表中显示已经日结过的班次号，选择相应的班次号，会在右边的网格中按油枪或加油流水方式显示当前选择的班次的所有加油信息。另外在查询标签页中可以进行日结回退功能，例如：在发现日结后各种日报表数据与实际不符合，那么可以将最后日结的内容回退到日结前的状态，用户可以重新日结一次保证数据的正确性。如果想撤消最后一次的日结，点击“查询”标签页，然后单击“日结回退”按钮，便可取消最后一次的日结。

（2）付油日报表功能：能够根据日结日期和日结时间查询并打印某天日结后统计出来的付油报表。

进入步骤：登录系统→日结模块→账表菜单→付油日报表。

在“付油日报表”对话框中，输入日结日期，选择日结的时间，单击“查询”按钮，可以根据交接班日报、回罐日报、付油日报，付油分类日报各个标签页来查看付油日报的各项子内容。查询后可以单击“打印”按钮来预览付油日报表并可以在预览界面中打印相应的付油日报表。

（3）销售日报表功能：能够根据日结日期和日结时间查询并打印某天日结后统计出来的销售报表。

进入步骤：登录系统→日结→账表→销售日报表。

在“销售日报表”对话框中，输入日结日期，选择日结时间，然后单击“查询”按钮，可以根据润滑油销售日报、IC 卡销售日报、发票使用各个标签页来查看销售日报的各项子内容。查询后可以单击“打印”按钮来预览销售日报表，并可以在预览界面中打印相应的销售日报表。

第六章　加油站应急处置

第一节　灭火器材

1. 什么是灭火剂和灭火器？它的灭火机理是什么？

灭火剂是指能够在燃烧区域内有效地破坏燃烧条件，终止燃烧而达到灭火目的的物质。其灭火机理在于当灭火剂被喷射到燃烧区域后，通过一系列的物理化学作用，能使燃烧物质冷却、燃烧物与氧气隔绝、燃烧区内氧的浓度降低、燃烧的连锁反应中断，最终导致维持燃烧的必要条件受到破坏，从而停止燃烧反应，起到灭火作用。因此，选用灭火剂必须具备以下条件：首先要求灭火效率高，能以最快的速度扑灭火灾；其次要求使用方便，设备简单，来源丰富；第三灭火费用低，投资成本少，并且对人体或物质基本无害。

灭火器是指把灭火剂储存在特制容器内的小型灭火设备。灭火器机动性强，操作简便，可以移动，主要用来扑救初期火灾和小面积火灾，是加油站必备的灭火器材。加油站常用干粉、二氧化碳和泡沫灭火器三种类型。目前新型灭火器有水基型灭火器、气溶胶灭火器等。

2. 水的灭火机理和应用范围是怎样的？

水是最常用的天然灭火剂，水的灭火机理主要是冷却和窒息作用。当将水喷洒到燃烧物体上时，会大量吸收燃烧物的热量，每千克水可吸收 2.57MJ 的热量，使燃烧物的温度降低，起到冷却和降温作用。雾状水滴与火焰接触后，水滴很快变成水蒸气，体积急剧增大。每千克水大约可转化为 1.7m^3 水蒸气，使保护面积扩大，阻止空气进入燃烧区，降低了燃烧区域内氧的含量。在一般情况下，空气中含有 30%（体积）以上的水蒸气，燃烧就会停止。

水的灭火应用范围是受到限制的。水主要用来冷却建构筑物和设施，如冷却加油加气站设施和储罐，控制火灾扩大。水不能扑救带电电气设备火灾。由于水的密度比油品大，又不溶于石油产品，故不能用水直接扑救油品火灾。

3. 干粉灭火剂的特点和灭火机理是怎样的？

干粉灭火剂又称粉末灭火剂。它是一种干燥的、易于流动的微细固体粉末，一般借助于专用灭火器或灭火设备中的气体压力，将干粉从容器中喷出，以粉雾的形式灭火。干粉灭火剂是由灭火基料、少量的防潮剂和流动促进剂组成的微细固体颗粒。基料一般在90%以上，添加剂含量在10%以下。由于这类灭火剂具有灭火效力大、速度快、无毒、不腐蚀、不导电、久储不变质等优点，是加油站中主要的灭火剂。

干粉灭火剂按其使用范围分为：

BC类（普通），扑救可燃液体、可燃气体及带电设备的火灾；

ABC类（多用），扑救可燃固体、可燃液体、可燃气体及带电设备的火灾；

D类，扑救轻金属火灾。

加油站一般配置BC类（普通）干粉灭火剂。

干粉灭火剂的灭火机理主要是负催化抑制作用和“烧爆”作用。

（1）负催化抑制作用。燃烧反应是一个连锁反应，靠大量的活性基团来维持。当大量的粉粒以雾状形式喷向火焰时，可以吸收大量的活性基团，使其数量急剧减少，并中断燃烧的连锁反应，从而使火焰熄灭，起到负催化作用或抑制作用。

（2）“烧爆”现象。某些化合物如带有一个结晶水的草酸钾，或尿素与碳酸氢钾的反应产物，与火焰接触时，其粉粒受高热的作用，可以爆裂成许多更多的颗粒。这样使火焰中粉末的表面积急剧增大，增加了同火焰的接触面积，从而产生“烧爆”现象，具有很高的灭火效力。

（3）其他作用。使用干粉灭火时，浓云般的粉雾包围了火焰，可以减少火焰对燃烧物质的热辐射；同时粉末受高温的作用，将会放出结晶水或发生分解，结晶水可吸收火焰的部分热量，而分解生成的不活泼气体又可稀释燃烧区内氧的浓度。当然，这些作用对于灭火的影响远不如抑制作用大。

4. 干粉灭火器的结构及性能是怎样的？

干粉灭火器一般是以高压二氧化碳气体或氮气作为喷射动力，将装在容器内的粉末呈雾状压出。干粉灭火器主要有MF型手提式、MFT推车式和MFB背负式三种。按照盛装高压气体的动力瓶位置的不同，分为外装式和内装式两种结构。如图6-1和图6-2所示。动力瓶安在干粉桶身外的，称为外装式；动力瓶安在干粉桶体内的，称为内装式。

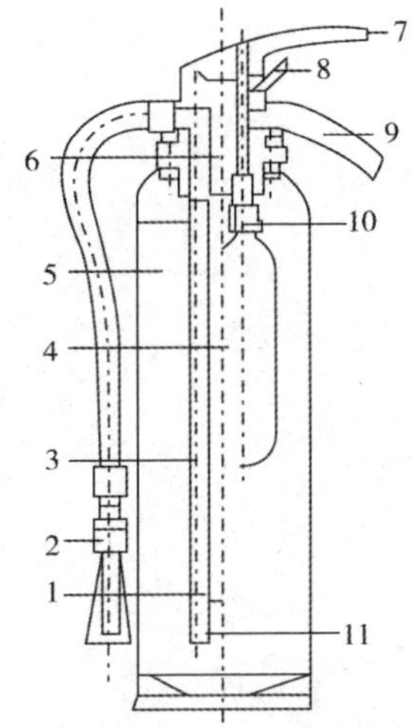

图 6-1　手提内装式干粉灭火器构造图

1—进气管；2—喷枪；3—出粉管；
4—动力瓶；5—筒身；6—筒盖；
7—压把；8—保险销；9—提把；
10—钢字；11—防潮堵

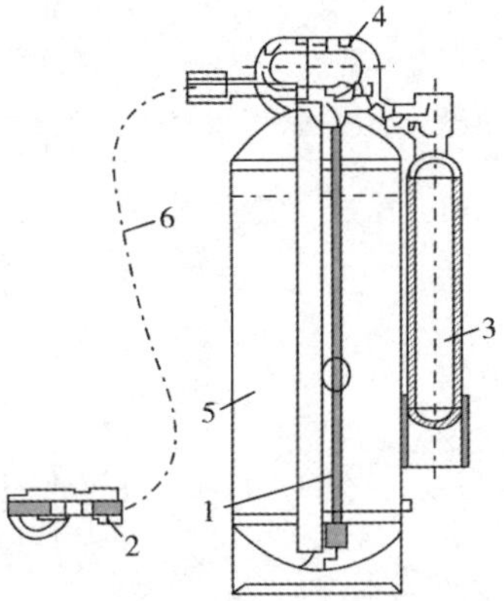

图 6-2　手提外装式干粉灭火器构造图

1—进气管；2—喷嘴；
3—二氧化碳钢瓶；4—提把；
5—筒身；6—胶管

MF 型手提式干粉灭火器由筒身、二氧化碳小钢瓶、进气管、提把、喷枪等组成，MF 型手提式干粉灭火器技术性能见表 6-1。

表 6-1　手提式干粉灭火器技术性能

型号	灭火剂量/kg	喷射时间/s	喷射距离/m	灭火级别	适应温度范围/℃
MF_4	4	>9	4	10B	-10~45
MF_5	5	>9	4	12B	-10~45
MF_8	8	>12	5	18B	-10~45
MF_{10}	10	>15	5	20B	-10~45

MFT 推车式干粉灭火器主要由推车、干粉罐、二氧化碳动力瓶、喷粉胶管、喷嘴、压力表、开关等组成。如图 6-3 所示。

MFT35 型推车式干粉灭火机装有干粉 35kg，喷射时间 17~20s，射程 10~13m，灭火级别 45B；MFT_{50} 型推车式干粉灭火机装有干粉 50kg，喷射时间 30~35s，射程 8~10m，灭火级别 65B。

MFB 型背负式喷粉灭火器以特制发射药为动力，采用电点火将干粉喷出。它的优点是携带轻便灵活、操作方便、装粉方便、可反复使用。背负式喷粉灭火机是由三个干粉钢瓶、输粉管和干粉枪三大部分构成。

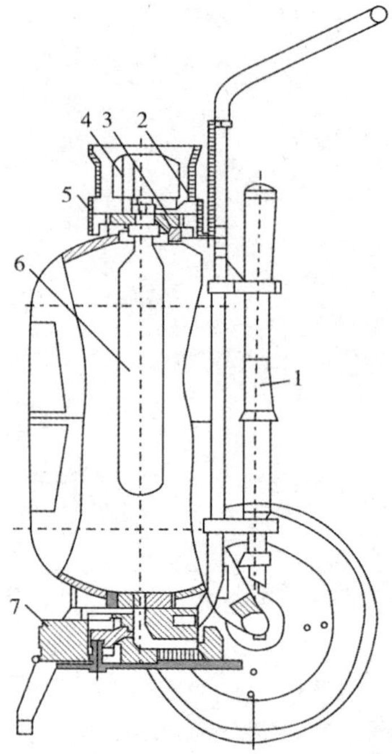

图 6-3　推车式干粉灭火器结构

1—喷枪；2—提环；3—进气压杆；4—压力表；5—护罩；6—钢瓶；7—出粉管

5. 干粉灭火器适用于扑救什么类型的火灾？

干粉灭火器适用于扑救易燃液体、可燃气体和电气设备火灾。使用干粉灭火剂时，要注意冷却降温，以免引起复燃。

6. 干粉灭火器应如何使用？

使用手提式干粉灭火器时，应手提灭火器的提把，迅速赶到着火点。在室外使用时，应占据上风方向。使用前需将其上下颠倒几次，使筒内干粉松动，拔下保险销，一手握住喷嘴，对准火源，另一手用力压下压把，干粉便会从喷嘴喷射出来。使用推车式干粉灭火器时，一般由两人操作，一人手握喷粉胶管，对准火源，另一人拔下保险销，打开灭火器开关，干粉即可喷出。

使用干粉灭火器灭火时要对准火焰根部，左右扫射，由近而远快速推进，直至火焰全部扑灭。使用干粉灭火器时应注意：一是干粉灭火器灭火过程中应保持直立状态，不得横卧或颠倒使用；二是注意干粉灭火器灭火后防止复燃。

干粉的不足之处是灭火后留有残渣，因而不宜用于扑救精密机械设备、精密仪器等火灾。

7. 干粉灭火器应怎样进行维修保养？

干粉灭火器平时应置于干燥通风及使用方便的地方，并注意防潮和防日光曝晒。各连接部件要拧紧，每年要检查一次体内干粉的结块情况，无结块或粉末仍为白色易流动状态，可继续使用。干粉灭火器可反复使用。

8. 二氧化碳灭火剂的特点及灭火机理是怎样的？

二氧化碳是一种广泛使用的灭火剂，它是无色无味、不燃烧、不助燃、不导电、无腐蚀性的惰性气体。

灭火用的二氧化碳是以液态的形式加压充装在灭火器中，当灭火器开关阀被打开时，依靠二氧化碳的蒸发作用，液态的二氧化碳从灭火器喷出立即气化，吸收大量的热量。使气化气体凝结成雪花状物质即干冰。雪花状的固体颗粒的干冰温度为-78.5℃，具有极大的冷却降温作用。1kg 液态二氧化碳气化时需吸收 578kJ 热量，导致液体本身温度急剧下降，使其冷却。同时干冰遇热后即升华为气态二氧化碳，覆盖于燃烧物表面，冲淡空气中氧的含量。当燃烧区域空气中氧的浓度低于 12%或二氧化碳的体积浓度达到 30%~35%时，绝大多数火焰会自动熄灭。

9. 二氧化碳灭火器的结构及性能是怎样的？

二氧化碳灭火器有手提式和推车式两种类型，其中手提式又有 MT 型手轮式和 MTZ 型鸭嘴式两种。手提式二氧化碳灭火器由筒身、筒盖、虹吸管和喷头组成，其结构分别如图 6-4 和图 6-5 所示。二氧化碳灭火器的主要性能见表 6-2。

表 6-2　二氧化碳灭火器的技术性能

型号	灌装量/kg	灌装系数/(kg/L)	喷射时间/s	射程/m	CO_2纯度/%
MT_2	1.85~2.1	0.72	≤20	1.2~1.4	≥96
MT_3	2.85~3.1	0.72	≤30	1.8~2	≥96
MTZ_5	4.8~5.1	0.72	≤45	2~2.2	≥96
MTZ_7	6.8~7	0.72	≤55	2.2~2.5	≥96

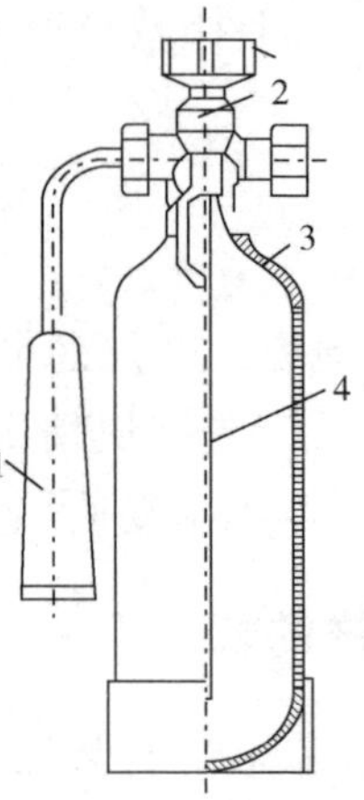

图 6-4　MT 型手轮式灭火器结构

1—喷筒；2—启闭阀；

3—钢瓶；4—虹吸管

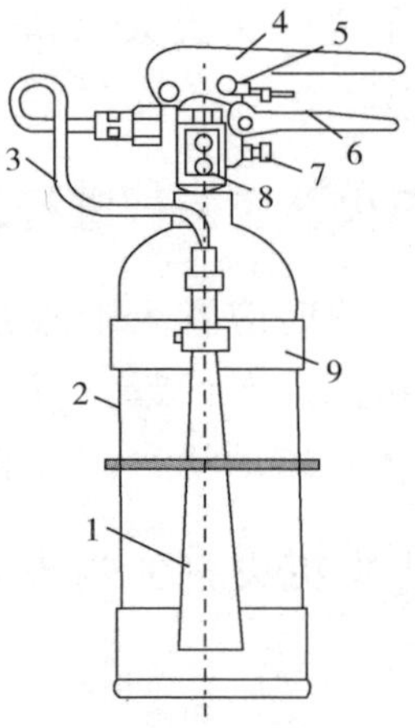

图 6-5　MTZ 型鸭嘴式灭火器结构

1—喷筒；2—钢瓶；3—喷管；

4—压把；5—保险销；6—提把；

7—安全堵；8—启闭阀；9—卡带

10. 二氧化碳灭火器应如何使用？

使用 MT 型灭火器时，先去掉铅封，翘起喷筒对准火源，转动手轮，打开阀门，瓶内高压气体即自行喷出；使用 MTZ 型灭火器应先拔去保险插销，一手持喷筒，另一手紧压压把，气体即喷出。

由于二氧化碳灭火器的射程近，喷射时间短，因此，在喷射时要迅速果断，接近火源，从近处喷起，快速向前扫射推进。使用中应注意机身的垂直，不可颠倒使用，以防止液体喷出。灭火时手要握住喷管木柄，切勿用手接触喷筒，以免冻伤。

另外空气中二氧化碳含量达 5%～6%时，就会使人头晕呕吐；达 8%～10%时，会使人感到呼吸困难甚至窒息。因此，灭火时应站在上风位置，顺风喷射，在空气不流通的场所，要特别注意安全。

二氧化碳灭火器适宜扑救 600V 以下带电设备、仪器仪表、易燃气体和燃烧面积不大的易燃液体火灾。

11. 怎样对二氧化碳灭火器进行维护保养？

二氧化碳灭火器应放置在干燥、通风和易于取放的地点。存放地点的温度不得超过 42℃，因为钢瓶受热，液态二氧化碳会变为气态，使压力剧增，易发生物理爆炸事故。因此，灭火器应远离火源，避免日光曝晒。

对二氧化碳灭火器应经常进行例行检查：

（1）二氧化碳灭火器应保持清洁、油漆无锈蚀，喷嘴保持畅通。如有堵塞，应及时疏通。推车式灭火器的行走机构保持灵活。

（2）每隔三个月检查一次重量，做好记录。如果发现二氧化碳灭火器重量减少 1/10 时，应查明原因，检修后重新灌装。

（3）二氧化碳灭火器由有资质的专业部门进行灌装，重新灌装后应由有资质的专业部门进行水压和气密性试验，不合格者不得使用。

12. 泡沫灭火剂的特点是什么？

能够与水混溶，并可通过化学反应或机械方法产生灭火泡沫的药剂，称为泡沫灭火剂。按照泡沫生成机理，泡沫灭火剂可分为化学泡沫灭火剂和空气泡沫灭火剂两大类。

由两种药剂的水溶液通过化学反应产生的灭火泡沫称为化学泡沫，主要由发泡剂、泡沫稳定剂或其他添加剂组成，目前有 YP 型和 YPB 型两种。

用机械方法把空气吸入含有少量泡沫液的水溶液中所产生的泡沫称为空气机械泡沫，简称空气泡沫。

13. 化学泡沫灭火剂的灭火机理是怎样的？

化学泡沫是由酸性粉（硫酸铝）和碱性粉（碳酸氢钠）的水溶液经混合后发生化学反应而生成的。其化学反应方程式为

$$Al_2(SO_4)_3+6NaHCO_3 = 3Na_2SO_4+2Al(OH)_2+6CO_2\uparrow$$

上述反应式中生成的二氧化碳，在溶液中形成大量细微的泡沫，同时使灭火器内的压力上升很快，使生成的泡沫从喷嘴中压出。灭火作用主要是通过泡沫覆盖在燃烧物表面上，隔绝空气与燃烧表面的接触，并对燃烧表面进行冷却，从而使燃烧停止。

14. 化学泡沫灭火器的结构及性能是怎样的？

目前国内泡沫灭火器主要有 MP 型手提式、MPZ 型手提舟车式和 MPT 型推车式三种。

MP 型手提式又叫颠倒式，把筒身颠倒，泡沫便能喷射出来。它主要由筒身、瓶胆、筒盖、提环等组成。其结构见图 6-6。MPZ 型在结构上基本与 MP 型相同，只是为不使内外药液相混合，增设了一个开关装置，以适应车船上的灭火需要。MPT 型推车式灭火器是将筒身固定在带胶轮的车架上，便于移动。其结构见图 6-7。瓶塞在手轮丝杠的作用下使瓶胆口闭严，筒盖上有安全阀，如喷射系统堵塞，泡沫无法喷出，当筒内压力超过 981kPa 时，安全阀

即自动打开，防止筒身爆炸。

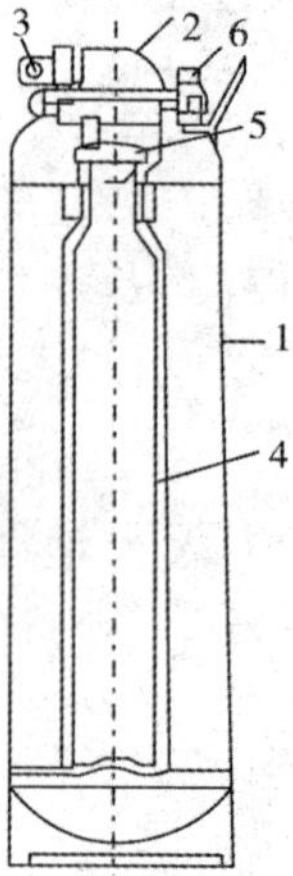

图 6-6　MP 型手提式灭火器结构

1—筒身；2—筒盖；

3—喷嘴；4—瓶胆；

5—瓶胆盖；6—螺母

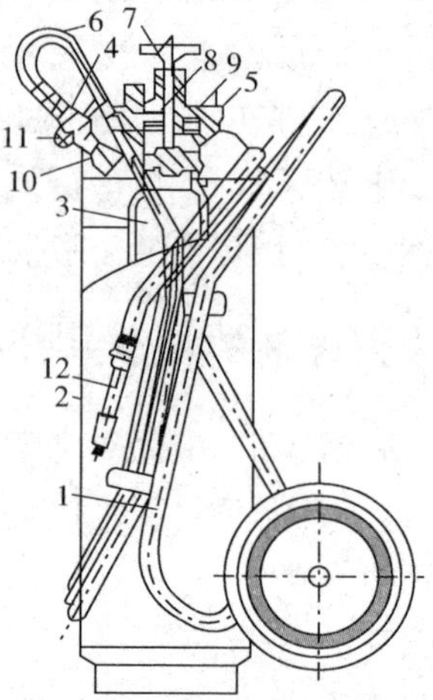

图 6-7　MPT 型推车式灭火器结构

1—筒架；2—筒身；3—瓶胆；4—密封垫圈；

5—筒盖；6—喷管；7—手轮；8—丝杆；

9—螺母；10—过滤网；11—旋塞阀；12—喷射枪

以上各型泡沫灭火器的主要性能见表 6-3。

表 6-3　各型泡沫灭火器的技术性能表

型号	药液总量/L	喷射时间/s	喷射距离/m	使用温度范围/℃	发泡倍数
MP_6	6	40	6	4~45	8
MP_{10}	9.55	60	8	4~45	8
MPZ_6	6	40	6	4~45	8
MPZ_{10}	9.55	60	8	4~45	8
MPT_{65}	65	170	15	4~45	8
MPT_{100}	100	175	16	4~45	8

15. 化学泡沫灭火器应如何使用?

泡沫灭火器用于火场灭火时，使两种溶液相混合后，即产生泡沫。对于 MP 型灭火器，只要将筒身颠倒，两种溶液即混合，产生的泡沫从喷嘴喷出；MPZ 型则应先将瓶盖把手向上扳起或旋松手轮，然后再颠倒筒身；对于 MPT 型灭火器的使用，需一人施放喷管，双手握住喷枪对准燃烧物，另一人转动手轮，开启瓶塞，然后将筒身倒放，再打开喷射系统的旋塞阀。

泡沫灭火器在使用时应注意以下几点：

(1) 手提式因无法控制开关，在提往火场途中，筒身不能倾斜或震荡，更不能扛在肩上，否则易使内外药液混合而喷出；

(2) 灭火时，人宜站在上风位置，尽量接近火源，喷射时应从边缘开始，由点到面，逐渐覆盖整个燃烧面；

(3) 灭火器药液必须一次用完，切勿中途堵住喷嘴，否则易发生爆炸事故。

16. 化学泡沫灭火剂应怎样进行维护保养？

泡沫灭火器的维护保养应注意以下几点：

(1) 存放灭火器地点的环境温度应在 0~45℃之间，以防气温过低冻结，气温过高而引起药剂分解。

(2) 灭火器的放置地点应便于取用，同时，应注意干燥、通风。

(3) 经常检查灭火器喷嘴是否堵塞，如有堵塞，应及时疏通。灭火器有无锈蚀或损坏，表面涂漆有无脱落。

(4) 每隔半年进行一次定期检查，检查筒盖、滤网安装是否牢固，滤网、喷枪、喷管是否堵塞。对于推车式灭火器还应检查瓶口密封圈是否腐蚀，安全阀有无堵塞，车轮是否灵活可靠。

(5) 装药一年后，必须检查药液是否符合规定的技术要求，若不符合，应及时更换。

17. 水基型灭火器适用于扑救哪种火灾？

水基型灭火器适用于扑救固体或非水溶性液体的初起火灾，是木竹类、织物、纸张及油类物质的开发加工、储运等场所的消防必备品。其中水基型水雾灭火器还可扑救 36kV 以下的带电设备火灾。其使用期限为 6 年。

18. 水基型灭火器的灭火原理是什么？

水基型灭火器属于物理灭火机理。通过内部装有 AFFF 水成膜泡沫灭火剂和氮气产生的泡沫喷射到燃料表面，泡沫层析出的水在燃料表面形成一层水膜，使可燃物与空气隔绝。

19. 水基型灭火器有哪些优点？

水基型灭火器具有操作方便、高效阻燃、使用时不需倒置、有效期长、抗复燃、灭火速度快，渗透性极强、双重灭火等优点。2008 年，我国开始推广新的水基型水雾灭火器，具有绿色环保的特点，灭火后药剂可100%生物降解，不会对周围设备、空间造成污染；不但环保，而且可扑灭一般的家庭电器引起的火灾。

20. 水基型灭火器有几种类型？有什么区别？

水基型灭火器有三种，即水基型泡沫灭火器、水基型水雾灭火器、水基型清水灭火器。

区别如下：

（1）水基型泡沫灭火器：适用于扑救易燃固体或液体的初起火灾，广泛应用于油田、油库、轮船、工厂、商店等场所，是预防火灾发生保障人民生命财产的必备消防装备。内部装有AFFF水成膜泡沫灭火剂和氮气，具有操作简单、灭火效率高，使用时不需倒置、有效期长、抗复燃、双重灭火等优点，能扑灭可燃固体、液体的初起火灾，是木竹类、织物、纸张及油类物质的开发加工、储运等场所的消防必备品。

（2）水基型水雾灭火器：2008年，我国开始推广新的水基型水雾灭火器，具有绿色环保的特点，灭火后药剂可100%生物降解，不会对周围设备、空间造成污染；高效阻燃、抗复燃性强；灭火速度快，渗透性极强等特点，是之前的灭火器所无法相比的。

（3）水基型清水灭火器：灭火剂为清水，水在常温下具有较低的黏度、较高的热稳定性、较大的密度和较高的表面张力，是一种古老而又使用范围广泛的天然灭火剂，易于获取和储存。

21. 水基型灭火器和泡沫灭火器有什么区别？

泡沫灭火器是采用碳酸氢钠和硫酸铝混合产生大量的二氧化碳泡沫，起到隔热、隔绝空气、降温的目的。利用的是化学原理，生成了新的物质，产生了化学反应。

水基型灭火器则是利用含有表面活性剂的水雾，覆盖在火焰表面，扩散、渗透到燃烧物表面，起到隔热、阻燃、降温、隔绝空气的目的。利用的是物理原理，没有新物质产生，没有发生化学反应。

22. 气溶胶灭火装置的概念是什么？

按生产气溶胶的方式可分为热气溶胶和冷气溶胶。目前国内工程上应用的气溶胶灭火装置都属于热型，冷气溶胶灭火技术尚处于研制阶段，无正式产品。热气溶胶以负催化、破坏燃烧反应链等原理灭火。气溶胶与卤代烷类和惰性气体类哈龙替代技术不同，普通型气溶胶灭火后有残留物，属非洁净灭火剂。而新一代气溶胶具有较高的洁净度，由于各企业采取的药剂配方不同，有些非洁净的气溶胶喷洒后的残留物的性质也不相同。目前市面上最常见的气溶胶灭火器，体积比一罐灭害灵还小，重量不足500g，持续喷射时间和灭火能力都大大超过3kg的干粉灭火器。

23. 气溶胶灭火装置的灭火机理是什么?

热气溶胶以负催化、破坏燃烧反应链等原理灭火，利用热气溶胶和纳米干粉剂，共同生成纳米粒子的灭火剂。这种灭火剂能够吸收热量，分解燃烧物质的链式化学反应，降低着火物体的温度，防止火苗继续扩散，达到终止燃烧的目的。属于全淹没系统，在直接控制火源的情况下逐步全淹没式灭火，使人员有足够的时间进行疏散逃生。

24. 气溶胶灭火装置适合扑救哪类火灾?

适用于配电间、发电机房、电缆夹层、电缆井、电缆沟等无人、相对封闭、空间较小的场所，适用于扑救生产、储存柴油(-35号柴油除外)、重油、润滑油等丙类可燃液体的火灾和可燃固体物质表面火灾。

25. 气溶胶灭火装置有什么特点?

气溶胶是以固态形式存放的，且自身又不具有挥发性，所以不会存在泄漏等问题，具有较长的保存年限，对保护区的设施也便于时时监控。但目前气溶胶在技术没有突破且通过国家质检中心型式检验之前，不能用于管网输送系统。普通型的以及洁净度不高的气溶胶灭火后的残留物对精密仪器、电子设备会存在一定影响，技术上没有解决该问题且通过检验的固定装置，不建议用于保护计算机房、配电间等电机设备的场所。

26. 普通型气溶胶是指什么?

普通型气溶胶常称为K型气溶胶，具有较好的灭火效能，由于洁净度不高等原因，不能用于计算机房、配电房等电机设备场所。

27. S型气溶胶是指什么?

S型气溶胶相对于K型气溶胶，不仅具有较好的灭火效能，而且有较高的洁净度，气溶胶喷洒后的残留物对于电子设备的影响较少，现国内有些气溶胶生产厂家的S型气溶胶的洁净度已经可以完全达到保护电子设备的目的。

28. 灭火器的设置有何要求？

在同一灭火器的配置场所，应选用同一类型、操作方法相同且灭火剂相容的灭火器。不相容灭火剂见表 6-4。

表 6-4　不相容的灭火剂

类　型	不相容的灭火剂	
干粉与干粉	碳酸铵盐	碳酸氢钠、碳酸氢钾
干粉与泡沫	碳酸氢钾、碳酸氢钠	蛋白泡沫
	碳酸氢钾、碳酸氢钠	化学泡沫

（1）灭火器应放置在明显和便于取用的地点，且不得影响安全疏散。

（2）灭火器应放置稳固，其铭牌必须朝外。

（3）手提式灭火器宜放置在挂钩、托架上或灭火器箱内，其顶部离地面高度应小于 1.5m；底部离地面高度不宜小于 0.15m。

（4）灭火器不应放置在潮湿或腐蚀性的地点，当必须设置时，应有相应的保护措施。设置在室外的灭火器，应有保护措施。

（5）灭火器不得设置在超出其使用温度范围的地点。灭火器的使用温度范围应符合表 6-5 的规定。

表 6-5　灭火器的使用温度范围

灭火器类型		使用温度范围/℃
化学灭火器		0～+45
干粉灭火器	储气瓶式	-10～+45
	储压式	-20～+45
二氧化碳灭火器		10～+42

灭火器适用性及操作方法见表 6-6、表 6-7。

表 6-6　灭火器的适用性

项目	水型		干粉型		二氧化碳
	清水	酸碱	磷酸铵盐	碳酸氢钠	
A 类火灾 指含碳固体可燃物燃烧的火灾，如木材、棉、麻、纸张等	适用： 水能冷却，并隔绝空气而灭火，可有效防止复燃		适用： 粉剂能附着在燃烧物的表面层，起到窒息火焰的作用，隔绝空气，防止复燃	不适用： 碳酸氢钠对固体可燃物无黏附作用，只能控火，不能灭火	不适用： 灭火器喷出的二氧化碳量少、无液滴，全是气体，对 A 类火灾基本无效

续表

项目	水型		干粉型		二氧化碳
	清水	酸碱	磷酸铵盐	碳酸氢钠	
B类火灾 指甲乙丙类液体燃烧的火灾，如汽油、柴油、煤油、甲醇、乙醚、丙酮等	不适用 水流冲击液面，会激溅油火，致使火焰蔓延，增加灭火困难		适用 干粉灭火剂能快速窒息火焰，中断燃烧过程中的连锁反应		适用 二氧化碳靠气体堆积在燃烧表面，稀释并隔绝空气
C类火灾 指可燃气体燃烧的火灾，如煤气、天然气、甲烷、丙烷、乙炔、氢气等	不适用 灭火器喷出的细小水流对C类火灾作用很小，基本无效		适用 喷射干粉灭火剂能快速扑灭气体火焰，中断燃烧过程中的连锁反应		适用 二氧化碳窒息灭火，不留残油，不损坏设备

表 6–7　灭火器的操作方法

类型	与燃烧物间距/m	操作方法	注意事项
清水灭火器	10	将灭火器直立放稳，摘去保险帽，用手掌拍击开启竿顶端；对准燃烧最猛烈处喷射；随喷射距离的缩短，使用者应逐步向燃烧物靠近，但始终保持喷射在燃烧处	严禁灭火器倒置或横卧；不能用于扑救带电设备、可燃烧液体和轻金属的火灾（可扑灭雾状水滴及燃烧液体）
手提式化学泡沫灭火器	10	将灭火器倾斜180°，喷头朝下即可喷出；随喷射距离缩减，逐步向前，保持喷射在燃烧处	当燃烧物是滴状时，喷射泡沫应由远及近；避免直接喷射在可燃液体表面，以免飞溅；使用过程中，灭火器应保持倒立，手把不能松，严禁正立或横卧，以免喷射中断
推车式化学泡沫灭火器	15	由两人操作，一人展开软管，双手握紧喷枪，对准燃烧物，另一人逆时针方向转动手轮；倾倒筒体，泡沫即可喷出；随喷射距离缩减，逐步向前，保持喷射在燃烧处	
空气泡沫灭火器	6	先拔保险销，一手握开启压把，另一手握喷枪；紧握开启压把，空气泡沫即可喷出；随喷射距离缩减，逐步向前，保持喷射在燃烧处	

类型		与燃烧物间距/m	操作方法	注意事项
二氧化碳灭火器	手提式	5	先拔保险销，然后一手开启压把，另一手握喇叭喷筒的手柄；紧握开启压把即可喷出	当燃烧物呈滴状时喷射由近及远；使用时，不能直接用手抓住喇叭筒壁或金属连接管；要求顺风喷射；在窄小空间使用时，灭火后迅速离开，以防窒息
	推车式	10	由两人操作，一人展开软管并握住喇叭筒概括部的手柄，另一人顺时针旋开阀门	
干粉灭火器	手提式	5	对外置储气瓶式，可提起储气瓶的开启提环或将手轮逆时针转开；对内置储气瓶式，只须将开启手把向下压	扑救液体可燃物火灾，应对准火焰根部；当燃烧物呈滴状时，由近而远，左右扫射；扑救容器内可燃液体时，不能直接对准液面喷射，以防飞溅，用磷酸钾盐干粉灭火器扑救固体可燃物火灾，应对准火势最猛烈处上下左右喷射
	背负式	5	用火药作为动力时，先将转换开关放在“3”的位置，然后打开保险，扣动扳机；用二氧化碳液化气体作为动力时，先拔出保险销，然后扣动扳机，第1组用完后，将喷枪扳机左侧的凸出轴向左推动8mm左右至极限位，然后扣动扳机，第2组灭火器即喷粉	
	推车式	10	两人操作，一人取下喷枪，并展开软管，而后用手扣住扳机；另一人拔出开启机构的保险销，并迅速开启灭火器的开启机构	

29. 电气着火能否用泡沫灭火器扑救？

不能用泡沫灭火器扑救，因泡沫液可以导电。

30. 消防器材实施的“四定”管理是指哪“四定”？

消防器材实施“四定”管理是指：定点摆放、定人管理、定时检查、定期换药。

31. 加油站配置灭火毯的作用是什么？

灭火毯有多种材料，主要是不燃物。在储油容器发生火灾初期，可用灭火毯迅速覆盖着火容器孔口，使其窒息灭火。使用时要注意盖严，防止漏火。

32. 灭火器保护距离和防火间距的区别是什么？

灭火器保护距离是指灭火器配置场所内任一着火点到最近灭火器设置点的行走距离。

防火间距是根据防火的要求，在各建(构)筑物之间、油气储罐、设备之间以及相互之间必须留出的水平距离。

33. 加油站灭火器材的配置应符合哪些要求？

根据《汽车加油加气站设计与施工规范(2014 年版)》(GB 50156)，加油站、加气站、加油加气合建站的灭火器材配置应符合下列规定：

(1) 每两台加气机应设置不少于 1 具 8kg 手提式干粉灭火器或两具 4kg 手提式干粉灭火器；加气机不足两台按两台配置。

(2) 每两台加油机应配置不少于两具 4kg 手提式干粉灭火器，或 1 具 4kg 手提干粉灭火器和一具 6L 泡沫灭火器。加油机不足两台按两台配置。

(3) 地上 LPG 储罐、地上 LNG 储罐、地下和半地下 LNG 储罐、CNG 储气设施，应设置两台不小于 35kg 推车式干粉灭火器。当两种介质储罐之间的距离超过 15m 时，应分别设置。

(4) 地下储罐应配置 1 台不小于 35kg 推车式干粉灭火器。当两种介质储罐之间的距离超过 15m 时，应分别设置。

(5) 泵、压缩机操作间(棚)应按建筑面积每 $50m^2$ 配置不少于两具 4kg 手提式干粉灭火器。

(6) 一、二级加油站应配置灭火毯 5 块，砂子 $2m^3$；三级加油站应配置灭火毯两块，砂子 $2m^3$。加油加气合建站按同级别的加油站配置灭火毯和砂子。

(7) 其余建筑的灭火器材配置应符合现行国家标准《建筑灭火器配置设计规范》(GB 50140)的规定。

34. 其余建筑物的灭火器材配置应符合哪些要求？

加油站、加气站、加油加气合建站的站房、配电间、附属用房等灭火器材的配置应符合现行国家规范《建筑灭火器配置设计规范》(GB 50140)的规定。

35. 怎样加强消防器材的管理和保养？

(1) 消防器材应有专人负责管理和保养外，还应动员全体人员一起来做好消防器材的管理和保养工作；

（2）消防器材要专物专用，严禁挪作他用；

（3）要定期检查保养，随时准备投入灭火战斗；

（4）消防器材应设置在方便取用的明显位置，必要时还应立标志牌。消防器材的附近不能堆放杂物，保持道路畅通。

36. 灭火器应怎样进行检查与维护？

灭火器的检查和维护应由相关技术人员承担。需维修、报废的灭火器应由灭火器生产企业或专业维修单位进行。每次送修的灭火器数量不得超过计算单元配置灭火器总数量的1/4。超出时，应选择相同类型和操作方法的灭火器替代，替代灭火器的灭火级别不应小于原配置灭火器的灭火级别。检查或维修后的灭火器均应按原设置点位置摆放。灭火器的检查与维护可按照《建筑灭火器配置验收及检查规范》(GB 50444)进行。

（1）灭火器检查。加油站、加气站、加油加气合建站所配置的灭火器应每半月进行一次检查。灭火器的检查记录应予以保留。

（2）灭火器的送修。存在机械损伤、明显锈蚀、灭火器泄漏、被开启使用过或符合其他维修条件的灭火器应及时进行维修。

（3）灭火器的维修期限。水基型灭火器出厂期满3年；首次维修以后每满1年。干粉灭火器、二氧化碳灭火器出厂期满5年，首次维修以后每满2年。

37. 符合什么条件的灭火器可以报废处理？

（1）下列类型的灭火器应报废：

（a）酸碱型灭火器；

（b）化学泡沫型灭火器；

（c）倒置使用型灭火器；

（d）氯溴甲烷、四氯化碳灭火器；

（2）报废与回收处置

灭火器自出厂日期算起，达到以下年限的，应报废：

（a）水基型灭火器——6年；

（b）干粉灭火器——10年；

（c）洁净气体灭火器——10年；

（d）二氧化碳灭火器和储气瓶——12年。

灭火器有下列情况之一者，应报废：

（a）永久性标志模糊，无法识别；

(b) 气瓶(筒体)被火烧过;

(c) 气瓶(筒体)有严重变形;

(d) 气瓶(筒体)外部涂层脱落面积大于气瓶(筒体)总面积的三分之一;

(e) 气瓶(筒体)外表面、联接部位、底座有腐蚀的凹坑;

(f) 气瓶(筒体)有锡焊、铜焊或补缀等修补痕迹;

(g) 气瓶(筒体)内部有锈屑或内表面有腐蚀的凹坑;

(h) 水基型灭火器筒体内部的防腐层失效;

(i) 气瓶(筒体)的连接螺纹有损伤;

(j) 气瓶(筒体)水压试验不符合要求(水压试验应按灭火器铭牌标志上规定的水压试验压力进行,水压试验时不应有泄漏、部件脱落、破裂和可见的宏观变形。二氧化碳灭火器钢瓶的残余变形率不应大于3%。应保持检验记录);

(k) 法律或法规明令禁止使用的。

第二节 应急预案与演练

1. 加油站制定应急预案应遵循怎样的原则?

加油站制定应急预案必须体现这样一个原则:在保证人员安全的前提下,尽可能地减少国家财产的损失。

2. 加油站应急处置需遵循的原则?

(1) 及时性原则。包括及时撤离人员、及时报告上级有关主管部门、及时拨打报警电话和及时进行救助等。

(2) 先撤人、后排险的原则。即在发生事故或出现紧急险情之后,应首先将处于危险区域内的一切人员先撤出危险区域,然后再有组织地进行排险工作。

(3) 先救人、后排险的原则。当有人受伤或死亡,应先救出伤员和撤出亡者,然后进行排险处理工作,以免影响对伤员的及时抢救和对伤员、亡者造成新的伤害。

(4) 先防险、后救人的原则。在险情和事故仍在继续发展或险情仍未消除的情况下,必须先采取支护等安全保险措施,然后救人,以免使救护者受到伤害和使伤员受到新的伤害。救人要求“急”,同时也要求“稳妥”,否则,不但达不到救人的目的,还会使救助者受伤。

(5) 先防险、后排险的原则。在进入现场进行排险作业时,必须采取可靠的保护措施，以免排险人员受到伤害。

(6) 先排险、后清理的原则。只有在控制事故继续发展和排除险情以后，才能进行事故现场的清理工作。但这一切，都必须遵守事故的处理程序规定和得到批准以后，才能进行。

(7) 保护现场的原则。在事故调查组未决定结束事故原状之前，必须全力保护好现场的原状，以免影响事故的调查和处理工作。

3. 加油站应怎样组织预案演练？

加油站至少每月组织一次应急预案演练，要求当班全体员工参加。演练要有记录、有照片、有评估。

4. 应急预案怎样进行修订？

对应急预案应每年进行一次适用性审核，根据加油站经营、设施设备变更、人员变动等客观实际情况，适时对应急预案进行修订，保证其灵活性、适用性。

5. 加油站消防管理制度包括哪些方面？

消防管理制度应包括消防组织的建立，灭火作战预案的制定，各种消防器材的配置，消防器材的管理等内容，具体包括以下几个方面。

(1) 成立群众性义务消防组织。站长是防火第一责任人，每名员工都是义务消防员，应做到“四懂四会”。

(2) 制订灭火作战预案。为取得加油站灭火战斗的主动权，有效扑救火灾，减少火灾损失，平时应做好灭火作战准备，根据加油站的具体情况制定出灭火作战预案，编制图表说明，作为训练和实战的主要依据，其主要内容包括：

① 组织领导和指挥系统。

② 加油站地理位置，储罐位置数量和容积，加油机位置及数量，输油管线走向，其他油品等可燃物的存放地点、数量。

③ 建筑物的结构形式、耐火等级、面积、高度、内部设施及相互间的距离。有条件的可绘制加油站平面图、加油工艺流程图、危险区域划分图。

④ 加油站义务组织设置。明确灭火作战人员的配备、分工，警卫力量的布置，物资抢救、人员疏散措施及相应的操作程序。

⑤ 各种消防器材的型号数量、摆放位置、应急补充措施。

⑥ 灭火抢险指挥原则、指挥程序及注意事项。

⑦ 灭火作战方案及力量的调集。必要时配以灭火作战示意图。

灭火作战预案应组织加油站员工进行必要的演练。加油站职工必须熟记自己在义务灭火组织中的位置、职责，及扑救初期火灾的方法，真正做到“四懂四会”。

(3) 加油站各种消防器材按有关规定配置，且摆放合理，取用方便。

(4) 消防器材应确定专人管理，定时检查，经常养护，定期换药，保证完好有效。

6. 常用的应急公共报警电话有哪些？

应急联系电话必须明示上墙，有关内容发生改变时，站长应及时予以更新。

火警：119　　急救：120

匪警：110　　交通：122

此外还应有：当地医院电话、当地派出所电话、当地消防队电话、当地应急管理局电话等；公司应急值班指挥电话(24h 在线)、区域经理电话及手机、分公司主管经理(领导)电话及手机。

7. 火警电话是多少？报警主要应讲清什么内容？

火警电话是 119。报警时，应讲清以下四方面内容：

(1) 着火单位名称、详细地址；

(2) 着火部位、着火物质、火情大小、事故概况(包括事故性质、事故进展情况、人员伤亡情况等)；

(3) 报警人姓名、报警电话号码；

(4) 到单位门口或交叉路口处接应消防车。

8. 加油站应如何预防和处置混油？

不同油品或不同标号的油品相混，会使油品质量下降，使加油站蒙受经济损失，影响加油站的正常营业。若混油后的油品加入车辆，还会造成油路故障或车辆损坏，甚至威胁生命和财产安全，损害加油站形象。为避免混油事故的发生，防止混油的措施如下：

(1) 卸油员会同驾驶员对罐车油品及交运单品种进行核对；

(2) 坚持来油监卸制度，卸油过程中必须设专人负责监卸；

(3) 卸油口用鲜明标志书写油品标号，卸油操作前核对卸油罐与罐车所装品种是否相符。

混油分接卸混油和加错油两种情况，针对不同情况采取不同的处置措施。

一旦混油，处置措施如下。

（1）接卸混油处置措施

① 当向储油罐卸油时发生混油，应立即关闭罐车卸油阀，停止卸油，同时关闭相应的加油机，停止加油，并向站长汇报；

② 分析原因和责任，按事故处理规定及时上报主管公司处理；

③ 若柴油、汽油相混，则需清罐，并将混合油运出站外处理；

④ 清除管线和加油机内混合油品，确认无误后开启加油机加油。

（2）加错油品处置措施

① 加油员发现加错油品时，应立即关闭加油机，向顾客说明原因并赔礼道歉，同时向站长或班长汇报；

② 站长或班长征求顾客同意后，抽出混合油，清洗油箱，加入合格油品，并根据实际情况协商赔偿顾客经济损失，礼貌送客；

③ 确认损失，上报主管公司处理。

9. 加油站应如何预防和处置冒油？

由于油品有流动扩散的特性，冒油事故发生后，油品迅速向四周扩散和蒸发，所以加油站一旦发生冒油事故，不易控制，还易引发火灾事故，故必须搞好冒油事故的防治工作。

防冒油措施如下：

（1）加强计量工作。接卸前通过液位计或人工计量检测确认卸油罐的空容量。

（2）按工艺流程要求连接卸油管，做到接头结合紧密，卸油管自然弯曲。

（3）坚持来油监卸制度，卸油过程中必须设专人负责监卸，卸油员集中精力监视、观察卸油管线、相关阀门等设备的运行情况，随时准备处理可能发生的问题。同时，油罐车司机不得远离现场。

（4）防止设备老化或带伤作业。加油站应定期对站内有关设备进行检查维护保养。

10. 一旦发生冒油、漏油（跑油）事故，应采取哪些应急处置措施？

（1）当卸油时发生跑、冒油品，应及时关闭油罐车卸油阀，切断总电源，停止营业，并向站长汇报。

（2）站长及时组织人员进行现场警戒，疏散站外人员，推出站内车辆，准备消防器材。

（3）对现场已跑、冒油品用棉纱、毛巾、拖把等进行必要的回收，对下水井等管道口进行覆盖，回收时切记禁止用铁制、塑料等易产生静电火花和与地面摩擦产生火花的器皿进行回收。回收后用沙土覆盖残留油面，待充分吸收残留油品后按危废物处置。

（4）检查所有井口、环保沟内是否有残留油品，若有残油应及时清理干净，并检查其他可能产生危险的区域是否有隐患存在。

（5）计量确定跑、冒油品数量，做好记录台账。

（6）检查确认无其他危险隐患后继续营业。

（7）分析跑、冒油原因，书面报告主管公司。

（8）当向车辆加油时，发生跑冒油品，应及时关闭油枪，清理现场。

11. 加油站防漏油有什么措施？

（1）防油箱溢油。加油机一次作业加油总量可以预置，在加油接近总量时会自动减慢流量。配备有自封性能的加油枪，当加油枪口接触油液面时会自动封枪停泵。这些设备都能有效避免加油作业中油箱溢油事故的发生。但也经常会由于加油枪自封部件的损坏或司机估计油箱容量不准而发生溢油事故。故应经常检测和维护加油枪的自封部件。

（2）防油箱漏油。因司机对油箱已破损的状况并不了解，在加油中一边加油一边漏油，此时应停止加油(漏油数量较多时还应用铁桶接住)，并将车推走，远离加油机后，再检查油箱(注意不得在站内修理)，及时清除地面。

（3）防加油枪漏油或胶管破损。加油枪口封闭部件及胶管连接处都会发生渗漏。另外，胶管在长期的作业中，也可能由于某一局部频繁曲折、摩擦、损坏而产生渗漏。使用加油枪时不能用力拉动胶管，同时防止加油枪胶管被车辆碾压，加油完毕应迅速将胶管收起。

（4）防加油机渗漏。加油机易产生渗漏的部位是进油口下法兰口与吸入管口法兰连接处，油泵、油气分离器排出口等。加油机一旦发生渗漏，应立即停止加油，然后气放空回油、关阀、切断电源进行检查。

12. 加油站发生溢油有怎样的应急指南？

（1）关闭油罐车出油阀；

（2）立即呼救；

（3）警戒周围，勿让明火靠近；

（4）沙包围堵溢油扩散，封堵下水道；

（5）用吸油毡等回收溢油；

（6）必要时通知当地消防、环保部门。

13. 加油站发生火灾有怎样的应急指南？

（1）立即呼救；
（2）关闭油罐车出油阀；
（3）停止一切作业；
（4）加油、卸油车辆迅速驶离现场；
（5）灭火器灭火；
（6）警戒周围，闲人勿近；
（7）2min 内无法扑救，立即通知报警、关闭电源，疏散人员到集合点。

14. 加油站防洪应采取哪些措施？

（1）将贵重物品、易腐烂货物和化学制品搬到洪水淹不到的地方。
（2）条件许可时，将所有门、窗封闭起来，以防洪水侵入。
（3）在洪水涌来之前关闭电源。
（4）保存(储存)尽可能多的生活用水并保持卫生。
（5）堵住厕所，以防污水回流到屋内。
（6）检查并确保卸油口和量油口均已锁好。
（7）听从当地紧急救护机构的指令。
（8）向上级主管部门通报损失并填写《事故快报》。

15. 发生地震时应采取什么措施？

发生地震时首先要保持冷静。

（1）不要靠近以下地点：窗口、电气设备、未固定的设备、家具、器具附近。

（2）如果油站所在位置空旷，可以到空旷安全处避难。如果来不及或室外更危险，可走到门道处，或藏在较为坚固的桌子或其他支撑物下面。

（3）地震过后，检查建筑物的受损情况。
（4）关闭电源和自来水水管总闸。
（5）保存(储存)尽可能多的生活用水并保持卫生。
（6）对受伤人员进行护理。
（7）对其他需要紧急救助的人员提供协助。
（8）将突发事件通知有关部门(消防队、救护中心和电业局)。
（9）向上级主管部门通报损失并填写《事故快报》。

第三节 火灾扑救

1. 加油站重点防火部位有哪几处?

加油机和加油岛；储存油品的油罐区；配电间或发电机房；营业室及附属设施。

2. 义务消防员的任务是什么?

(1) 努力学习消防业务知识，积极进行防火宣传，认真执行各项消防安全制度；

(2) 定期进行防火检查，协助消除火灾隐患；

(3) 积极参加消防训练，不断提高灭火技能；

(4) 熟悉灭火方案，保养消防器材；

(5) 加强值班巡逻，防止坏人纵火破坏；

(6) 能够控制和扑救初期火灾。

3. 怎样扑救加油站的火灾?

(1) 如果是车辆的油箱口着火，应立即停止作业，用灭火器灭火，也可脱下衣服或其他适当物品将油箱口堵严，使火窒息。

(2) 如果是发动机着火，应立即停止加油，先设法将油箱盖盖上，然后再用灭火器扑灭。

(3) 如果是加油机着火，应停止加油，切断电源，加油车辆立即驶出加油站，迅速用灭火器扑救。

(4) 如果加油站周围油蒸气燃烧或爆炸，威胁整个加油站安全时，应采取以下程序扑救：

① 立即停止加油，关闭闸阀，切断电源，清理疏通站内或站外消防通道。

② 报告消防机关。

③ 指挥排队等待加油的车辆迅速驶出加油站，并派一人在交叉路口等候消防车。

④ 组织在场人员利用现有器材扑灭油火，并转移地面上的油桶等小型储油容器。

⑤ 配合消防队投入灭火作战。

4. 怎样扑救带电的火灾？

（1）发生电气火灾时，首先应切断电源，然后用二氧化碳或干粉灭火器扑灭。

（2）电气火灾严禁用泡沫灭火器、水和湿棉被进行灭火。

（3）当无法切断电源时，灭火人员应身着耐火并绝缘的鞋靴、服装，防止触电。然后用二氧化碳灭火器或干粉灭火器直接向电气着火源喷射灭火剂灭火，并应尽快设法切断电源，然后全面灭火。

（4）使用二氧化碳灭火器时要防止人员窒息。

5. 怎样扑救人身上的油火？

（1）如果油火沾到身上，衣服能撕脱下来时，就尽可能地脱下，浸入水中，或用脚踩灭，或用灭火器、水扑灭。

（2）如果衣服来不及脱，可就地打滚，使火窒息；倘若附近有河渠、水池时，可迅速跳入浅水中。但是，如果人体烧伤过重，则不能跳水，防止细菌感染。

（3）如果有两人以上在场，未着火的人要镇定沉着，立即用随手可以拿到的麻袋、衣服、扫帚等朝着人身上的火点覆盖、扑打或浇水，或帮他脱下衣服，但应注意，火较大时不适宜对人身体喷射，以防扩大伤势。

6. 加油站发生火灾后应注意哪些事项？

加油站发生火灾后，应采取积极主动的方法，就地取用灭火器材，把火灭掉。如火势蔓延，在采取有效防范措施的同时，尽快向消防部门报警。

（1）主动切断电源，停止一切作业，关闭阀门；

（2）按照灭火预案迅速组织灭火。根据各自的分工，该报警的要报警，不能延误战机；

（3）有秩序地疏散人员、车辆，进出口两侧要有人监视和控制；

（4）及时收理票证、现金等贵重物品；

（5）引导外部力量支援；

（6）保护好火灾现场，以便善后处理，并查明原因。

7. 加油站收发作业中车辆火灾应如何扑救？

（1）收油时发生火警，必须立即扑救，同时关闭油罐车放油阀门，必要时将车迅速撤离现场。

（2）如果是车辆在加油中油箱口着火，可用灭火毯将油箱口堵严，使火窒息。或用干粉灭火器扑灭。

（3）如果是摩托车发动机着火，应停止加油，设法将油箱盖盖上，然后用灭火器将火扑灭。

（4）车辆发生火灾，一时不能扑灭时，必须边扑救、边将车撤离油站，继续扑救。同时指挥在场车辆迅速疏散，防止蔓延。

8. 油罐汽车火灾应如何扑救？

（1）若油罐汽车在卸油时起火，应首先停止卸油。在确保驾乘人员安全的前提下，立即开出站区，进行灭火处理。

（2）若着火车辆火势较小且不宜开离站区，加油站员工要立即用干粉灭火器或灭火毯扑灭。

（3）若火势较大，加油站自身无法扑灭，要立即打 119 报警，并封锁至危险区的所有通道，疏散无关人员和车辆，待消防车进站灭火。

（4）卸油罐车着火，用灭火毯盖住罐口，扑灭火源；同时立即关闭卸油阀，扑灭余火。

（5）发生火情立即向主管公司领导报告。

9. 加油站站房或操作室内火灾应如何扑救？

（1）首先应停止加油，切断电源；

（2）组织人员迅速用灭火器扑救；

（3）指挥加油车辆立即驶离加油站。

10. 加油站敞口容器内油品发生火灾应如何进行扑救？

敞口容器蒸发面积大，如果用油盆装汽油清洗汽车或其他机械的零件是很容易发生火灾的。当敞口容器内的油品发生火灾时，其扑救方法如下：

（1）不可用水浇，不要急于将盆内的零件取出，防止取零件时将油火带出盆外或将油火飞溅到人身上，或在取零件时将油盆翻倒，使油火四处流散，给扑救带来困难；

（2）用加油站的干粉或泡沫、二氧化碳灭火器进行扑救；

（3）也可用灭火毯或浸过水的棉被、麻袋等覆盖着火容器，使油火窒息。

11. 加油站因油蒸气燃烧或爆炸，威胁整个加油站安全时，应采取怎样的扑救程序？

（1）立即停止加油，关闭阀门，切断电源；

（2）清理疏通站内或站外消防道路，并进行火灾报警；

（3）指挥加油车辆迅速驶离加油站，并派人在交叉路口等待和引导消防车；

（4）组织在场人员利用站内现有灭火器材扑灭火灾，同时转移油桶等小型储油容器，最大限度地减少火灾损失；

（5）配合消防队按预定方案投入灭火战斗。

第四节　公共安全

1. 加油站治安反恐防范的重点部位包括哪些区域？

（1）加油站出入口区域；

（2）油品加油、卸油操作区；

（3）油品储罐区；

（4）监控设备存放区；

（5）收银处。

2. 加油站作为公共安全重点目标，总体防范要求有些什么内容？

（1）加油站作为公共安全重点目标，应建立治安反恐防范管理档案和台账，包括重点目标的名称、地址或位置、目标等级、防范级别、单位负责人、现场负责人、现有人力防范（人防）、实体防范（物防）、技术防范（技防）措施、平面图等。

（2）根据公安机关、有关部门要求，依法提供重点目标的相关信息和重要动态。

（3）应对重要岗位人员进行安全背景审查。

（4）新改扩建工程应将安全防范系统纳入总体规划，同步设计、同步建设、同步运行。

（5）应针对治安反恐突发事件制定应急处置预案并定期演练。应急预案至少包括针对的事件、人员及分工、处置流程及措施、设备设施或装备的使用、目标保护和人员疏散方案等内容。

（6）应与当地公安机关等政府有关部门建立联防联动联治工作机制。

（7）应建立“一岗双责”制度，开展风险评估工作并作出评估结论。

（8）应落实国家有关部门关于散装汽油购销实名制管控的相关要求，加强散装汽油购买单位或人员的审查登记管理。

3. 加油站常态三级防范对人力防范有什么要求？

（1）应配置专兼职安全保卫人员，建立健全包括值守巡查、教育培训、检查考核、安防设备设施维护保养等治安反恐制度和措施；

（2）巡逻周期间隔应小于或等于24h，应与技防巡查相结合；

（3）加油站的管理单位应每年至少组织一次治安反恐教育培训、应急处置预案演练；

（4）应配备棍棒、钢叉等必要的护卫器械。

4. 加油站常态三级防范对实体防范有什么要求？

加油站卸油期间，应对卸油区采取临时性隔离。

5. 加油站常态三级防范对技术防范有什么要求？

（1）加油站出入口、油品操作区、储罐区、收银处应安装视频监控装置，视频监视及回放图像应能清晰显示人员活动情况及车辆号牌；

（2）加油站应安装紧急报警装置，安装位置应隐蔽并便于操作；

6. 加油站防盗窃措施有哪些？

（1）保险柜应使用带有报警装置的铁皮保险柜；

（2）保警装置必须灵敏有效；

（3）现金存放数量应符合银行规定标准；

（4）站内配备必要的防卫工具；

（5）通信电话应保持畅通；

（6）放置保险柜的房间禁止非工作人员入内。

7. 加油站防范抢劫的措施有哪些？

（1）加油员要熟记报警器使用方法和位置；平时特别是夜班，腰包中不要存过多的销售款，达到一定数额立即打包封好先放入保险柜；夜班加油一般应两个人一同出去操作，备有必要的自卫工具；夜间注意观察进出站人员、车辆，发现异常先按报警器。

（2）许多抢劫是可以防范的，抢劫者都希望迅速、容易地获得钱物，通常他们在实施犯罪前都会选定目标。抢劫者都不希望被人目击到其抢劫行为，所以他们选择黑暗中作案。所以加油站夜间应保持明亮，傍晚时开启所有的照明灯，包括屋内的和屋外的，外部灯光对于预防抢劫与内部灯光同样重要。

（3）确保所有玻璃门窗视野良好，过往行人可观察到站内情况，从加油站外围可以清晰地看到收银员和收银机。

（4）抢劫者选定目标通常都是为获得较大额的钱物，所以加油站员工必须严格执行公司相关制度，及时按规定数额将营业款投入保险箱，这样将大大减少受攻击的机会。

（5）按现金管理规定，不能在收银机钱箱摆放过量的现金，每天务必将营业款送入银行。

（6）抢劫者喜欢观察别人的行动，但不喜欢被人注意到，所以加油站员工必须做到向每一位进入油站的客人打招呼，与每一位顾客目光接触，并且给予留意，可能会阻止罪犯的抢劫企图。

（7）站内播放的背景音乐音量要小，否则会使你听不到一些可疑的声音。

（8）尽量不要将陈列的货品堆积过高、以至于超出货架，这样可使你对眼前的情况一目了然，否则会有利于歹徒藏身其后。

（9）非 24h 营业的油站尽量避免单人打开或关闭加油站，特别是这个人有保险箱的钥匙或密码，因为这个时刻是最容易被袭击的。

（10）保持警惕，留意站内外闲逛的人，及时请他们离开。留意打公用电话的顾客。不要害怕，要求警察来作巡查，遇到在站内外流连的人应立即反应，要求警察劝他们离开。

（11）若见墙上、厕所门上有乱涂乱画，要立即清除掉，否则容易吸引歹徒前来集结。

（12）歹徒抢劫应急指南由各加油站根据上述内容结合当地具体情况修订。

8. 车辆进站加油时“顾客须知”的主要内容是什么？

（1）站内严禁烟火；

（2）严禁顾客在站内进行检修车辆、敲打铁器等易产生火花的作业；

（3）严禁向汽车汽化器及塑料桶内加注易燃油品；

（4）加油车辆的司机、乘坐人员进站后不得影响加油站安全；

（5）所有机动车辆均须熄火加油；

（6）拖拉机、摩托车推离危险区域后发动；

(7) 严禁在作业现场穿、脱、拍打化纤服装；

(8) 不准在加油现场使用手机。

9. 加油站安全保障标准是什么？

(1) 安全生产责任制等规章制度健全，各项责任制落实到位；

(2) 每班均应配置专职或兼职安全员；

(3) 生产及安全设施必须符合《汽车加油加气站设计与施工规范(2014 年版)》(GB 50156—2012)；

(4) 报警、防盗装置、警示标志、消防器材等配备齐全，完好有效，安装、摆放有序。

10. 加油站应如何做好其他事故的预防？

加油站除应重视搞好火灾事故的预防外，还应重视防盗、防骗和防抢的预防，确保人、财、物的安全，防范措施主要有：

(1) 加油站应采取防盗措施，如安装防盗门窗、通信报警电话等；

(2) 当天的现金应及时送解银行，少量现金及时放入保险柜；

(3) 加油站应通过提高加油员的防伪鉴别技术、采用新技术印票、缩短新旧票更换时间等手段来防止出现假钞和假票；

(4) 推广 IC 卡、微信等在加油站的应用，组成 IC 卡加油机管理系统，不仅可以提高工作效率，并且在销售过程中减少现金交易量，安全可靠。

11. 加油员怎样防止收假币？

(1) 加油员要认真学习银行制发的新版人民币防伪标识的宣传画，牢记真币的防伪特征，在实践中不断总结，摸索规律。

(2) 自己发现假币，一定首先请顾客更换，或请顾客和自己一同到营业厅用验钞机检验(如磁性、荧光、水印等防伪标识)。个别人拒不更换应立即报告站长，将假币交给财务人员按银行和国家有关法规处理。

(3) 自己收到假币事后发现，要认真总结教训，知道这张假币有什么特征，自己为什么没有发现，今后要加强注意的是什么等。别人出现同类情况，不要幸灾乐祸，而应从中吸取教训，他什么地方疏忽了，自己今后要注意。

(4) 收到的假币一定要上交，不可再将此币找出或用于购物消费，因为使用假币是一种违法行为。

12. 遇歹徒抢劫时应采取什么措施？

如果发现工作场所情况不妙，并怀疑有人将入内抢劫，则应立即采取以下措施：

（1）躲进歹徒看不见的地方，等候警察到来。锁上所有的门。尽可能关闭所有油泵。打电话给警方，或者按下报警器。绝对不要自行采取或让其他员工采取可能招致人身危险的抵抗行动。

（2）歹徒抢劫期间要保持冷静，将之视为特殊客户服务，记住不要盯着匪徒看，一直让你的手在对方视线内；尽量记住匪徒的长相、年龄、性别、高度、身形、口音和服装等特征。

（3）抢劫犯逃走之后，锁住所有的门，以免歹徒再次闯入。记住歹徒逃离的方向和所使用的交通工具。打电话报警，在电话中向警方说"我刚才遭人抢劫"，在警方没告诉你挂机时，不要自己挂断电话。立即用纸画下你对歹徒外表的印象，以及其他所有可能协助破案的线索。不要破坏歹徒留下的现场或任何物品。

（4）留住所有现场目击证人，及时调取录像视频等待警方到场；或者询问每位目击者的姓名、住址和电话号码。报告紧急事故中心并通知主管领导。必要时，对曾遭受歹徒胁迫的所有人员（包括油站职员、客户或过路人等）给予护理。如果有人遭受严重伤害，应通知当地医院或紧急救护服务处。

13. 遇店内盗窃时应如何处理？

（1）遇到贪小便宜的顾客（买几样商品，顺手偷几样商品放在手提袋或裤袋的顾客），则用技巧提醒顾客，表示你已发现了他的偷摸行为，使之最终把放在手提袋或裤袋的商品退还或买下，从而顾全顾客的面子。

（2）如偷东西的人是职业盗窃团伙，则在他们进入油站时，就要使他们知道，你已经注意到他们了，以打消他们想在店铺偷窃的念头；如果他们已经偷得较大量的货品，并已走出店外你才发现，那就不要追赶他们，以确保自己的安全，但必须赶快报警、通知站长、区域经理。

（3）当你回到加油站，发现加油站有异常情况，不要贸然进入加油站，偷窃者可能仍然留在其中，应立即报警、报告区域经理。

（4）如果你已经进入了现场，先检查、判别窃匪进入的途径，保护现场直至警方开始调查。

14. 抢劫情况下的应急处理注意哪几方面?

(1) 遇到抢劫时，员工要尽可能保持冷静和警惕；在保护员工人身安全的情况下，尽可能保护站内财产。

(2) 对抢劫者的外观进行观察，但不要凝视，并留意其所能触摸的地方和物体，留意抢劫者是怎样离开的。

(3) 事后立即报警，并注意保护现场，不要触摸或扰乱任何物体；不与任何人讨论抢劫事件；停止加油站营业，邀请在场证人留下作证。

(4) 立即向主管公司领导报告。

(5) 记录所能回忆出的事件经过，等待公安或主管部门调查处理。

15. 遇恶意逃单如何处置?

(1) 完善监控、报警器等设施，加强技防监控建设，打击逃单行为；

(2) 发生顾客逃单时，注意确保人身安全，尽量记住顾客体貌特征和车辆信息，不要去盲目追赶车辆。报告站长，并立即拨打110报警。

第五节 应急处置

1. 加油机乱码应如何处理?

(1) 加油过程中，加油机出现乱码时，加油员应立即关闭加油机，向顾客表示歉意并说明原因，同时向站长汇报；

(2) 与顾客协商确定已加油品数量，并根据协商意见补足数量；

(3) 停止使用该加油机，记录同罐其他加油机的字码数，对油罐进行计量。对当事加油员进行结账，同时通知维修部门修理加油机；

(4) 当班营业终了，核实损失，报站长处理。

2. 加油站出现大亏、大盈时该如何处理?

(1) 每日发油超耗或溢余量超过定额损耗1倍以上为大亏、大盈；

(2) 出现大亏、大盈后，应及时复核数量和重新计量，认真查找原因；

(3) 采用标准测量变换器核对加油机精度，发现有误，应及时维修鉴定；

(4) 检查油罐及输油管线是否存在渗漏，如有问题及时报告主管公司处理。

3. 发生短款与逃单事件该如何处理？

（1）遇到客户逃单，应大声呼叫，在确保安全的条件下，从逃单车辆的一侧小跑几步，并挥手示意停车，千万不要拉拽车门、在车后跟车奔跑或试图去拦截逃车。

（2）记下该车的车型、车牌号码等特征。

（3）立即向站长报告，等候公司处理。

4. 出现数质量纠纷应如何处理？

（1）顾客对油品数量提出异议时，加油员应立即查询电脑记录或用标准计量筒检测。如无误，应向顾客耐心解释，礼貌送客；如有误，应向站长或班长汇报并向顾客赔礼道歉，赔偿顾客损失，停止使用该加油机，并报请维修和鉴定。

（2）顾客对油品质量提出异议时，加油员应向站长或班长汇报，及时取样，感观检查油品颜色、气味、挥发性等，如无误应向顾客耐心解释，礼貌送客。

（3）感观检查认为质量有问题时，应立即停止相应油罐的加油业务，取样化验，同时向主管公司报告。

（4）依据取样化验结果，及时答复顾客，并按主管公司规定作出相应处理。

5. 加油站突遇外线停电时该如何应急？

（1）当外线停电，加油机正在加油时，加油业务按加油机乱码处理。

（2）准备发电。

① 外线停电后，及时断开配电柜中外电总闸和站内主要设备及大负荷设备的电源开关，如加油机、加油区照明、微机等。

② 检查确认发电机的燃油、水、机油是否充足。

（3）发电供电。

① 启动发电机，当发电机输出电压达到额定电压，并确认电压稳定后，打开发电机输出开关送电。

② 将配电柜中的开关置于“发电”处，对站内供电。

③ 逐一开启设备开关。

④ 发电、供电过程中必须有专人监护。

（4）恢复外线供电。

① 当外线来电时，注意观察外电指示灯及电压表变化情况，确认电压稳定后，准备恢复供电。

② 断开加油站内各主要设备及大负荷设备的电源开关，如加油机、加油区照明、微机等。

③ 断开配电柜中发电机电源输出开关，合上外线电源总闸，进行送电。

④ 关闭发动机，清理现场，并做好下次发电的准备工作。

⑤ 逐一开启设备开关。

6. 加油作业中，加油员在哪些情况下不得加油？

（1）加油车辆不熄火或拒绝熄火（以发动机停止工作为准）；

（2）发动机无罩，或掀起罩盖，油箱（桶、听）无盖且加油后无法确认所加油品密闭出站时；

（3）油箱、加油容器渗漏，且无法修复；

（4）塑料桶等非金属容器；

（5）高强闪电或雷击频繁时。

7. 加油站防漏油主要是防止哪些部位漏油？

（1）防油箱溢油和漏油；

（2）防加油枪漏油或胶管破损；

（3）防加油机渗漏；

（4）防油罐车接卸时渗漏。

（5）防储油罐渗漏。

8. 加油站发生交通事故事件，应怎样应急？

（1）加油站发生两车相撞交通事故时，加油员应立即停止加油，立即报告站长，及时疏散加油车辆及无关人员，必要时准备灭火器进行警戒。对事故车辆司机进行劝解，协商解决，并使事故车辆移离加油现场。如果调解无效，应及时拨打 122 报警电话，由交警部门进行调解，尽快恢复加油现场次序。

（2）在加油站发生车辆碰撞加油机事故时，加油员应立即停止加油，迅速关闭总电源，报告站长，及时疏散加油车辆及无关人员，必要时准备好灭火器进行警戒。如果发生油品溢出流淌，则启动《跑冒油事件应急处置方案》；如果发生油品溢出并形成火灾，启动《火灾事件应急处置方案》。及时修理加油机，确定安全后恢复加油站安全营业。对发生的事故应马上报告公司，对事故责任进行划分，向责任方提出索赔，必要时拨打122报警，由交警部门进行调解，尽快恢复加油现场次序。

(3) 加油站发生车辆撞伤站内员工(或其他人员)事故时，立即报告站长，受伤严重的，启动《人员受伤事件急救处置方案》；必要时拨打122报警，保护好事故现场，记住肇事车辆车牌号，以防肇事车辆逃逸，并安排人员做好顶岗工作。确认安全后尽快恢复加油站营业。

(4) 发生以上交通事故，加油站做好妥善处理，并立即向片区和零售部门报告，并按公司规定作出相应处理。

(5) 将发生的事件记录在案，形成报告，上报公司。

(6) 加油站未经公司同意，无权就此事故擅自接受新闻媒体采访。

9. 加油站发生食物中毒事件应如何处置？

(1) 发生食物中毒后，立即组织对中毒人员和疑似中毒人员进行救治，并上报区域公司；

(2) 保留造成食物中毒或者可能导致食物中毒的食品及其原料、工具、设备和现场；

(3) 配合卫生行政主管部门对食物中毒的原因进行鉴定；

(4) 落实卫生行政主管部门要求采取的其他措施；

(5) 看望中毒或死亡人员家属；

(6) 适时对治疗救护措施落实情况进行监督、检查，严格落实责任追究制度。

10. 冰雪天气时，应怎样应急？

(1) 当发生气温急剧下降，站内路面发生积冰时，应停止加油和卸油作业。放掉柴油机的冷却水，注意观察水管、输油管线、油罐受冻情况。

(2) 当发生暴雪天气，站内路面发生积雪时，应停止加油和卸油作业。员工应回到站房内，不要站在加油站罩棚下(罩棚面积不大或钢筋水泥结构加油棚危险相对小)，请专业人员对罩棚的积雪进行清除。

(3) 当站内路面发生积冰或积雪时，都应注意对站内建构筑物的观察。并在站出入口设安全警示栏，谢绝车辆进站加油，如确需开展加油服务，应对站内路面采取加草垫等防滑措施。

(4) 对发生的灾情要及时向区域公司报告。

11. 加油站发生水患时该如何应急?

(1) 当发生水患时加油站要立即关闭电源开关，停止营业，同时密封油罐(舱)量油孔，防止油品外溢，做好安全防范工作。

(2) 水患过后及时组织排水，测试油罐(舱)底水高，检查设备，排除隐患，确认无误后，继续营业。

(3) 埋地油罐未采取锚固措施的加油站，在水患来临时，要采取注油(或注水)的应急措施，防止油罐浮起。

12. 遇自然灾害如何处置?

加油站主要的自然灾害是地震、台风和洪水。

(1) 抗震应急处置

① 当接到上级指令后，及时启动抗震应急预案，加油站进入戒备状态，各岗位人员应立即到达预案分工的岗位，实施救灾工作;

② 发生地震时首先停止使用电器设备，后将配电柜的总电源闸断开;

③ 停止锅炉供热，关闭锅炉所有阀门和供热采暖系统阀门;

④ 组织人员迅速撤离屋内或建筑物下，转移至平地安全地带;

⑤ 如夜间突发地震来不及撤离时，应迅速转移至床铺下、桌下或门梁下，避免房屋倒塌砸伤人员;

⑥ 负责联络的人员及时与外界消防队、医院、公安和上级部门取得联系汇报，视灾情申报救援帮助;

⑦ 如地震将储罐、管线损坏，油品外溢，应采取转移油品至其他油罐、关闭阀门、加盲板，采用木楔子或打卡子等方法予以处置;

⑧ 如储罐损坏严重，大量油品外溢无法回收处理时，要及时组织周边群众迁移至安全地带，同时向消防、环保部门报告灾情，防止火灾和油品外溢造成环境污染;

⑨ 及时将现金支票、重要账簿、技术资料转移至安全地带保存;

⑩ 加油站平时配备消防工具绳索、板斧、断线钳、防火锹、千斤顶、扳手、钢锯、撬杠、气割等救灾用具。

(2) 防汛抗洪应急处置

① 负责联络的人员及时与外界消防队、医院和上级部门取得联系汇报，视灾情申报救援帮助;

② 关闭密封储油罐卸油口、计量口，防止洪水进入油罐;

③ 充分利用加油站防火墙，防止洪水进入站内，视灾情用草袋、沙袋、

泥土建筑防洪围堤；

④ 如因外界水位超高下水倒灌时，用草袋等物堵塞，利用潜油泵将站内积水向外排泄；

⑤ 用沙土草袋筑高配电室门口，电缆沟用沙土填实或筑起围堤，防止洪水进入造成电源短路事故；

⑥ 因洪涝严重可能淹没加油站，上级或指挥者做出决定停止作业，人员转移要同时做好撤离善后工作，将洪涝损失降至最小程度；

⑦ 关闭加油机等所有设备电源，切断变压器、配电柜、电力系统的电源开关。要害部位的重要设备、储油罐做好封存处理，防止油品泄漏造成环境污染；

⑧ 在抗洪自救过程中，要有专人监视洪水水位上涨情况，在必要时有序的将人员转移到高处安全地带或站在房顶上、罩棚顶上的安全处，及时与外界联系采取救援工作；

⑨ 及时将现金支票、重要账簿、技术资料转移至安全地带保存；

⑩ 加油站配备消防工具绳索、板斧、断线钳、防火锹、水桶、救生衣、扳手、钢锯、铁锤、撬杠、木桩、草袋、毛石沙土等救灾用具。

（3）台风应急处置

① 台风警告发出后，要密切注意气象部门的进一步预告，做好停业前的准备，对站内易被大风刮落的物体要进行加固，加强值班，并在台风来临前停用水电；

② 台风发生时，停止加油站营业，用防雨罩保护好加油机，避免员工外出活动，躲到加油站建筑最结实的地方，同时留意气象部门发布的台风进展情况；

③ 台风过后要留意有关部门的要求，统计加油站的设备、设施损失情况，及时向主管公司报告；

④ 抓紧做好灾后恢复工作，尽快投入运营。

第六节 现场急救

1. 烧伤人员的急救方式有哪些？

遇到人员烧伤，可采取下列方法进行急救：

（1）一灭。迅速灭火是火灾烧伤急救的基本原则。切不可呼喊，以免吸入火焰引起呼吸道烧伤。

（2）二查。检查有无危及生命的严重损伤，如颅脑和内脏损伤、呼吸道烧伤致呼吸困难等。严重伤员应立即就地抢救，心跳、呼吸停止者立即进行心肺复苏（包含人工呼吸和胸外心脏按压）。

（3）三冷。立即冷却烧伤的部位，用清水冲洗烧伤部位10~30min或冷水浸泡直到无痛的感觉为止。

（4）四防。防疼痛、感染、休克和窒息。

（5）五包。现场救护注意保护烧伤创面，用干净纱布、被单包裹或覆盖，然后送医院处理。

2. 昏倒人员的急救方式有哪些？

（1）将伤员移至阴凉处，以获得充分的新鲜空气；

（2）有呕吐者应侧卧，以防将呕吐物吸入肺部；

（3）无呕吐者应平躺，下肢抬高20~30cm，松解颈部、胸部衣服，保持呼吸道通畅；

（4）有呼吸困难情形，应将其置于半坐卧姿势；

（5）如急救后未马上恢复知觉者，应立即送往医院治疗。

3. 人员中毒应急处置方式有哪些？

（1）应立即打开门窗通风，将中毒人员抬到有新鲜空气的地方，解开中毒人员的衣领、裤带，放低头部，并使其头向后仰，使呼吸道通畅。

（2）注意保温，防止着凉。

（3）如中毒人员已昏迷，但有呼吸和脉搏，可用手指按压刺激人中、涌泉等穴位，让其苏醒。

（4）如中毒人员神志不清，且无呼吸和脉搏，应立即做人工呼吸和胸外心脏按压，并尽快送医院急救。在送医院途中一定要坚持做人工呼吸和胸外心脏按压。

参 考 文 献

[1] 郭建新．加油(气)站安全技术与管理[M].3版．北京：中国石化出版社，2013.
[2] 郭建新．油品销售企业班组安全教育读本[M].2版．北京：中国石化出版社，2014.
[3] 北京达飞安全科技有限公司．企业员工安全知识必读[M]．北京：中国石化出版社，2011.
[4] 董芳，刘海峰．汽油应用技术问答[M]．北京：中国质检出版社，中国标准出版社，2018.
[5] 董芳，刘海峰．柴油应用技术问答[M]．北京：中国质检出版社，中国标准出版社，2017.